Kohlhammer

Sucht: Risiken – Formen – Interventionen
Interdisziplinäre Ansätze von der Prävention zur Therapie

Herausgegeben von Oliver Bilke-Hentsch,
Euphrosyne Gouzoulis-Mayfrank und Michael Klein

Eine Übersicht aller lieferbaren und im Buchhandel angekündigten Bände der Reihe finden Sie unter:

   https://shop.kohlhammer.de/sucht-reihe

Die Autoren

Dr. med. Frank M. Fischer ist Oberarzt am Kinderkrankenhaus auf der Bult Hannover und leitet die Suchttherapiestation für Kinder und Jugendliche »Teen Spirit Island«.

Hon.-Prof. Dr. med. Christoph Möller ist Chefarzt für Kinder- und Jugendpsychiatrie und -psychotherapie am Kinderkrankenhaus auf der Bult.

Frank M. Fischer
Christoph Möller

Sucht, Trauma und Bindung bei Kindern und Jugendlichen

3. Auflage

Verlag W. Kohlhammer

Für die Mitarbeiter der Suchttherapiestation »Teen Spirit Island« Hannover und für unsere großartigen kleinen Patienten.

Dieses Werk einschließlich aller seiner Teile ist urheberrechtlich geschützt. Jede Verwendung außerhalb der engen Grenzen des Urheberrechts ist ohne Zustimmung des Verlags unzulässig und strafbar. Das gilt insbesondere für Vervielfältigungen, Übersetzungen und für die Einspeicherung und Verarbeitung in elektronischen Systemen.

Pharmakologische Daten verändern sich ständig. Verlag und Autoren tragen dafür Sorge, dass alle gemachten Angaben dem derzeitigen Wissensstand entsprechen. Eine Haftung hierfür kann jedoch nicht übernommen werden. Es empfiehlt sich, die Angaben anhand des Beipackzettels und der entsprechenden Fachinformationen zu überprüfen. Aufgrund der Auswahl häufig angewendeter Arzneimittel besteht kein Anspruch auf Vollständigkeit.

Die Wiedergabe von Warenbezeichnungen, Handelsnamen und sonstigen Kennzeichen berechtigt nicht zu der Annahme, dass diese frei benutzt werden dürfen. Vielmehr kann es sich auch dann um eingetragene Warenzeichen oder sonstige geschützte Kennzeichen handeln, wenn sie nicht eigens als solche gekennzeichnet sind.

Es konnten nicht alle Rechtsinhaber von Abbildungen ermittelt werden. Sollte dem Verlag gegenüber der Nachweis der Rechtsinhaberschaft geführt werden, wird das branchenübliche Honorar nachträglich gezahlt.

Dieses Werk enthält Hinweise/Links zu externen Websites Dritter, auf deren Inhalt der Verlag keinen Einfluss hat und die der Haftung der jeweiligen Seitenanbieter oder -betreiber unterliegen. Zum Zeitpunkt der Verlinkung wurden die externen Websites auf mögliche Rechtsverstöße überprüft und dabei keine Rechtsverletzung festgestellt. Ohne konkrete Hinweise auf eine solche Rechtsverletzung ist eine permanente inhaltliche Kontrolle der verlinkten Seiten nicht zumutbar. Sollten jedoch Rechtsverletzungen bekannt werden, werden die betroffenen externen Links soweit möglich unverzüglich entfernt.

3. Auflage 2023

Alle Rechte vorbehalten
© W. Kohlhammer GmbH, Stuttgart
Gesamtherstellung: W. Kohlhammer GmbH, Stuttgart

Print:
ISBN 978-3-17-044094-4

E-Book-Formate:
pdf: ISBN 978-3-17-044095-1
epub: ISBN 978-3-17-044096-8

Geleitwort der Reihenherausgeber

Die Entwicklungen der letzten Jahrzehnte im Suchtbereich sind beachtlich und erfreulich. Dies gilt für Prävention, Diagnostik und Therapie, aber auch für die Suchtforschung in den Bereichen Biologie, Medizin, Psychologie und den Sozialwissenschaften. Dabei wird vielfältig und interdisziplinär an den Themen der Abhängigkeit, des schädlichen Gebrauchs und der gesellschaftlichen, persönlichen und biologischen Risikofaktoren gearbeitet. In den unterschiedlichen Alters- und Entwicklungsphasen sowie in den unterschiedlichen familiären, beruflichen und sozialen Kontexten zeigen sich teils überlappende, teils sehr unterschiedliche Herausforderungen.

Um diesen vielen neuen Entwicklungen im Suchtbereich gerecht zu werden, wurde die Reihe »Sucht: Risiken – Formen – Interventionen« konzipiert. In jedem einzelnen Band wird von ausgewiesenen Expertinnen und Experten ein Schwerpunktthema bearbeitet.

Die Reihe gliedert sich konzeptionell in drei Hauptbereiche, sog. »tracks«:

Track 1: Grundlagen und Interventionsansätze
Track 2: Substanzabhängige Störungen und Verhaltenssüchte im Einzelnen
Track 3: Gefährdete Personengruppen und Komorbiditäten

In jedem Band wird auf die interdisziplinären und praxisrelevanten Aspekte fokussiert, es werden aber auch die neuesten wissenschaftlichen Grundlagen des Themas umfassend und verständlich dargestellt. Die Leserinnen und Leser haben so die Möglichkeit, sich entweder Stück für Stück ihre »persönliche Suchtbibliothek« zusammenzustellen oder aber mit einzelnen Bänden Wissen und Können in einem bestimmten Bereich zu erweitern.

Geleitwort der Reihenherausgeber

Unsere Reihe »Sucht« ist geeignet und besonders gedacht für Fachleute und Praktiker aus den unterschiedlichen Arbeitsfeldern der Suchtberatung, der ambulanten und stationären Therapie, der Rehabilitation und nicht zuletzt der Prävention. Sie ist aber auch gleichermaßen geeignet für Studierende der Psychologie, der Pädagogik, der Medizin, der Pflege und anderer Fachbereiche, die sich intensiver mit Suchtgefährdeten und Suchtkranken beschäftigen wollen.

Die Herausgeber möchten mit diesem interdisziplinären Konzept der Sucht-Reihe einen Beitrag in der Aus- und Weiterbildung in diesem anspruchsvollen Feld leisten. Wir bedanken uns beim Verlag für die Umsetzung dieses innovativen Konzepts und bei allen Autoren für die sehr anspruchsvollen, aber dennoch gut lesbaren und praxisrelevanten Werke.

Insbesondere die schweren und chronifizierten Suchterkrankungen des Kindes- und Jugendalters sind überzufällig häufig mit Bindungsstörungen und (sequentiellen oder einzelnen) Traumatisierungen in der Vorgeschichte verbunden. Auch wenn sowohl »Bindung« als auch das »Trauma« zwischenzeitlich fast eine Art Modethema geworden sind, ist es im Einzelfall von höchster Bedeutung, die Funktionalität eines Drogenkonsums auch im Kontext dieser Faktoren zu sehen und entsprechend die Diagnostik und Therapie durchzuführen.

Im vorliegenden Band werden diese beiden anspruchsvollen Themen – primär unter psychodynamischem Aspekt – schrittweise hergeleitet, so dass auch den tiefenpsychologisch nicht speziell geschulten Fachpersonen der schrittweise biographische Zugang und das Grundverständnis deutlich werden.

Nicht zuletzt im Kontext der aktuellen Migrations- und Flüchtlingsentwicklungen sind beide Themen nicht nur für das betroffene Individuum und seine Familie, sondern auch für Institutionen und gesundheitspolitisch von hoher Bedeutung.

Oliver Bilke-Hentsch, Luzern
Euphrosyne Gouzoulis-Mayfrank, Köln
Michael Klein, Köln

Inhaltsverzeichnis

Geleitwort der Reihenherausgeber   5

1   Einleitung und Kasuistik   11

1.1   Einleitung   11
1.2   Kasuistik   14

2   Epidemiologie und Definition   23

2.1   Sucht und Trauma als Komorbidität   23
2.2   Sucht und Bindungsstörung bei Kindern und Jugendlichen   26

3   Grundlagen: Neurobiologie und Psychopathologie   30

3.1   Trauma und Sucht bei Kindern und Jugendlichen   30

3.1.1   Sucht, Trauma und Bindung als implizite Gedächtnissysteme   30
3.1.2   Die neurophysiologischen Folgen des Schreckens   32
3.1.3   Trauma als Verlust der Erzählbarkeit   38
3.1.4   Bleibende Symptome des Schreckens   42
3.1.5   Sucht und Trauma: Fantasie und Realität   45
3.1.6   Kognition, Affekt und Sensomotorik   49
3.1.7   Posttraumatische Belastungsstörung (PTBS)   60
3.1.8   Komplexe Posttraumatische Belastungsstörung (DESNOS)   63
3.1.9   Chemische Dissoziation bei PTBS: Entzug   66
3.1.10   Komplexe Dissoziative Störungen (ESD und DIS)   68

3.1.11	Trauma bei Kindern und Jugendlichen mit Suchterkrankung	73
3.1.12	Neurobiologie der Entstehung von Ego-States	76
3.1.13	Ego-State-Theorie: Die Entstehung der inneren Bühne	78
3.2	Bindung, Sucht und Trauma: Sicherheit suchen	91
3.2.1	Bindung und Belohnung als emotionale Basis	91
3.2.2	Entwicklung braucht Sicherheit	93
3.2.3	Bindung vermittelt Aufschub von Belohnung	95
3.2.4	Epigenetik von Bindung, Sucht und Trauma	97
3.2.5	Bindung und Abhängigkeit als transgenerationales Erbe	99
3.2.6	Feinfühligkeit als Bindungsqualität der Eltern	100
3.2.7	Bindungsstörung und die Droge als Übergangsobjekt	101
3.2.8	Sichere und unsichere Bindungsmuster	104
3.2.9	Bindungsverhalten, Regression und Suchtverhalten	108
3.2.10	Bindungsstörungen und Abhängigkeit	110
3.2.11	Bindungsstörung mit Suchtverhalten	114
3.2.12	Bindungstrauma, desorganisierte Bindung und Ego-States	118
3.3	Theorie und Praxis: Folgerungen für die Therapie	120
3.3.1	Sucht, Kindheit und Jugend	120
3.3.2	Fünfzehn Regeln für die therapeutische Praxis	121
4	**Diagnostik**	**127**
4.1	Diagnostik von Traumafolgestörungen	127
4.2	Diagnostik von Bindungsstörungen	129

5 Integrative Therapie von Sucht, Trauma und Bindungsstörung bei Kindern und Jugendlichen 133

5.1	Ambulante Strategien der Motivationsförderung	134
5.2	Stationäre Therapie: Grundvoraussetzungen und Setting	137
5.3	Regeln für den Entzug	142
5.4	Regeln für das Teamwork	145
5.5	Stabilisierung: Die Kraft der Imagination nutzen	148
5.6	Das Herstellen von Sicherheit	151
5.7	Gruppentherapie: Probleme und Möglichkeiten	152
5.8	Regression: Strategien der kindlichen Reifung	155
5.9	Die Innere Bühne: Ego-State-Therapie bei ESD und DIS	157
5.9.1	Eine innere Bühne entwickeln	159
5.9.2	Den inneren Betäuber verstehen und wertschätzen	161
5.9.3	Das sehn-süchtige Kind: Das innere Kind ernähren	164
5.9.4	Umgang mit Täter-Introjekten und inneren Verfolgern	166
5.10	Kognitive Traumatherapie: Arbeit am Narrativ	167
5.11	Arbeit am Affekt: Scham, Schuld und Angst	169
5.11.1	Scham	170
5.11.2	Schuld	172
5.11.3	Angst	173
5.12	Bindungsorientierte Therapie	175
5.12.1	Korrigierende Bindungserfahrungen herstellen	175
5.12.2	Bindung im System: Familientherapie	177
5.12.3	Die Gruppe als zweite Bindungschance	179
5.12.4	Imagination und Bindungsrepräsentanz	179
5.13	Umgang mit Dissoziation: Trigger und Dissoziationsstopp	181

5.14	Konfrontation und Exposition bei Sucht und Trauma	183
5.14.1	Trauma, Sucht und Narration: Traumalandkarte	183
5.14.2	Screentechnik	185
5.14.3	Traumakonfrontation mit EMDR: Standard- und Suchtprotokoll	185
5.14.4	EMDR bei komplexer PTBS, DESNOS, DDNOS und DIS	190
5.15	Körperlichkeit: Umgang mit verkörpertem Schrecken	193
5.16	Achtsamkeit: Vom Umgang mit der gegenwärtigen Zeit	195
5.17	Rückfallprävention: Sicherheit suchen und finden	198
6	**Fazit und Ausblick**	**201**
Danksagung		**203**
Literaturverzeichnis		**204**
Stichwortverzeichnis		**213**

1 Einleitung und Kasuistik

1.1 Einleitung

Jugendliche mit Suchterkrankungen haben es nach wie vor schwer in Kliniken der Kinder- und Jugendpsychiatrie, sie finden dort keinen Platz. Rückfälle in den Drogenkonsum und das schwierige Sozialverhalten machen die Therapie zu einer Herausforderung. Sucht ist wie eine Infektion, sie erzeugt sozusagen eine starke Abwehr im Immunsystem der anderen. Aber noch etwas lastet den Jugendlichen an: Ihr kompliziertes Bindungsverhalten. Sie wechseln den Gesichtsausdruck, wirken unberechenbar, sind aggressiv oder überangepasst, man weiß nicht, woran man bei ihnen ist. Der Grund dafür liegt oft in einer früh entstandenen Bindungsstörung und Bindungstraumatisierung, die niemand mehr sehen und die auch von den Jugendlichen nicht erzählt werden kann. Warum ist das so? Der Grund liegt in den neurobiologischen und psychopathologischen Mechanismen von Trauma und Bindungsstörung begründet. Sie ähneln denen der Sucht und verstärken sich gegenseitig. Besonders bei den früh und schwer abhängig gewordenen Jugendlichen gibt es einen besonders starken Zusammenhang von Sucht und Trauma als häufige Komorbidität. Die Klärung dieses Zusammenhangs ist eine sich gegenwärtig vollziehende neurobiologische Innovation und wirkt sich aktuell vielfach auf das Verständnis von Sucht aus: Einerseits wird die Droge als chemisches Dissoziationsmittel in seiner Schutzfunktion bei Traumastörungen erkennbar, andererseits zeigt sich, wie ähnlich Sucht- und Traumagedächtnis funktionieren. Daraus resultiert für die Therapie der Sucht die Möglichkeit, von den Erkenntnissen der Traumatherapie zu profitieren und umgekehrt. Die Notwendigkeit eines integrativen trauma- bzw. bindungsfokussierten Ansatzes in der Suchttherapie ist auch dadurch begründet, dass ge-

1 Einleitung und Kasuistik

rade die früh abhängig gewordenen Jugendlichen mit Traumaerfahrung im Erwachsenenalter das Klientel der hoffnungslosen Dauerkonsumenten bilden. Es braucht eine frühe und nachhaltige Intervention schon im Kinder- und Jugendalter. Darüber hinaus zeigt sich, dass viele Methoden der Traumabehandlung ganz allgemein für die Sucht angewendet werden können. Die Bindungsforschung ergänzt diesen Zusammenhang mit einem das Leben umspannenden Fundament: Kommt es durch frühe Traumatisierung zu einer Bindungsstörung, wird das Trauma auf dramatische Weise unsichtbar und versteckt sich hinter einem desorganisierten Bindungsverhalten, das weitere Komorbiditäten erzeugt. Aus diesem Grund sind Trauma und Bindungsstörung therapeutisch nur schwer zugänglich und gehen oftmals mit einer Sucht einher.

In diesem Buch wird auch die schwere chronische Traumatisierung thematisiert, die bei Kindern mit einer Abspaltung (Dissoziation) von Persönlichkeitsanteilen einhergeht. Diese Anteile nennt man auch Ego-States. Die betroffenen Kinder und Jugendlichen mit Suchtstörung haben verschiedene Ich-Anteile, die sich in der Sucht- und Trauma-Therapie teilweise anpassen und sich scheinbar gut auf die therapeutische Beziehung einlassen können. Es gibt aber andere Anteile, die zunächst unerkannt bleiben oder die Therapie zu zerstören beginnen, weil sie ihren Untergang befürchten. Es handelt sich um destruktive, täterloyale Anteile, die einer Therapie im Weg stehen. Auf der »inneren Bühne« gibt es auch einen Anteil, der einen »inneren Betäuber« darstellt und der Suchtmittel als Betäubung einsetzt, um Täter-Anteile in Schach zu halten. Die Droge fungiert dann meist als chemisches Dissoziationsmittel und als Bindungsfigur zugleich. Für junge Menschen, die aufgrund von Trauma und destruktivem Bindungserleben zur Sucht gelangt sind (und das sind bei den früh abhängig gewordenen Jugendlichen sehr viele), gilt es nun, neue therapeutische Ansätze zu entwickeln. Es soll hier ein integrativer Ansatz dargestellt werden, der sich seit vielen Jahren in der stationären und ambulanten Therapie unserer Klinik bewährt und weiterentwickelt hat. Theoretisch wie praktisch soll gezeigt werden, dass sich die Methoden der Sucht- und Traumabehandlung zwar er-

1.1 Einleitung

gänzen, dass sie aber auch das verbindende Konzept der Bindungstheorie brauchen.

Diese Erkenntnis ist umso wichtiger, als Bindungsstörungen häufig mit Beginn der Pubertät und der Adoleszenz nicht mehr diagnostiziert werden. Plötzlich verschwindet die Diagnose auf dem Radar des Helfersystems. Traumatische zwischenmenschliche Erfahrungen zerstören jedoch das Vertrauen in Bindungen und soziale Sicherheit. Das Bindungsverhalten ändert sich grundlegend und bestimmt womöglich das ganze weitere Leben. Die Gefahr, dass fehlende positive Bindungserfahrungen und somit fehlende soziale Verstärker durch Drogenkonsum als alternative Stimulierung des Belohnungssystems ersetzt werden, ist groß. Die Folgen bleiben ein Leben lang: Das Suchtgedächtnis vergisst nie. Das Bindungsgedächtnis auch nicht. Dies gilt besonders für suchtkranke Jugendliche und Adoleszente, deren Hirnreifung noch nicht abgeschlossen ist. Die Pubertät ist *die* Risikozeit für psychiatrische Erkrankungen und es gilt, frühzeitig Wege zu finden, um traumatisierte Kinder und Jugendliche vor der irreversiblen Chronifizierung eines Bindungstraumas zu schützen.

Der aktuelle Stand der Forschung und der (neurobiologische) Zusammenhang von Sucht, Trauma und Bindung werden in Kapitel 3 möglichst prägnant und bereits mit klarem Praxisbezug herausgearbeitet. Um das Verständnis des Theorie-Teils zu unterstützen, werden jeweils Fallbeispiele vorangestellt. Was in der Theorie oft logisch und sinnvoll erscheint, lässt sich nicht selten im therapeutischen und klinischen Alltag nur schwer in ein eindeutiges Schema bringen. Wie dies aber auch bei komplexen Störungsbildern mit hoher Komorbidität möglich ist, soll das kontrastreiche Nebeneinander von Fall und Forschung nachzeichnen. Das Ausweichen des Patienten auf Nebenthemen und in ein Vermeidungsverhalten, der lange Weg voller Rückschläge, Abbrüche, Wiederholungen und sogar Verschlechterungen ergeben oftmals erst einen Sinn, wenn die theoretischen Grundlagen ausreichend in den Blick genommen werden. Erst wenn verstanden wird, worum es bei Trauma und Bindung tatsächlich geht, ergeben sich daraus viele praktische Möglichkeiten und Notwendigkeiten. Die Theorie gibt Orientierung.

1 Einleitung und Kasuistik

Die Epidemiologie versucht ebenfalls, anhand von Studien und Definitionen zur Orientierung innerhalb der komplexen Zusammenhänge beizutragen.

Kapitel 5 des Buches bringt die wichtigsten Aspekte der integrativen Therapie von Sucht, Trauma und Bindungsstörung in wesentlichen Begriffen in einen Zusammenhang. Sowohl die ambulante als auch die stationäre Arbeit und Therapieorganisation werden dabei berücksichtigt. Es kommt die Therapieplanung und Psychoedukation ebenso zur Sprache wie verschiedene Techniken der Stabilisierung, der systemischen Rahmung und der praktischen Traumakonfrontation. Zuletzt werden auch verschiedene Formen der EMDR-Anwendung kurz dargestellt. In Bezug auf die frühen dissoziativen Traumafolgestörungen der Kindheit, die bei abhängigen Jugendlichen eine große Rolle spielen, werden Aspekte der Ego-State-Therapie und der Arbeit mit Ich-Anteilen auf der inneren Bühne vertieft. Das besondere Anliegen des Buches ist es, sich auf frühkindliche Traumafolgestörungen im Zusammenhang mit jugendlicher Suchtentwicklung einzulassen, ohne dass bisher aus wissenschaftlicher Sicht das letzte Wort dazu gesagt wäre. Im Gegenteil, es handelt sich noch um Neuland. An dieser Stelle hoffen wir, dass unsere langjährige Erfahrung einen praktikablen Weg zeigen kann.

1.2 Kasuistik

Die folgenden Fallbeispiele repräsentieren typische Patienten, wie sie auf unserer Station und in unserer Sucht-Ambulanz behandelt werden. Die Beispiele sollen exemplarisch veranschaulichen, mit welchen Herausforderungen die Therapeuten konfrontiert werden, wenn sie es mit kombinierten Sucht-, Trauma- und Bindungsstörungen zu tun hat. Eine gute Balance von Stabilisierung und Konfrontation ist von großer Bedeutung. Der Therapeut muss erkennen können, ob sich der Patient tatsächlich mit seiner dissoziativen Seite

1.2 Kasuistik

der Sucht auseinandersetzt oder ob er »Ausweichmanöver« (die Vermeidung, den Krankheitsgewinn) vorzieht, um seine gewohnte Abwehrstrategie nicht aufgeben zu müssen. Die Sucht-Seite unterstützt massiv die Vermeidung. Sich dem Trauma zu stellen heißt auch, sich der Sucht zu stellen und umgekehrt. Beide Seiten suchen die Vermeidung in der dissoziativen Betäubung. Der therapeutische Weg aus dieser sich selbst verstärkenden, fatalen Struktur ist lang und gezeichnet von Rückschlägen, Rückfällen, Scham und sogar Verschlechterungen während der Therapie. Der Therapeut braucht Leidenschaft, Vertrauen und viel Wissen, um den krisenhaften, turbulenten Entwicklungen der Patienten mit Ruhe begegnen zu können. Vor allem braucht es aber auch eine gute Nähe-Distanz-Regulation des Therapeuten. In der Arbeit mit traumatisierten Patienten ist das Wissen um die Grenzen der Empathie von großer Bedeutung. Es ist wichtig zu wissen, wann Empathie sein darf, wann sie nötig ist und wann sie sich verbietet. Es braucht das Wissen um den richtigen Augenblick. Und es braucht ein hohes Maß an Selbsterfahrung, denn die Gefühle, die der traumatisierte und bindungsgestörte Patient im Therapeuten auslöst, können bedrohlich oder vernichtend sein: wie zum Beispiel das Gefühl, etwas in der Therapie falsch gemacht zu haben, dem Patienten etwas »angetan« zu haben. Täter-Gefühle sind typisch und können den Therapeuten allen Vorbereitungen zum Trotz stark belasten. Es braucht daher immer auch ein »kritisches Organ«, das sich einschaltet, wenn wir uns zu sehr in traumatische Biographien einzufühlen versuchen.

> **Fall 1: Anja (Dissoziative Identitätsstörung und innere Bühne)**
> Anja hatte bereits einen langen therapeutischen Weg hinter sich, bevor sie es zu uns auf die Suchttherapiestation schaffte. Zwei Jahre zuvor hatte sie auf einer Jugendstation eine Traumatherapie begonnen. Die Therapie sei schwierig gewesen, weil sie immer wieder heimlich während der Ausgänge Alkohol getrunken habe und die Eltern wenig kooperativ gewesen seien. Es gab Geheimnisse, die nicht thematisiert werden durften. Nach der Therapie ging Anja in eine Jugendhilfeeinrichtung, die sich auf traumati-

sierte Jugendliche spezialisiert hatte. Auch hier trank Anja immer mehr Alkohol und hielt sich nicht an Absprachen. Daher riet der Supervisor zu einer Suchttherapie auf »Teen Spirit Island«. Über Anjas Trauma waren zum Teil nur Mutmaßungen und Andeutungen bekannt. Der Vater stand als Täter unter Verdacht, massiv Gewalt in der Familie ausgeübt zu haben. Die Mutter habe dies nie bestätigt. Es dauerte lange, bis Anja ansatzweise darüber sprechen konnte. Es gab Hinweise auf einen mehrfachen sexuellen Missbrauch durch einen Nachbarn, denen aber nie nachgegangen worden war. Ein merkwürdiges Schweigen lag über jeder Andeutung. Zudem hatte es eine Wiederholung in Anjas Pubertät gegeben: Sie wurde durch eine Gruppe Jugendlicher vergewaltigt. Die Täter hatten ihre Tat angeblich mit dem Handy aufgenommen und Anja damit gedroht, den Film öffentlich ins Netz zu stellen, sollte Anja darüber reden. Seither musste Anja zwanghaft kontrollieren, ob etwas über sie im Netz zu finden war.

Bei der Aufnahme in unserer Station musste sie ihr Handy abgeben, was ihr sehr schwerfiel. Aber es führte zu einer Entlastung gegen ihren Willen. Das Handy funktionierte als Trigger, es erinnerte Anja täglich an das Trauma und an die Schweigepflicht. Die Scham »klebte« am Handy – eine perfide Installation der Täter. Nach der Entzugsphase begann Anja zu dissoziieren. Sie profitierte zwar von Stabilisierungsübungen und konnte ihre Ressourcen nutzen, aber der Druck, sich selbst verletzen zu müssen, überwältigte sie immer wieder. Es fiel ihr sehr schwer, sich Hilfe zu holen. Schuldgefühle und der Drang, sich selbst bestrafen bzw. verletzen zu müssen, zwangen sie zum Rückzug in sich selbst. Es wurde ein Therapievertrag geschlossen, in dem Mindestanforderungen beschrieben wurden, die Anja erfüllen musste, um ihre stationäre Therapie fortsetzen zu können. Wir entschieden uns für ein konfrontatives, Grenzen aufzeigendes Bindungsangebot. Anja wehrte Nähe, Lob, Anerkennung und Fürsorglichkeit ab, weil sie eine vertrauensvolle Bindung als bedrohlich erlebte. Es war leichter für sie, wenn man ihr nicht zeigte, dass man sie mochte. Bei zu viel Nähe geriet sie unter Druck und ihr Bedürfnis zur

Selbstbestrafung wuchs. Bald wurde deutlich, dass Anja zwischen verschiedenen Ich-Zuständen wechselte. Mal wirkte sie schwer belastet, eingeschüchtert und konnte nicht sprechen. Dann zeigte sie kindliche Freude und redete wie ein Kind. Wieder ein anderes Mal zeigte sie oppositionelles Verhalten und wirkte pubertär jugendlich. In extremen Augenblicken konnte sie sich nicht mehr an vorherige Zustände erinnern. Sie merkte oft nicht, dass sie zwischen Ego-States (Ich-Anteilen) wechselte. Die Dissoziation zwischen den Ich-Anteilen schien zum Teil derart ausgeprägt zu sein, dass Anjas dissoziative Störung als Dissoziative Identitätsstörung (DIS, früher »Multiple Persönlichkeit«) zu beschreiben war.

Wir begannen in der Einzeltherapie mit der Arbeit auf der »inneren Bühne«: Anja lernte, ihre verschiedenen Ich-Anteile zu erkennen, zu beschreiben und ihre Motive zu verstehen. Es gab Helfer-Ichs, destruktive Ichs, Täter-Anteile, kindliche Anteile mit und ohne Opfer-Erfahrung und eine anscheinend normale Persönlichkeit (ANP), die versuchte, im Alltag zu funktionieren. Es gab Anteile, die unbedingt zur Schule gehen und einen guten Abschluss erreichen wollten und es gab Ego-States, die im hohen Maße selbstdestruktiv, selbstverletzend und präsuizidal agierten. Anja hatte am Anfang große Schwierigkeiten, die Aufstellung der Anteile auf der inneren Bühne zu akzeptieren. Sie hatte Angst zu »zerfallen«. Es ging ihr zunächst schlechter, sie wirkte verunsichert und depressiv. Die Anteile auf der inneren Bühne mussten sich zunächst darüber einigen, wie diese Aufdeckung der Ich-Struktur zu bewerten sei. Es gab auch Anteile, die sich offenbar gegen den therapeutischen Blick zu wehren versuchten. Aber nach einer gewissen Zeit legte sich die Abwehr und es ging mehr um funktionale Aspekte des gemeinsamen Miteinanders der Anteile: Auch scheinbar destruktive Anteile wurden als wichtig und ehemals notwendig anerkannt, um ihre Angst vor Abschaffung zu beruhigen. Alle Anteile wurden wertgeschätzt und schrittweise in die Therapie einbezogen. Alle Teil-Persönlichkeiten hatten einmal die Aufgabe, die Integrität der Gesamtpersönlichkeit Anjas zu schützen. Durch den Blick auf die »innere Bühne« lernte Anja, den

Wechsel zu bemerken und mit den Ich-Anteilen im Kontakt zu bleiben. Nach anfänglichem Chaos entstand eine neue Perspektive: Anja »verschwand« nicht mehr im Wechsel der Anteile. Sie war der inneren Dynamik der Ego-States nicht mehr einfach nur ausgesetzt, sondern sie gewann immer mehr die Kontrolle über sich selbst, d. h. über das, was auf der »inneren Bühne« passierte. Die Sicherheit dieses Prozesses wurde dadurch hergestellt, dass es kaum Kontakte nach außen gab. Die Eltern meldeten sich kaum und auch sonst blieb Anja in der Sicherheitszone der Station. Nach gelegentlichen Telefonaten mit der Familie ging es Anja meist schlechter. Die Eltern sendeten Double Bind-Signale: Mal wirkten sie bereit zur Auseinandersetzung, dann wieder blieben sie abweisend, vorwurfsvoll und verständnislos. Anja wechselte entsprechend in ihren Bedürfnissen zwischen reflektierter Selbstkontrolle, kühler Distanz und kindlicher Sehnsucht nach Geborgenheit. Das »innere Kind« wollte, dass alles wieder gut war und verteidigte die Eltern.

Dann schickten die Eltern Pralinen mit Alkoholfüllung und schon schluckte Anja einen bitteren Widerhaken. Es folgten Suchtdruck, Enttäuschung, Selbstvorwürfe, Traurigkeit und Wut. Die Gefühle wechselten zwar noch mit dem Wechsel der Anteile auf der »inneren Bühne«, aber Anja lernte immer besser, die Gefühle nicht sofort verschwinden zu lassen: Das »innere Kind« durfte nicht nur traurig sein, sondern auch wütend; die »innere Streiterin« durfte nicht nur wütend sein, sondern auch traurig oder sehnsüchtig. So gelang allmählich eine Integration der Affekte, die sonst nur abgespalten voneinander existieren durften. Anja integrierte die Gefühlsanteile immer mehr als gleichzeitige Aspekte einer ganzen Person. Je mehr dieser Prozess voranschritt, umso stabiler wurde sie.

In einem Familiengespräch mit der Mutter nutzte Anja ihre neue Stabilität, um ihren Eltern gegenüber ihr Bedürfnis nach Akzeptanz und Respekt auszudrücken. Die Eltern wurden über Anjas Krankheitsbild aufgeklärt. Die Mutter wirkte erschüttert und zeigte erstmalig eine Bereitschaft, sich zu öffnen. Durch das Fallbeispiel wurde verdeutlicht, dass regelmäßige Kontakte zu Anja nur möglich sind, wenn ein Prozess des Verzeihens und Vergebens eingeleitet werde. Das hieß in aller Deutlichkeit: Vater und Mutter mussten Anja um Vergebung bitten. Der Vater musste seine Gewalttaten bereuen und die Mutter ihr Wegschauen. Für Anja war diese systemische und traumatherapeutische Intervention sehr wichtig: Klartext. Eindeutigkeit. Öffentlichkeit. Affektvalidierung. Realität. Kein Verschwimmen der Scham-Schuld-Grenzen. Anja erhielt ein Modell der Abgrenzung in Bezug auf eigene Bedürfnisse. Sich in Bindungen sicher fühlen hieß für Anja: Eine gute Nähe-Distanz-Regulation durch Wahrung und Sehen der eigenen Bedürfnisse – und das, obwohl die inneren Anteile unterschiedliche Bedürfnisse äußerten. Trotz großer Sehnsucht nach den Eltern konnte mit Anja erarbeitet werden, dass die Eltern den nächsten Schritt machen mussten. Dies würde ein langer Prozess mit ungewissem Ausgang sein. Anja strebte eine Rückkehr in die Jugendhilfeeinrichtung an mit dem Ziel, die Schule wieder zu besuchen, die Traumatherapie fortzusetzen und wöchentlich in unserer Nachsorgegruppentherapie zu erscheinen.

Fall 2: Heiko (frühkindliche Bindungstraumatisierung)
Heikos Fall soll hier nur auf einen Aspekt hin fokussiert werden, der zeigt, wie schwer es oftmals ist, frühkindliche traumatische Strukturen zu erkennen und in einen therapeutischen Rahmen zu bringen, wenn es kaum Erinnerungen an die frühe Kindheit gibt. Heiko kam zu uns aufgrund massiven täglichen Alkoholkonsums und Cannabis-Abhängigkeit. Zudem konsumierte er Ecstasy und gelegentlich Kokain. Er zeigte Symptome einer schweren Depression, hatte einige Suizidversuche hinter sich und gab einen sexuellen Missbrauch durch einen älteren Jungen aus der Drogenszene an. Bei Heiko konnte eine Posttraumatische Belastungsstörung (PTBS) diagnostiziert werden, allerdings war auch sein Bindungsverhalten sehr auffällig. Er somatisierte stark und hatte eine Neigung zu hysterisch wirkenden körperlichen Störungen. Diese Konversionsstörungen (Taubheit, Schmerzen, Lähmungen) gingen

mit ausgeprägten Ängsten und Schlafstörungen (Alpträumen) einher. Er sah abends im Halbdunkel Gesichter mit großen Augen und ohne Mund und wirkte auf kindliche Weise verängstigt und erstarrt, wenn er davon berichtete. Mit der Pflegefamilie wurde die frühkindliche Geschichte Heikos aufgearbeitet und es stellte sich heraus, dass er als »Frühchen« zur Welt gekommen und sofort aus seiner Familie entfernt worden war. Die Eltern waren drogenabhängig und konnten sich nicht um ihn kümmern. Während Heiko in der Neonatologie unseres Hauses versorgt worden war, wurden Pflegeeltern gesucht. Das Baby wechselte danach mehrfach die Pflegefamilien, bis sich eine Familie seiner Schreikrämpfe zum Trotz erbarmte und ihn länger behielt. Adoptiert wurde Heiko allerdings nie.

Nach einer Stabilisierungsphase wurde Heiko mit Konflikten in der Gruppe konfrontiert. Dabei zeigten sich große Verlustängste und die Angst vor Ablehnung und Zurückweisung. In dieser Phase wurden seine PTBS-Symptome stärker. Die Gesichter ohne Mund, die ihm abends »erschienen«, wurden als Erinnerungen aus seiner Zeit als Frühchen in der Neonatologie gedeutet: Er lag dort verlassen, zu früh in die Welt gesetzt, ohne Eltern, von intensivmedizinischen Instrumenten verletzt (Nadeln, Infusion, Medikamente) und wurde von Gesichtern ohne Mund (Mundschutz) angesprochen. Diese Deutung machte es Heiko möglich, ein Narrativ für seine verwirrenden (früher als psychotische drogeninduzierte Symptomatik gedeuteten) Visionen zu finden. Er konnte seine eigene Geschichte neu erzählen, als eine Geschichte des Überlebens und des Stolzes, es bis in die Therapie geschafft zu haben. So konnte Heiko seiner bis dahin als »Vernichtungsgeschichte« erlebten Biographie eine neue Würde zurückgeben. Er fand damit die Kraft, alten suizidalen Impulsen einen neuen Lebenswillen entgegenzustellen. Die Flashback-Erinnerungen an den sexuellen Missbrauch konnten mit EMDR gut prozessiert werden, ohne dass danach neue dissoziative Zustände auftraten. Auch war es jetzt möglich, die Trigger für die chemische Dissoziation durch Drogen zu analysieren und zu bearbeiten.

1.2 Kasuistik

Fall 3: Ferris (Bindung, Sucht und Risiko)
Häufig gibt es im Erstkontakt mit den Patienten sogenannte »Urszenen«, wie man es in der Psychoanalyse nennen würde. Es entsteht oft eine initiale Kennenlern-Sequenz, in der ein Patient sein ganz besonderes Bindungsverhalten offenbart. Diese Sequenz bildet nicht selten eine Art symbolische Verbindung (bedeutungsvolle »Nabelschnur«) zwischen Patient und Therapeut, ein Bild, auf das man die therapeutische Beziehung aufbauen kann.

Ich lernte Ferris als extrem durchtrainierten, blonden, jungen Mann kennen. Er trug alle Insignien eines coolen, von seiner Peergroup bewunderten Heros vor sich her: seinen Körper, sein Käppi, eine schwere Kette, Baggyhosen, Surfer-T-Shirt, Tätowierung, Nasenring und gewonnene BMX-Meisterschaften. Allerdings begann er immer mehr, Cannabis, Alkohol, Ecstasy und Amphetamine zu konsumieren. Außerdem hatte er, was erst später herauskam, Diebstähle, Körperverletzungen und einen Raubüberfall auf eine Tankstelle begangen. Er kam aus einer Professorenfamilie, die ihn als Baby adoptiert hatte. Seine Schulnoten waren schlecht, seine Versetzung in die nächste Klasse auf der Realschule gefährdet.

Bei der ersten Begegnung auf der Station rannte Ferris plötzlich auf mich zu – ein sehr irritierender Moment. Er blieb aber nicht bei mir stehen und ergriff auch nicht meine ausgestreckte Hand, sondern lief mit riesigen Sprüngen an mir vorbei. Auch andere Stationsmitglieder wurden Zeuge des nun ablaufenden Geschehens: Ferris wollte wie ein Parcour-Kletterer den Stamm eines nahestehenden Baumes einige Meter senkrecht hochlaufen, um dann mit einem Überschlag auf den Boden zurückzukehren. Ein akrobatisches Kunststück, das schiefging: Ferris rutschte vom Stamm ab und trug eine erhebliche Schürfwunde im Gesicht davon. Die Wunde war während der ganzen Therapie sichtbar und verheilte nur langsam. Ich kam therapeutisch immer wieder auf diese Wunde (diese Szene) zurück, um zu verdeutlichen, dass ich mir Sorgen um ihn machte. Er hatte ein extrem hohes Risikoverhalten, das Züge einer Selbstverletzung trug. Ferris hasste diesen

Bezug. Er hasste es, wenn man sich Sorgen um ihn machte. Sobald man ihm zu nahe kam, blockte er aggressiv ab und steigerte seine Risikosuche. Von seinen leiblichen Eltern wusste er nichts. Er war sofort nach Geburt weggegeben worden. Im Laufe der Therapie wurden dissoziative Zustände sichtbar, die mit starker Angst einhergingen. Angst hatte Ferris bis dahin »nicht gekannt«. Er konnte lange keinen Nutzen für sich darin erkennen, die Angst zuzulassen und Nähe auszuhalten. Erst allmählich konnte er genug Vertrauen zur Gruppe aufbauen und korrigierende Bindungserfahrungen machen.

2 Epidemiologie und Definition

2.1 Sucht und Trauma als Komorbidität

Inzwischen ist die signifikante Häufigkeit der Komorbidität insbesondere von Sucht- und Trauma-Störungen statistisch gut belegt. Die Biografien suchtkranker Menschen sind häufig von traumatischen Lebensereignissen und Lebensumständen geprägt. Gerade bei der Anamnese schwer und früh drogenabhängiger Jugendlicher sind traumatische Bindungserfahrungen, Verluste, Gewalt und Sucht in der Familie, Erziehung in Institutionen und Missbrauch typische und fast schon zu erwartende Eckdaten. Dennoch, so bemerken z. B. Schäfer und Krausz (2006), wurde der Bedeutung traumatischer Erfahrungen für die Genese und die Therapie von Suchtstörungen in der Vergangenheit kaum Beachtung zuteil. Inzwischen hat sich durch wissenschaftliche Fortschritte der Psychotraumatologie und der Entwicklungspsychologie der Fokus verändert: Die Bedeutung von Traumatisierungen in der Kindheit für die Entstehung von Suchterkrankungen wurde ebenso evaluiert wie die traumabezogene Komorbidität und die traumafokussierte Therapie betroffener Suchtpatienten.

In vielen Studien zeigte sich ein Zusammenhang von affektiven Störungen, Angsterkrankungen, Essstörungen und Suchterkrankungen mit traumatischen Erfahrungen in frühen Lebensabschnitten (Kendler et al. 2000, Nelson et al. 2002, Read et al. 2005). Bei Suchterkrankungen ist der Zusammenhang mit am besten belegt. Eine aufgrund hoher Probandenzahl sehr bekannt gewordene Studie ist die Adverse-Childhood-Experiences-Studie (ACE-Studie). Bei einer Stichprobe von 9 508 Personen wurde in Kalifornien der Einfluss

2 Epidemiologie und Definition

verschiedener Belastungsfaktoren wie sexueller Missbrauch, körperliche Misshandlung, Vernachlässigung und Substanzmissbrauch auf spätere somatische und psychische Erkrankungen untersucht (Felitti et al. 1998). Zwischen der Anzahl der Risikofaktoren und dem Einsetzen des Drogenkonsums (bzw. der Drogenabhängigkeit) zeigte sich ein signifikanter Zusammenhang im Sinne einer Dosis-Wirkung-Beziehung. Auch hatte die Anzahl von Belastungsfaktoren eine Bedeutung für das Einstiegsalter in den Drogenkonsum: Je mehr Belastungen es gab, desto früher begannen die Jugendlichen (unter 14 Jahren) mit dem Konsum (um den Faktor 2–4; Dube et al. 2013). Ein ähnliches Ergebnis zeigte die Studie des »National Comorbidity Survey« (Kessler et al. 1997). Die Befragung von 8 098 Probanden aus der Normalbevölkerung zum Vorliegen 26 schädigender Kindheitseinflüsse (z. B. Verluste, psychische Störung der Eltern, körperliche Misshandlung, sexueller Missbrauch) und zum Auftreten von späteren psychischen Störungen zeigte einen Zusammenhang zwischen Risikofaktoren und dem Auftreten von Suchterkrankungen, nicht aber zwischen Risikofaktoren und dem Verlauf der Suchtstörung.

Sehr aussagekräftig sind prospektive Langzeituntersuchungen. Fergusson und Lynskey (1996, 1997) untersuchten eine 1 265 Personen umfassende, neuseeländische Geburtenkohorte bis zum 18. Lebensjahr. Es wurden psychosoziale Belastungsfaktoren in der Kindheit erfasst wie z. B. Trennungen, Erziehungs- und Bindungsverhalten der Eltern, Substanzmissbrauch und sonstige psychiatrische Probleme der Eltern. Später wurde auch nach sexuellem Missbrauch und körperlicher Misshandlung gefragt. Hier zeigten sich deutliche Zusammenhänge zwischen sexuellem Missbrauch und substanzbedingten Störungen. Bei körperlicher Gewalt gab es eher signifikante Zusammenhänge mit Alkoholkonsum und -abhängigkeit. Auch die Schwere der Misshandlung wirkte sich offenbar auf die Deutlichkeit dieses Zusammenhangs aus.

Duncan et al. (1996) untersuchten 4 000 Frauen als repräsentative Stichprobe aus der Normalbevölkerung und fanden heraus, dass körperliche Misshandlung im Kindesalter mit einer erhöhten Wahrscheinlichkeit von Substanzmissbrauch einherging.

2.1 Sucht und Trauma als Komorbidität

Wilsnack et al. (1997) untersuchten 1 099 Frauen, wobei »problematisches Trinken« zweimal so häufig bei Frauen mit kindlichen Missbrauchserfahrungen auftrat.

Viele Studien befassten sich mit der Häufigkeit kindlicher Traumata bei Patienten in Suchtbehandlung. Es liegen dazu verschiedene Übersichtsarbeiten vor, die eine Häufigkeit von sexuellem Missbrauch und körperlichen Misshandlungen je nach Definition und Art der Erhebung zwischen 22 % und 70 % angeben.

Folgt man Simpson und Miller (2002), kommt man zu folgenden Ergebnissen in der Übersicht: In 47 Studien, in denen weibliche Suchtpatientinnen bezüglich kindlichen sexuellen Missbrauchs untersucht wurden, ergab sich eine durchschnittliche Prävalenz von 45 %. Bei Männern fand sich in 20 Studien eine Prävalenz von 16 %. Bei der Untersuchung von körperlicher Misshandlung fand sich in 19 Studien, die sich mit weiblichen Suchtpatientinnen befassten, eine Prävalenz von durchschnittlich 39 %. Bei 12 Studien an männlichen Patienten berichteten 31 % von körperlicher Gewalt in der Kindheit.

Es gibt Studien, die sich mit dem Abhängigkeitspotential von spezifischen Subtanzklassen und der Frage nach Missbrauch und Gewalt beschäftigen. Schmidt (2000) befragte substituierte Opiatabhängige zu sexuellen Missbrauchserlebnissen in der Kindheit. Es zeigte sich bei enger Definition eine Prävalenz von 60 % bei Frauen und 25 % bei Männern (11 % und 6 % in der Kontrollgruppe). In der Gruppe der Opiatabhängigen gab es signifikant häufiger und schwerere Missbrauchserlebnisse, die in jüngerem Alter stattfanden und öfter auf Inzestverhalten zurückgingen. Schäfer et al. (2000) befragten 100 Patienten mit multiplem Drogenkonsum nach erzwungenem Geschlechtsverkehr vor dem 16. Lebensjahr. 50 % der weiblichen und 40 % der männlichen Patienten waren betroffen.

2.2 Sucht und Bindungsstörung bei Kindern und Jugendlichen

Nimmt man besonders Kinder und Jugendliche als früh betroffene Suchtpatienten in den Blick, die aufgrund der Traumafolgestörung und der frühen Prägung vor der vollständigen Reifung kognitiver und emotionaler Fähigkeiten zudem nicht in der Lage sind, frühe belastende Lebensereignisse (sog. Life-Events, s. Dohrenwend 1998) narrativ zu deuten oder überhaupt auszusprechen, wird klar, dass man es therapeutisch mit einer besonders herausfordernden Situation zu tun hat. Zudem stellt sich die Frage, ob sich in den meisten Fällen überhaupt punktuelle Life-Events z. B. im Sinne sexuellen Missbrauchs oder körperlicher Misshandlung beschreiben lassen. Inzwischen ist deutlich geworden, dass der Begriff »Trauma« zunächst flexibler definiert werden muss, um dem Umstand gerecht zu werden, dass es auch chronisch traumatische Lebenskontexte gibt, die sich schwer fassen lassen, aber dennoch auf der Bindungsebene verheerende Wirkung auf die Entwicklung von Kindern haben. Es gibt in der Anamnese von süchtigen Jugendlichen oftmals Lebensumstände mit subtiler emotionaler Gewalt, mangelhafter Versorgung, Deprivation (Spitz 1945, Bowlby 1965), unsicheren Beziehungsangeboten durch Erwachsenen und fehlender Förderung (Kaplan et al. 1999). Die Folge sind »Bindungstraumatisierungen«, die im ICD noch keine eigene Klassifizierung haben, von denen aber aus neurobiologischer Sicht klar ist, dass sie unabhängig von sexueller oder körperlicher Gewalt großen Anteil daran haben, dass es später zu Sucht- und anderen komorbiden Folgestörungen kommt (Kaplan & Klinetob 2000, Simeon et al. 2001). Neben der klassischen Definition des Traumas kommt hier die Bindungstheorie (Bowlby 1951, 1989, 1995, Brisch 2009) in den Blick, die darauf hinweist, wie wichtig eine stabile emotionale Bindung für die gesunde Entwicklung eines Kindes ist.

2.2 Sucht und Bindungsstörung bei Kindern und Jugendlichen

DSM und ICD fordern bisher, dass es sich um »Ereignisse oder Geschehen von außergewöhnlicher Bedrohung mit katastrophalem Ausmaß« handeln müsse. Dass diese Erfahrungen von Bedrohung aber sehr subjektiv und auf der Bindungsebene sehr subtil grausam und emotional schleichend chronisch sein können (z.b. transgenerationale Vererbung eines desorganisierten Bindungsverhaltens durch unberechenbar wechselnde Beziehungsangebote und -abbrüche durch Eltern), wird in der Definition der Klassifikationssysteme nicht berücksichtigt. Es gibt in einem solchen Fall keine typischen Life-Events, sondern chronisch gewordene Mangel- und Deprivationserfahrungen, die von den betroffenen Kindern fast schon als Normalität empfunden werden. Später werden sie sich an ihre Kindheit nicht mehr erinnern können und eine Traumalandkarte bleibt anamnestisch »vernebelt«: Es gibt keine direkt erinnerbare Gewalterfahrung, aber es fällt auf, dass die Kindheit blass, gleichgültig, leer und überhaupt ohne Erinnerung bleibt. Michaela Huber hat in diesem Zusammenhang vom »Korken auf der Flasche« gesprochen: Viele Jahre später führen Reinszenierungen (erneute Trauma-Situationen) zur Reaktivierung einer kindlichen Szene, in der traumatische Bindungserfahrungen erkennbar werden und der kindliche traumatische Lebenskontext sichtbar wird (Huber 1997). Erwachsene, die bis dahin ohne seelische Störung »funktioniert« haben, werden plötzlich regressiv und erleben kindliche traumatisierte Anteile mit Symptomen einer PTBS. Der Korken auf der Flasche hat sich gelöst. Es geht also um »frühe interpersonale Traumatisierungen« (Schäfer 2007), die wie ein Nebel unbewusst bleiben und die stille, traumatische Normalität des Süchtigen bilden, der gar keine anderen Bindungserfahrungen kennt und den chronischen Mangel durch Drogen, Alkohol oder PC-Spielen substituiert. Eine allgemeinere Definition von Trauma ist daher hilfreich. Mit Riedesser und Fischer (2003) kann man Trauma beschreiben als »vitales Diskrepanzerlebnis zwischen bedrohlichen Situationsfaktoren und den individuellen Bewältigungsmöglichkeiten, das mit Gefühlen von Hilflosigkeit und Schutzlosigkeit und schutzloser Preisgabe einhergeht und so eine dauerhafte Erschütterung von Selbst- und Weltver-

2 Epidemiologie und Definition

ständnis bewirkt« (S. 113). Diese Definition zeigt, dass gerade der Bindungskontext für den Grad der Traumatisierung eine wichtige Rolle spielt: Die Schutzlosigkeit fehlender oder unsicherer Bindung macht vulnerabel für die traumatische Erfahrung (▶ Kap. 3.2) des Ausgeliefertseins. Je sicherer und geschützter ein Kind durch gute Bindungen ist, desto stabiler ist es auch in Bezug auf traumatische Irritationen. Durchbricht aber eine massive traumatische Erfahrung die Sicherheit der Bindung (Vertrauen in die immerwährende, sichere, emotionale Basis zwischen Menschen), hat dies bei Kindern auf der Bindungsebene verheerende Folgen, das Selbst- und Weltverständnis wird dauerhaft erschüttert. Auf der Bindungsebene ist sozusagen ein Schlachtfeld entstanden, eine Verwüstung, deren Lebensunfreundlichkeit sich auf das ganze weitere Leben und auf Folgestörungen auswirkt (Grossmann 1993, Holmes 1993, Strauß & Schmidt 1997, Wöller 1998, u. a.). Die Sucht spielt hier die Rolle einer Symptome reduzierenden Selbstmedikation, aber auch die einer Bindungsfigur. Das Suchtmittel erzeugt als »Bindemittel« im sozialen Kontext dort gute Gefühle, wo aufgrund fehlender Bindungssicherheit keine soziale Verstärkung (Lob, Anerkennung, Fürsorge, Liebe, Freundschaft) mehr stattfinden kann. Das Vertrauen in diese Möglichkeit der sozialen Belohnung ist aufgrund traumatischer Erfahrungen zerstört. Die Abhängigkeit vom »Übergangsobjekt« (Winnicott 1976) Droge beginnt (▶ Kap. 3.2 und ▶ Kap. 3.3).

Epidemiologisch und klinisch ist also die Bindungsstörung als Komorbidität der Sucht mindestens ebenso wichtig wie der Blick auf Traumafolgestörungen. Wenn man bedenkt, dass frühkindliche interpersonelle Traumatisierungen sich oft in Bindungsstörungen manifestieren, wird der Zusammenhang schlagend. Umso merkwürdiger ist es, dass die Bindungsstörung zwar bei Kindern noch vielfach diagnostiziert wird, aber schon bei Jugendlichen kaum mehr auftaucht. Die Bindungsstörung und überhaupt das Bindungsverhalten spielt plötzlich bei Heranwachsenden diagnostisch und psychopathologisch nur noch die Rolle eines »Beziehungsproblems«, das allmählich in dem Modell einer Persönlichkeitsstörung (Brisch 2009) aufgeht und darin verschwindet. Bei Patienten mit Borderline-Stö-

2.2 Sucht und Bindungsstörung bei Kindern und Jugendlichen

rungen ist z. B. inzwischen gut bekannt, dass viele der Betroffenen in ihrer Kindheit traumatische Erfahrungen gemacht haben und unsichere bis desorganisierte Bindungsmuster entwickelt haben (z. B. Brisch 2009, S. 94; Grossmann 1993; Atkinson 1997; Buchheim et al. 1998 u. a.)

3 Grundlagen: Neurobiologie und Psychopathologie

Wie kommt es nun aus neurobiologischer, dynamischer und systemischer Sicht zu der engen Assoziation von Sucht, Trauma und Bindungsstörung? Was verbindet sie und warum bilden sie aus therapeutisch-medizinischer Sicht ein herausforderndes komplexes Abwehrsystem? Darum soll es in den folgenden Grundlagenkapiteln gehen.

3.1 Trauma und Sucht bei Kindern und Jugendlichen

3.1.1 Sucht, Trauma und Bindung als implizite Gedächtnissysteme

Zu Beginn soll die Tiefenstruktur geklärt werden, die allen drei Systemen eigen ist. Die drei neurobiologischen Systeme von Belohnung (Sucht), Angst/Stress (Trauma) und Bindung (Bindungsstörung) können aus psychopathologischer Sicht wie folgt als je eigene Gedächtnissysteme dargestellt werden:

- Ein **Trauma** kann beschrieben werden als die Unfähigkeit, ein schreckliches Ereignis zu vergessen und die Erinnerung daran zu kontrollieren (Symptom: Flashbacks = filmartige und unkontrolliert ablaufende, quälende Erinnerung an das Trauma).

3.1 Trauma und Sucht bei Kindern und Jugendlichen

- Die **Sucht** kann beschrieben werden als die Unfähigkeit, das alles überragende Rauschgefühl nach einem Drogenkonsum zu vergessen (Symptom: Craving = Verlangen, Suchtdruck).
- Eine **Bindungsstörung** kann beschrieben werden als eine permanente unbewusste Erinnerung an die Unsicherheit von Fürsorge und Geborgenheit (Symptom: Ablehnung von Bindung oder übermäßiges und wahlloses Anklammern).

Allen drei Systemen ist gemeinsam, dass sie nur schwer wieder vergessen: Das Suchtgedächtnis eines Alkoholikers erinnert sich ein Leben lang an die Möglichkeit, den Weg zum Belohnungssystem über den Konsum von Alkohol abzukürzen. Es kann auch nach vielen Jahren der Abstinenz durch den Geschmack von Alkohol oder durch eine bestimmte Situation getriggert (gereizt, stimuliert) werden, sodass ein plötzliches Verlangen (Craving) einsetzt. »Einmal geknüpfte synaptische Verbindungen können nicht ohne weiteres gelöscht oder überschrieben werden, sie bleiben ein Leben lang bestehen« (Hüther, 2003). Anders ausgedrückt: Die »Gnade des Vergessens« kennt das Suchtgedächtnis nicht. Für die Therapie bedeutet das: Die Strategie, alte Erfahrungen durch kognitive Umstrukturierung (neue Überzeugungen) löschen zu wollen, wird im Falle des Suchtgedächtnisses kaum von Erfolg gekrönt sein. Warum? Weil man die Tiefenstruktur des Suchtgedächtnisses nicht erreicht, die darin besteht, dass es sich um ein belohnungsfixiertes, emotionales und unbewusst organisiertes neuronales System handelt, das nach dem Prinzip des Primings funktioniert: Es entsteht im Rausch eine Reiz-Reaktions-Kopplung, die mit sehr intensiven körperlich-emotionalen Ausnahmezuständen und Wahrnehmungen verbunden ist. Dadurch entsteht eine starke Bahnung und Prägung in tiefliegenden neuronalen Strukturen (Belohnungssystem, Nucleus accumbens), die sprachlichen und kognitiv reflektierenden Netzwerken (Broca-Sprachzentrum, frontaler Cortex) kaum zugänglich sind. Das bedeutet zweitens für die Therapie: Der Fokus sollte nicht darauf liegen, eine Erfahrung rückgängig machen zu wollen, sondern sich

3 Grundlagen: Neurobiologie und Psychopathologie

lösungsorientiert zu verhalten und neue, alternative Erfahrungen gegen die alte Strategie der Sucht als Problemlösung zu setzen. Betrachtet man nun die neuronalen Systeme, die einem Trauma und einer Bindungsstörung zugrunde liegen, so entdeckt man zahlreiche Parallelen zu den oben genannten Eigenschaften des (unbewussten) Suchtverhaltens. Im Folgenden soll zunächst die Entstehung des Trauma-Gedächtnisses beschrieben werden. Die Erinnerung an das traumatische Ereignis wird ebenfalls implizit (unbewusst) als Reiz-Reaktions-Kopplung im Moment eines extremen Gefühls- und Stresszustandes gebahnt und lässt sich im Falle einer Posttraumatischen Belastungsstörung (PTBS) auch nicht ohne weiteres löschen. Im Gegenteil, die Erinnerung übernimmt nicht selten die Kontrolle und lässt sich kognitiv dann kaum mehr beeinflussen. Ein Außenreiz, der an das Trauma erinnert, genügt, um die Trauma-Szene wie einen inneren Film wieder im Kopf ablaufen zu lassen (Flashback). Dabei entsteht für den Betroffenen der Eindruck, dass sich das Trauma gerade tatsächlich wiederholt. Angst, Panik, Beklemmung, Herzrasen, Schweißausbruch und Erstarrung sind typische Begleiterscheinungen. Vergangenheit und Gegenwart können in diesem Moment nicht unterschieden werden. Das traumatische Ereignis scheint nicht vorbei zu sein. Wie kann es dazu kommen?

3.1.2 Die neurophysiologischen Folgen des Schreckens

Es gibt einige Bilder, die gut veranschaulichen, was im Moment eines traumatischen Ereignisses neurophysiologisch passiert. Das erste Bild heißt »Window of Affective Tolerance« (Affekttoleranzfenster nach Odgen und Minton 2000; Konzept nach Siegel 1999; ▶ Abb. 3.1) und verdeutlicht, an welchem Punkt eine Bedrohung das Gehirn dermaßen unter Stress setzt, dass sie nicht mehr toleriert und kompensiert werden kann. Wird diese Grenze überschritten, schaltet das Gehirn auf einen Überlebensmodus. In der Stresssituation entscheidet sich, ob das Gehirn entweder mit Übererregung (Hyperarousal) oder Untererregung (Hypoarousal) reagiert. Am Beispiel der Vernachlässi-

3.1 Trauma und Sucht bei Kindern und Jugendlichen

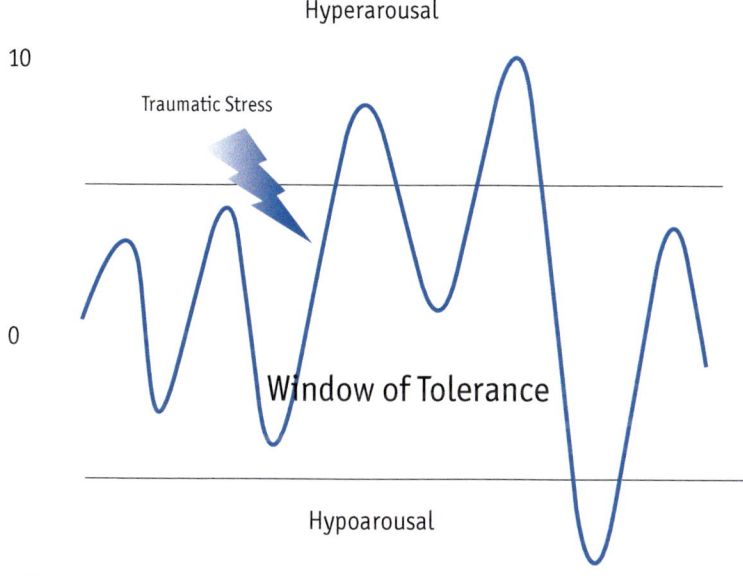

Abb. 3.1: Window of Traumatic Stress Tolerance – Stress-Toleranzfenster (modifiziert nach Odgen und Minton 2000, S. 161)

gung von Kindern wird dieser Unterschied deutlich: Die Kinder reagieren entweder mit Schreien und Protest oder mit einer apathischen Deprivation – zumeist erst das eine, später das andere. Das Hyperarousal drückt die Panik und die Angst vor dem Verlassensein aus. Das Hypoarousal der Deprivation gleicht dem Eingeständnis einer Niederlage. Diese Form der Resignation und des Rückzugs in sich selbst wurde von René Spitz als die letzte Phase der anaklitischen Depression beschrieben (Spitz 1946).

Ein weiteres wichtiges Bild ist die »traumatische Zange« (Besser 2013, nach der Beschreibung bei Huber 2003, S. 38–51; ▶ Abb. 3.2). In einer existentiell bedrohlichen Situation bleiben einem Menschen zwei Auswege: Verteidigung (Fight) oder Flucht (Flight). Sind beide Wege verstellt, so sitzt der Mensch in der Falle, die Zange greift zu. Das alarmierte Gehirn reagiert im Zustand maximaler Übererregung

3 Grundlagen: Neurobiologie und Psychopathologie

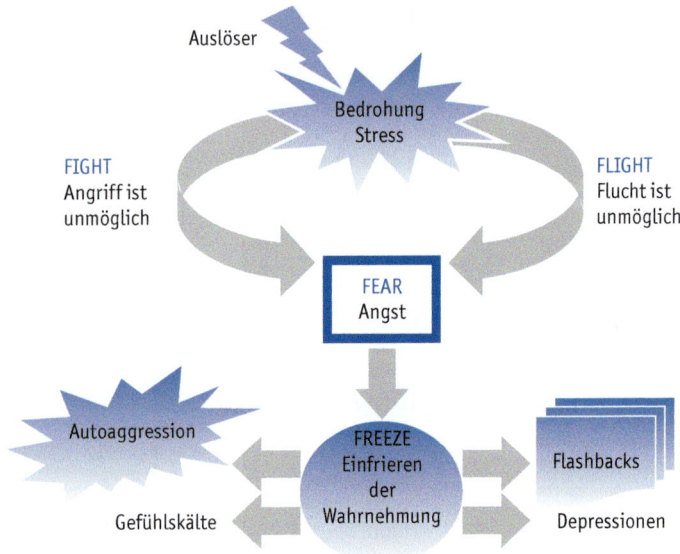

Abb. 3.2: Die traumatische Zange: Ohnmacht und Ausweglosigkeit (modifiziert nach Besser 2013)

mit dem Umschalten in einen dissoziativen Zustand. In der äußeren Realität gibt es keinen Ausweg aus der Vernichtung, also schaltet das Gehirn in eine innere Exit-Strategie, die wie eine Selbstbetäubung funktioniert. Hier beginnt auch der Zusammenhang von traumatischer und chemischer Dissoziation: Beide suchen die Selbstbetäubung. Das Erlebte wird wie durch einen Schleier oder Nebel wahrgenommen, als wäre das Ich gar nicht da bzw. woanders. Das Ich wird innerlich kalt, eingefroren, ohne Gespür für eine Berührung oder für Schmerz. Und das ist genau der Sinn dieser Abwehrleistung, keinen Schmerz und keinen Schrecken mehr zu spüren. Eine im Augenblick der Gefahr geniale Exit-Strategie nach innen, die leider langfristige, problematische Folgen hat.

Der Vorgang der Dissoziation ist also ein Abwehrmechanismus, der im Moment einer schockartigen Übererregung des Hirns zu einer Abspaltung von Sinneswahrnehmungen und Bewusstseinsinhalten

3.1 Trauma und Sucht bei Kindern und Jugendlichen

führt. Es ist dieses abgespaltene Wahrnehmungsmaterial, das aufgrund der besonderen neurophysiologischen Notfallreaktion nicht mehr wie gewöhnlich in das Gesamtgedächtnis integriert werden kann. Für das in diesem Moment Erlebte fehlt die Möglichkeit, es in einer bewusst abrufbaren und vom Bewusstsein kontrollierbaren Erinnerung abzuspeichern. Stattdessen bleibt der traumatische Moment unverarbeitet (eingefroren, dissoziiert) und kann in der Erinnerung auch nicht verändert werden. Der Grund dafür ist ein Kurzschluss im Gehirn: Sinnesdaten brauchen im Normalfall eine gewisse Zeit, um über verschiedene Verschaltungsstellen des Gehirns zu laufen. Sie werden dabei markiert, verarbeitet, eingeordnet und auf Ähnlichkeiten überprüft. Dann erst wird das emotionale Gedächtnis angesteuert und ein Gefühlsmanagement beansprucht (LeDoux, 2004). Der normale Weg der Sinnesdaten läuft über den Thalamus (»Tor zum Bewusstsein«), der die Daten sammelt, lenkt und kanalisiert, über den Hippocampus, der die Daten vergleicht, in einen Kontext stellt und eine zeitliche Markierung einfügt. Vom Hippocampus laufen auch Schleifen in Richtung frontalen Cortex, in dem wichtige Erfahrungen und kognitive Überzeugungen gespeichert sind und mit den neuen Daten verglichen werden können. Dann erst (oder auch zeitgleich) erreichen die Daten die Amygdala, wo das Gefühlsmanagement die Daten emotional einordnet: Was ist der angemessene Erregungszustand, der zu der Wahrnehmung passt? Im Normalfall arbeiten also Hippocampus und Amygdala im Bereich des deklarativen und emotionalen Gedächtnisses arbeitsteilig. Dabei ist die Arbeit des Hippocampus besonders faszinierend, denn er ist entscheidend für eine explizite Informationsverarbeitung. Er verfügt über Sachinformationen und ordnet in einen narrativen Kontext ein, das heißt, er macht das Erlebte erzählbar bzw. sprachlich zugänglich. Das Wahrgenommene wird räumlich und zeitlich geordnet und kodiert, es erhält eine Vorher-nachher-Struktur und kann somit zeitlich in ein Gesamtgedächtnis integriert werden. Dadurch wird die Erinnerung an das Ereignis später kognitiv überprüfbar: Ich kann vom Ereignis berichten und es auch noch umdeuten. Man kann sich vorstellen, was es bedeutet, wenn die Arbeit des Hippocampus ausfallen würde und diese Leistungen nicht mehr stattfänden. Genau das ist nämlich im Modus des Schreckens und des Freezings der Fall. Die Amygdala ist an der impliziten Informationsverarbeitung beteiligt, das heißt, sie arbeitet stark konditioniert und unterliegt dem unbewussten Priming einer Reiz-Reaktions-Kopplung. Was hier als Emotion getriggert und gespeichert wird, bleibt ganz inneres Erleben ohne Anfang und Ende. Die Speicherung ist fragmentiert und ohne Kontext. Es gibt keine Raum-Zeit-Orientierung, die Emotionen (Erregungen) schwimmen in Zeitlosigkeit. Daher sind sie auch nicht als Erzählung verfügbar und kognitiv nicht überprüfbar. Es sind unmoderierte hohe Affektladungen, die mittels Hippocampus und Cortex erst noch gebunden, markiert und in einen narrativen Kontext integriert werden müssen.

Großen Anteil an den Folgen dieser Stressphysiologie hat auch das Cortisol als »Stresshormon«: Es wird bei Stressreizen ausgeschüttet, die Kampf oder Flucht erfordern, und dient der Bereitstellung von Energie (Glucose) (Panksepp 1998). Es hemmt die Informationsverarbeitung im Hippocampus und erhöht die Wachsamkeit. Infolge der Cortisolreaktion verschlechtert sich auch die deklarative Gedächtnisleistung. Die Fähigkeit, über das traumatische Ereignis zu berichten und durch Erzählen zu einer Integration fragmentierter Erinnerungen beizutragen, wird somit zusätzlich durch die hormonelle Stressphysiologie herabgesetzt.

Zusammengefasst lassen sich folgende Aussagen zur pathologischen Hirnentwicklung nach Traumatisierung treffen (van der Kolk 2016; LeDoux 2004; Nijnhuis 2009, Putnam 1995):

- Traumatische Ereignisse richten besonders in den kritischen Entwicklungsphasen, in denen das Gehirn am stärksten formbar ist, Schaden an: In der frühen Kindheit und zu Beginn des Jugendalters.
- Negative Beziehungserfahrungen werden in neurobiologische Strukturen eingeprägt und bewirken eine anhaltende Minderung der Fähigkeit zur Emotionsregulierung.
- Frühe traumatische Erfahrungen führen zu einer atypischen neuronalen Aktivität.

3.1 Trauma und Sucht bei Kindern und Jugendlichen

- Die Organisation der kortikolimbischen Areale ist gestört (Hippocampus, Amygdala, Thalamus, Cortex).
- Beziehungstraumatisierungen blockieren in kritischen Phasen das Wachstum der Dendriten. Dies betrifft besondere Phasen der kindlichen Entwicklung (z. B. Pubertät).
- Neuronale Schädigungen des präfrontalen Cortex führen zu einem Verlust komplexer sozialer Fähigkeiten und emotionsbezogenen Wissens über soziale Situationen.
- Der Hippocampus ist bei schwer traumatisierten Menschen im Vergleich zu Probanden der Normalpopulation deutlich verkleinert. Er verfügt über Stammzellen und somit über die im Gehirn einzigartige Fähigkeit, neue Zellen für das Gedächtnis zu bilden. Diese Fähigkeit wird durch extreme chronische Stressbelastung womöglich eingeschränkt.

Schwere (Bindungs-)Traumatisierungen wirken sich also auf neuroanatomischer und neurophysiologischer Ebene massiv aus. Es lassen sich inzwischen sogar auf epigenetischer Ebene Veränderungen nachweisen (Meany et al. 2010), die von revolutionärer Bedeutung sind. Es geht um die Frage nach der genetisch vermittelten, transgenerationalen Vererbung traumatischer Erfahrungen. Massive Stressbelastung und schwere traumatische Erfahrungen beeinflussen die Transkription der Gene durch Veränderungen an den DNA-Strängen. Das Ergebnis ist eine veränderte Expression von Proteinen, die in die Physiologie der zellularen Stressbewältigung und des Gesamtorganismus eingreifen. Es kommt zu einer dauerhaften, genetisch gesteuerten Umstellung der Stressphysiologie aufgrund sozialer Umwelterfahrung. Epigenetik bedeutet, dass man nicht mehr von einem monokausalen genetischen Determinismus ausgehen kann. Die Gene führen nicht einfach nur ein mutierendes Eigenleben, sondern unterliegen auch Umwelteinflüssen, die sich in die genetische Struktur einschreiben können. Es gibt offenbar eine Wechselwirkung, in der soziale Erfahrungen höchst bedeutsam sind (Meany et al. 2010). Inzwischen gibt es in der Forschung auch Hinweise darauf, dass traumatische epigenetische Veränderungen wieder rückläufig sein können, wenn es längere Phasen der Ruhe und Entspannung gibt (Reuter 2016). Insofern wird deutlich, wie wichtig Achtsamkeit, Stabilisierung und Entspannungsverfahren sogar auf der tiefen, biologischen Ebene genetischen Stress-Copings sein können. Der Wunsch eines traumatisierten Menschen, durch Kiffen oder Alkohol »runterzukommen« und endlich entspannen zu können, ergibt also bis in die epigenetische, biologische Struktur hinein einen tiefen Sinn. Eine integrative bindungsfokussierte Sucht- und Traumatherapie sollte eben dies berücksichtigen.

3.1.3 Trauma als Verlust der Erzählbarkeit

Die dissoziative traumatische Erinnerung beginnt neurophysiologisch genau an diesem Punkt: Der extreme Stress im Sinne der traumatischen Zange (massive Bedrohung und gleichzeitige Ohnmacht) führt zum Versagen der geordneten Speicher und des Abrufsystems im Hippocampus. Es findet keine hirnphysiologische Nachbearbeitung der Sinnesdaten mehr statt, die Verarbeitung ist aufgrund des Alarms »quick and dirty« (LeDoux 2006), d.h. ungefiltert und ohne sprachliche Sortierung. Die mit diesem Kurzschluss verbundenen traumatischen Übererregungszustände der jetzt direkt reizüberfluteten Amygdala sind im Freezing-State gespeichert. Sie haben keine zeitliche Einordnung und sind nicht erzählbar oder durch sprachliche Umdeutung integrierbar und damit verarbeitbar. Das hat vielfache Auswirkung auf die Symptomatik: Wenn die Erinnerung an solche traumatischen Gefühle und Zustände durch Außenreize getriggert werden (Priming), können die Patienten selbst nicht erklären, was mit ihnen los ist. Sie sind verwirrt und wechseln zwischen Zuständen hin und her, die oftmals aufgrund abgespaltener Gefühle nicht authentisch und in der Selbsterklärung nicht als »echt« spürbar sind. Die Patienten bleiben in ihren Schilderungen des Traumas kühl und distanziert. Es scheint, als hätten sie keinerlei Leidensdruck, weshalb viele Mitpatienten ihre Erzählungen auch nicht glauben wollen. Das bringt die Traumapatienten unter Druck,

3.1 Trauma und Sucht bei Kindern und Jugendlichen

was aber schließlich auch helfen kann, durch die Wut auf die Gefühllosigkeit emotional nach außen spürbar zu werden.

Fragt man diese Patienten, warum sie Drogen konsumieren, sagen sie: »Aus Spaß« oder »Weil ich Spaß haben will«. Sie sehen keinen Zusammenhang mit traumatischen Erlebnissen und nachfolgend belastenden Erinnerungen. Und das liegt zum großen Teil daran, dass sie darüber auch gar nicht sprechen könnten. Die Patienten verlieren außerdem im Sinne des Priming-Gedächtnisses die Fähigkeit der Kontrolle über die von der Amygdala modulierten Gefühle. Emotionen, die sonst über den Hippocampus eingeordnet und in einen narrativen Kontext integriert werden, können jetzt nicht mehr bewusst reguliert werden. Die Erregung tritt in vollem Umfang als nicht steuerbare Übererregung auf und wirkt übermächtig. Der Schrecken der im Trauma erlebten Ohnmacht setzt sich auch im Suchtverhalten fort – ein Teufelskreis der Wiederholungen. Sucht und Trauma verstärken sich gegenseitig. Der Betroffene hat das Gefühl fehlender Selbstwirksamkeit und fühlt sich hilflos und ausgeliefert.

Werden konditionierte Erinnerungen (Priming) an traumatische Gefühle durch Außenreize (Trigger) ausgelöst, entsteht bei den Patienten aufgrund der fehlenden zeitlichen Einordnung durch den Hippocampus zudem der dramatische Eindruck, das in der Erinnerung gespeicherte traumatische Erleben spiele sich im Hier und Jetzt der Gegenwart real wieder ab. Das Trauma wird erneut als »innerer Film« ganz real erlebt (Flashback). Die Panik, der Stress und die Todesangst sind im Sinne des sich wiederholenden Freezing-States ganz real wirksame körperliche Erfahrungen. Der Patient erlebt dissoziative Zustände, in denen erinnerte Sinneserlebnisse wiederkehren, die für den Patienten auch deswegen nur schwer einzuordnen und zu erklären sind, weil sie fragmentiert abgespeichert wurden und sich in kein ganzheitliches Wahrnehmungserlebnis einfügen lassen.

Heiko sah im Halbdunkel des Abends Gesichter ohne Mund, die für ihn sehr real wirkten, obwohl er wusste, dass sie nicht wirklich existieren konnten. Aber er sah sie und sie machten ihm große Angst. Sie lösten Zustände der Beklemmung, Panik und Ohnmacht aus. Gleichzeitig wirkte er dabei »agierend«, er machte einen »hysterischen« Eindruck, weil die Bezugspersonen die abgespaltenen Gefühle nicht spürten. Die Gesichter konnten als fragmentierte Erinnerungen aus Heikos Frühchenzeit rekonstruiert werden: Als Erinnerung an Mundschutz tragendes Pflegepersonal (▶ Kap. 1.2).

Das von Bennett Braun (1988) beschriebene BASK-Modell macht das Problem der fragmentierten Erinnerung im Moment des Freezings deutlich (▶ Abb. 3.3).

In der Darstellung von Braun erleben Menschen Ereignisse normalerweise in vier Dimensionen gleichzeitig: Verhalten (Behaviour), Affect (Gefühle), Sensation (Körpererleben) und Knowledge (Gedanken) bilden als eine Einheit ein Ereignis bzw. eine als Gesamterinnerung abgespeicherte Erfahrung. Im Fall eines dissoziativen traumatischen Zustands geht diese Einheit aufgrund der dargestellten neurophysiologischen Kurzschlüsse verloren. Die Fragmentierung ist von einigen Autoren um einige zusätzliche Dimensionen erweitert worden. In jedem Fall ist die fragmentierte Erinnerung abhängig vom Grad der Dissoziation und dem Ausmaß der Traumatisierung. Je schwerer der Grad der Dissoziation, desto mehr fallen die vier Ebenen der Sinneswahrnehmung auseinander. Es kann daher sein, dass sich ein Patient zum Beispiel an einen Geruch erinnern kann, der im Zusammenhang mit einem Trauma steht, es aber keine Erinnerung mehr an Bilder oder Geräusche gibt. Tritt ein ähnlicher Geruch als Trigger für dissoziative Zustände auf, bleiben diese Zustände rätselhaft, da der Geruch szenisch nicht einem erinnerbaren Ereignis zuzuordnen ist.

Anja konnte lange Zeit nicht über ihre sexuellen Missbrauchserfahrungen berichten. Das Problem war, dass sie das Erlebte nie in eine gesamte Erinnerungseinheit fügen konnte. Sie war sich nicht sicher, ob das, was sie an Schrecken erlebt hatte, sich auch wirklich so zugetragen hatte. Sie konnte sich immer nur an Teile erinnern, nie an das ganze komplexe Geschehen. Zudem hatte sie massive Schuldgefühle, die man ihr nicht »ausreden« konnte, weil sie nicht sicher sein konnte, dass sie es nicht doch gewollt hatte (▶ Kap. 1.2).

An Anjas Beispiel wird deutlich, wie wichtig kohärente und einheitliche Erinnerungen sind, um ein Narrativ, eine Erzählung und

3.1 Trauma und Sucht bei Kindern und Jugendlichen

B Behaviour (Verhalten)
A Affect (Gefühl)
S Sensation (Körpererleben)
K Knowledge (Wissen/Gedanken)

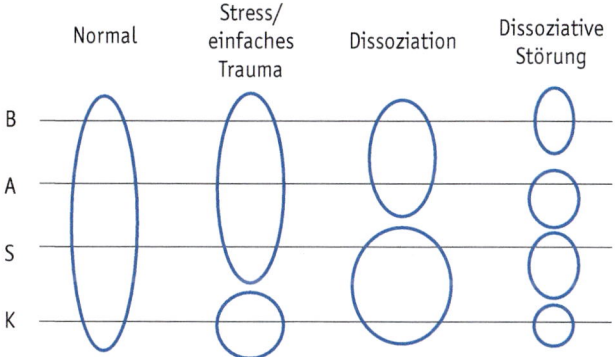

Abb. 3.3: BASK-Modell: Traumatische Fragmentierung der Erinnerung (modifiziert nach Braun 1988, S. 12 f.)

somit eine Deutung von Ereignissen herstellen zu können. Ist die Erinnerung aufgrund des Schreckens fragmentiert und wird der Hippocampus für Momente ausgeschaltet, fehlen sowohl einheitliche Erinnerungen wie die zeitliche und räumliche Markierung des Erlebten. Damit fehlt die Basis für eine Erzählung. Das Opfer kann nicht sprechen. Die abgespaltenen (»gefreezten«) Gefühle lassen zudem einen potentiellen Zuhörer in der Übertragung nichts spüren, weshalb oft der Eindruck entsteht, das Opfer »wolle nicht« sprechen (z. B. bei Gericht). Das wirkt nicht authentisch und weckt Misstrauen – ein wichtiger Grund, warum man den Opfern oft nicht glaubt.

Die Sprachlosigkeit führt bei Jugendlichen zum »acting out«, zum Ausagieren dessen, was sonst nicht erzählbar ist. Der »verkörperte Schmerz« (van der Kolk 2016) drückt sich über das Handeln aus. Der Körper als impliziter und zum Symbolisieren fähiger Wissensvermittler ist bei Jugendlichen ohnehin das physiologische Kommunikationsmittel (Blos 1964). Sie spielen nicht mehr mit Figuren, haben aber die Als-ob-Kommunikation mit sprachlichen Mitteln noch nicht ausreichend gelernt. Sie drücken sich in »action thoughts« (Busch 1995) aus. Im kindlichen Gehirn haben sich »schnelle Spuren« (Perry & Pollard 1998) eingegraben, die »sinnlos« und überwältigend bleiben, zeitlich fixiert, regressiv und unerzählbar. Die nichtsprachliche Botschaft in Gestalt von Aktion tritt in den Vordergrund, somatische Erinnerung, verkörperte Inszenierung und Wiederholung durch Handlung (Streeck-Ficher 1998). Dazu gehören massive Selbstverletzungen, Sachzerstörung, Drogenmissbrauch, kriminelle Aktionen und Suche nach Gewalt und Risiko (Putnam 1997).

> *Boris*, ein 16-jähriger Patient auf unserer Station, konnte über die Gewalt, die sein Vater ihm mit Metallstangen und Gürtel angetan hatte, nicht sprechen. Im Rauschzustand suchte er nach einem stärkeren (mächtigeren) Gegenüber, das er schlagen konnte und von dem er geschlagen wurde. Er war wegen Körperverletzung vorbestraft. Die Prügeleien folgten dem immer selben Schema einer Reinszenierung von Provokation eines Stärkeren. Bei einer Schneeballschlacht kam es zu einer Eskalation mit fast tödlicher Messerstecherei. Boris hatte in der Therapie darüber phantasiert, seinen Vater »abstechen« zu wollen.

3.1.4 Bleibende Symptome des Schreckens

Nicht jede als traumatisch erlebte Situation erzeugt das Vollbild einer Traumafolgestörung (van der Kolk 2016). Zum Glück haben viele Menschen zahlreiche Resilienzfaktoren, die zu einer spontanen Gesundung innerhalb einer gewissen Zeitspanne (bis zu einem Jahr) führen (Huber 2010, Reddemann 2005). Zu diesen Faktoren gehört wesentlich eine sichere Bindung (Brisch 2005; ► Kap. 3.2). Das schreckliche Ereignis wird dann aufgrund neuronaler Selbstheilungsmechanismen über verschiedene Phasen (Nervosität, Schreckhaftigkeit, Alpträume, Ängste, Traurigkeit, erhöhte Impulsivität, geringe Frustrationstoleranz) aus eigener Kraft integriert und in einen

3.1 Trauma und Sucht bei Kindern und Jugendlichen

narrativen Kontext gebracht, der das Geschehene deutbar, erzählbar und somit auch zeitlich strukturierbar macht. Die Verarbeitung im Hippocampus wird nachträglich in das erinnerte Ereignis eingebaut, Umwege über Sprache und Symbolisierung reinstallieren das deklarative Gedächtnis und machen das Erlebte einem autobiografischen Selbst zugänglich (van der Kolk 2016). Anfang und Ende des belastenden Ereignisses können benannt und markiert werden; damit ist dann eine Integration möglich, es gibt ein Ende. Dadurch ist Vergangenheit als solche markierbar. Diese Tatsache weist auch noch einmal darauf hin, wie wichtig die Erzählung als narrative Struktur des Bewusstseins sein kann. Wird sie bei schweren und komplexen (mehrfachen) Traumatisierungen durch die Umgehung des Hippocampus fragmentiert und durch »schnelle Wege« außer Kraft gesetzt, versagen nicht nur die Selbstheilungsmechanismen des Gehirns, sondern zudem viele therapeutische Strategien. Bei der Komorbidität von Sucht, Trauma und Bindungsstörung braucht es daher besonders gut verstandene Techniken, die auf neuronaler Ebene eine Integration narrativer Strategien überhaupt erst wieder ermöglichen. Die Herstellung von Sicherheit steht diesbezüglich an erster Stelle, Techniken wie Stabilisierungsübungen, Reorientierungsmaßnahmen, Triggeranalyse und Psychoedukation helfen dabei (▶ Kap. 5).

Wenn aber traumatische Erinnerungen und stressphysiologische Symptome entstehen, die sich durch Selbstheilung nicht mehr integrieren lassen, entwickeln sich aus den Phasen der versuchten Verarbeitung langfristige stressphysiologische Folgen, die zunächst unspezifisch erscheinen, mit fortschreitender Chronifizierung aber oft zu typischen Störungsbildern wie einer Anpassungsstörung (F43.2) oder einer Posttraumatischen Belastungsstörung (PTBS, F43.1) führen. Die psychische Traumatisierung führt zur unkontrollierbaren Aktivierung stresssensitiver neuronaler Netzwerke und endokriner Regelkreisläufe. Die Gehirnaktivität mit Priorität »Lernen« verändert sich zur Priorität »Überleben«. Dauerhaft gesteigerte Wachsamkeit, erhöhte Impulsivität und psychomotorische Unruhe sind die Folgen. Die Persistenz der Übererregung geht mit einer Störung der Selbstregulation einher. Die psychobiologische Dysregulation ist eine der wichtigsten Folgen von Traumatisierungen in der Entwicklung (Streeck-Fischer 2006).

> Merke: Es kommt zu einer Veränderung der hirnphysiologischen Lebenseinstellung: Das traumatisierte Hirn ist nicht mehr erlebnissuchend, sondern passiv abwartend. Es schaltet in einen übervorsichtigen, ständig wachsamen, depressiven und ängstlichen Modus: Es gibt keinen Antrieb für Veränderung und nur das Schlimmste wird erwartet.

Fremd- und selbstdestruktives, impulsives, riskantes und süchtiges Verhalten haben Ventilfunktion für diese unerträglichen Zustände, die sich der Kontrolle entziehen. Drogenmissbrauch und kriminelles Verhalten sind Selbsthilfemaßnahmen. Die Droge ist für diese Jugendlichen nicht nur ein physiologisches Übergangsritual in der Phase des »acting out«, sondern eine »Selbstmedikation« (Khantzian 1997) als Bewältigungsversuch unkontrollierbarer Erregungszustände, Flashbacks, Ängste, Nervosität und Angespanntheit, Alpträume, emotionaler Instabilität und erhöhter Impulsivität. Die Entscheidung für die Droge ist ein Lösungsversuch, nämlich der Versuch, die Störung der Selbstregulation wieder in den Griff zu kriegen. Der Teufelskreis, der damit in Gang gesetzt wird, ist zunächst nicht sichtbar. Erst nach und nach erkennen die Betroffenen, dass die Sucht ebenfalls die Kontrolle übernimmt und eine völlige Einengung der Lebenswelt auf den Konsum und die Beschaffung der Droge erzeugt. Für viele Jugendliche, die sich dadurch in einer Gemeinschaft mit anderen wähnen, ist diese Form des Kontrollverlusts aufgrund der Selbstbetäubung aber besser zu ertragen als dissoziative Zustände, Flashbacks und ein genereller Verlust der Selbstregulation. So bleibt ihnen die Illusion, sie hätten den Zustand selbst erzeugt. Es bleibt ein Restgefühl von Selbstwirksamkeit, daher oft auch die Formulierung: »Ich kann jederzeit aufhören, wenn ich will.« Viele Patienten halten sich lange an diesem Satz fest, denn das Gefühl, keine Kontrolle über einen haltlosen Zustand zu haben, ist für die meisten Trauma- und Suchtpatienten unerträglich. Das dann auftauchende Gefühl der Ohnmacht ist für sie ein Trigger, der die Erinnerung an die traumatischen Erfahrung wachruft.

3.1.5 Sucht und Trauma: Fantasie und Realität

Abhängige Jugendliche leben in einer anderen Welt. Der Wahnsinn der Selbstzerstörung, so scheint es, hat Methode. Es ist schwer, an die »Wolfskinder« heranzukommen. Sie wehren Bindungen ab (▶ Kap. 3.2) und bagatellisieren ihr süchtiges, dissoziales und bisweilen kriminelles Verhalten. Sie lügen oder erzählen Halbwahrheiten, die darüber hinwegtäuschen sollen, dass sie auf ihr Leben keinen Reim gefunden haben. Dabei wirken sie oft emotional vorgereift und zeigen im Kontrast zum delinquenten Verhalten auch überangepasste und erwachsene Seiten, was im Gegenüber das Gefühl weckt, diese Kinder und Jugendlichen seien viel weiter entwickelt als andere. Dies ist bei Kindern mit Traumafolgestörung sehr ähnlich: Bis in die Pubertät erscheinen sie erstaunlich weit entwickelt und unauffällig (Streeck-Fischer 2006). Man kann diese Überangepasstheit an die äußeren Umstände auch als »Notreifung« bezeichnen (Fonagy et al. 2004). Der starke Anpassungsdruck an äußere bedrohliche Umstände führt zu einem Überanpassungsmodus mit Externalisierung und Abstützung durch das Verhalten der Erwachsenen. In der Adoleszenz, wenn die Bedeutung von Erwachsenen relativiert wird, zeigt sich die mangelnde Internalisierung von selbstregulativen Fähigkeiten. Es kommt zu einem Nebeneinander von angepasst-erwachsenem und regressiv-kindlichem Verhalten. Die Realitäten wechseln und vermischen sich, die Selbsterzählung ist konfus und bisweilen märchenhaft geschönt. Das magische Denken versucht, den Einbruch einer pseudoerwachsenen Wirklichkeit, die immer brüchiger wird, zu kompensieren. Diese abgestützte Form der Selbstregulierung als Notreifung ist eine Art Mimikry (Streeck-Fischer 2006), eine falsche Selbstanpassung, die in der Therapie sichtbar wird und zu einer massiven Krise führen kann. Die vorzeitige Anpassung kann verhindern, dass Affekte, Impulse und Triebwünsche integriert werden. Die abgespaltenen Anteile werden in Situationen aktiviert, in denen das unberechenbar-bedrohliche Objekt abwesend ist. Dies ist in der Therapie der Fall. Der Trigger ist die Angst vor dem Objektverlust, obwohl dieses Objekt zugleich die Ursache der traumatischen Lebensweise (und eventuell der Bindungsstörung) ist. Diese paradoxe Situation ist zu Beginn der Therapie oft schwer zu durchschauen, da es zunächst so aussieht, als vermisse das Kind schlicht seine Eltern. Es kann nicht mit ihnen und nicht ohne sie sein. Dieses Muster, das sich als Bindungsmuster widerspiegelt, ist unter drogenabhängigen Jugendlichen häufig zu finden. Trotz scheinbarer Vorreifung, Selbstständigkeit und Abwehr von Erwachsenen leiden sie unter starken Verlustängsten und reagieren auf Kontaktabbruch mit starkem Suchtdruck und Abbruchimpulsen.

Es gibt noch ein Paradoxon im Verhalten traumatisierter und abhängiger Jugendlicher, das ebenfalls in der Therapie zur Verwirrung führt und auch mit den Objekt-Beziehungen zu tun hat: Kinder und Jugendliche mit Gewalt- oder Missbrauchserfahrung erzählen nicht immer die Wahrheit über ihre Welt oder sie erfinden Geschichten, die offenbar erlogen sind, aber auf den zweiten Blick doch indirekt (symbolisch) mit den traumatischen Erfahrungen zu tun haben. Man nennt dieses Phänomen »pseudologia phantastica« (Dithrich 1991) und meint damit eine fehlende Grenzziehung zwischen Realität und Fantasie. Es ist eine häufige klinische Beobachtung, dass traumatisierten Jugendlichen die Fähigkeit fehlt, zwischen sich und anderen (Selbst und Objekt), zwischen Realität und Fantasie, Vergangenheit und Gegenwart Grenzen zu ziehen und aufrechtzuerhalten. In Bezug auf Zeit haben wir neurobiologisch bereits eine Erklärung gefunden: Die »schnelle und schmutzige« Umgehung des Hippocampus (LeDoux 2006), die zu einer Verwirrung der zeitlichen Strukturen und einer Verwechslung von Vergangenheit und Gegenwart führt (Russel 1993). Für traumatisierte Kinder ist es schwer, die Realität wahrzunehmen, da eine »Grenzschicht«, die es möglich macht, zwischen innerer und äußerer Realität zu unterscheiden, nicht entwickelt wurde (Winnicott 1978, 1987). Das Konzept des

3.1 Trauma und Sucht bei Kindern und Jugendlichen

einheitlichen Selbst wird gestört. Ein Trigger für das verstärkte Auftauchen von »Unwahrheiten« ist die Infragestellung ihrer Realitätswahrnehmung:

Stellte man z. B. im Gespräch mit *Anja* ihre offensichtlich fragwürdige Schuldbehauptung (sie sei selbst schuld an allen traumatischen Erlebnissen, sie hätte ja dies oder das nicht tun müssen) in Frage, wurde die Kohärenz ihres Selbst sofort spürbar bedroht. Sie geriet in Ausnahmezustände und zeigte eine starke Übererregung. In anderen Momenten stellte sie nur auf Abwehr und zog sich aus dem Kontakt zurück. Ganz offensichtlich wechselte sie zwischen verschiedenen Ich-Anteilen hin und her (▶ Kap. 3.1.13). Die Bestätigung einer gemeinsam geteilten Realität ist für diese Kinder von höchster Bedeutung. Für sie darf es keine unterschiedlichen Wahrnehmungen von Realität geben.

Die Fähigkeit, zwischen innerer und äußerer Realität zu unterscheiden, entwickelt sich womöglich in den ersten vier Lebensjahren (Fonagy und Target 2004). Es gibt verschiedene entwicklungspsychologische Theorien, wie eine Trennung von äußerer und innerer Realität gelingt. Es führt wohl am weitesten, wenn man wie Winnicott (1978, 1987) annimmt, dass es hier um ein Bindungsproblem bzw. eine problematische Interaktion zwischen »Mutter« und Kind geht. Der Als-ob-Charakter der Fantasie muss dialektisch im Austausch mit einem anderen Objekt entwickelt, geübt und ausprobiert werden. Es ist ein spielerischer Vorgang von Versuch und Irrtum. Steht keine Primärbindungsperson als spiegelndes Gegenüber zur Verfügung, kann der Als-ob-Charakter des Spiels nicht erkannt oder integriert werden, die »Grenzschicht zur Realität« (Winnicott 1987) wird nicht entwickelt, da das Kind nicht lernt zu unterscheiden. Damit ist die Unfähigkeit, zwischen innerer und äußerer Realität zu unterscheiden, auch ein Ergebnis von Deprivation und Unterversorgung. Bei abhängigen Kindern und Jugendlichen, die aus Suchtfamilien stammen, ist eine solche Unterversorgung und die aggressive bis lethargische (betäubte) Abwehr von Bindung eine gängige Erscheinung.

Im Kontakt mit *Heiko* war immer wieder schwierig, dass seine Aussagen wenig valid wirkten. Man hatte oft das Gefühl, dass seine

3 Grundlagen: Neurobiologie und Psychopathologie

Behauptungen zu einem großen Anteil fiktiv waren. Konfrontierte man ihn mit diesem Gefühl (Spiegelung), reagierte Heiko äußerst gekränkt und zog sich zurück. Die fehlende empathische Affektspiegelung in Sucht-Systemen führt bei den Kindern dazu, dass ihnen später die angemessenen affektiven Antworten auf Situationen fehlen. Es fehlt das, was man auch »Affektvalidierung« (Bohus 2013, Linehan 1996) nennt: Die Sicherheit, dass das, was sie fühlen, eine eigene berechtigte Wirklichkeit darstellt, die als affektive Antwort auf die äußere Realität Gültigkeit besitzt. Um sich affektiv auf die Welt beziehen zu können, müssen Selbst und Welt (Selbst und Objekt) zuvor als etwas Getrenntes wahrgenommen werden können. Dieser »Kippmechanismus« zwischen Innen und Außen (Gergeley und Watson 1996) kann aber wohl nur durch Affektspiegelung in Gang gesetzt werden. Reale traumatische Erfahrungen zerstören den intersubjektiven Raum, der für die Ich-Bildung notwendig ist (Streeck-Fischer 2006). Das dialektische Verhältnis von Fantasie und Realität, das Spiel mit beiden Modalitäten, ist die Voraussetzung für die Fähigkeit zur Symbolisierung und für die Fähigkeit Bilder und Vorstellungen von sich selbst und anderen zu entwickeln. Bricht dieses Spannungsverhältnis zusammen, kommt es zu Überlebensstrategien, die oben bereits als Mimikry-Verhalten, als Überanpassung und vorgezogene Notreifung beschrieben wurden. Eine Sonderform stellt der Mechanismus der »Identifikation mit dem Angreifer« dar, ein Vorgang, den man Introjektion nennt und bei dem Anteile (Eigenschaften, Verhaltensmuster) des Täters in das Selbst des Opfers hineingeholt werden, um den Täter besser einschätzen zu können (▶ Kap. 3.1.13). Die Opferposition gegenüber dem Erwachsenen wird durch die Kinder später zwanghaft wiederholt (Hirsch 2004). Eine solche tiefgreifende Anpassung hat Auswirkungen auf die Ich-Struktur des Kindes und kann im Extremfall zur Abspaltung von Persönlichkeitsanteilen führen (▶ Kap. 3.1.10).

Drogenabhängige Jugendliche sehen nicht so aus, aber sie haben sich ihrer Umgebung stark angepasst: Sie sprechen die Sprache, die im Milieu von ihnen erwartet wird und die Drogen sind ein Weg, mitzumachen und dabei zu sein, ohne Zweifel zu spüren. Die Droge ist die absichernde Bindungsfigur (▶ Kap. 3.2).

> Merke: Das Verhalten der abhängigen Jugendlichen erscheint paradox: Ihr Auftreten wirkt für den Therapeuten wie eine Provokation, aber tatsächlich sind sie meist konfliktvermeidend und stark an ihre Umgebung angepasst. Das Problem ist, dass die stationäre Therapie ebenfalls die Anpassungsleistung fördert, aber die Nachhaltigkeit dieser Anpassung dadurch nicht garantiert ist (▶ Kap. 5.2).

3.1.6 Kognition, Affekt und Sensomotorik

Unter Belastung kommt es wie oben beschrieben zu einer vordergründigen Anpassung auf verschiedenen Ebenen, die mit kognitiven Coping-Mechanismen (Bewältigungsstrategien) einhergehen, während Affekte (Emotionen) ausgeblendet werden müssen. Authentische Gefühle gehen verloren. Die Bindungsforschung unterscheidet zwischen kognitionsorientierten Copings (bei unsicher vermeidend gebundenen Kindern) und emotionsorientierten Copings (bei unsicher ambivalent gebundenen Kindern) (Brisch 2009). Die Verbindung zwischen Emotion und Kognition wird brüchig und labil, es wird immer schwieriger, Beziehung aufzubauen und die Welt angemessen zu interpretieren. Kognition braucht den Untergrund des Affekts (Ciompi 1997). In einer Welt ohne Emotionen kann sich die Kognition nicht mehr orientieren, sie wird zu einem Labyrinth von unmöglichen Entscheidungen. Dissoziative Symptome stören den Ablauf des Denkens, das kognitive Coping führt zu Überanpassung, Unauthentizität und Notreifung. Das emotionale Coping führt zu Ambivalenz, Impulsivität und emotionaler Instabilität (Nähe zu Borderline-Störungen). Der Drogenrausch kann ein Versuch sein, Denken und Fühlen im Zustand der Betäubung wieder zu vereinen. Der Rausch kann einen Innenraum herstellen, in dem sonst aufgrund extremer

Intensität unaushaltbare Reize, Gedanken und Gefühle in einem gedämpften, heruntergedimmten und weichen Licht erscheinen. Damit können sie nebeneinander existieren, solange der Rausch anhält. Ein typisches Beispiel nannte *Ferris:* Er erklärte oft, wie gut er sich konzentrieren könne, wenn er gekifft habe. Eine Störung der Konzentration ist ein typisches Symptom posttraumatischer Einschränkung der Kognition (Cicchetti 1995, Putnam 1997). Die Hauptrisikogruppe jugendlicher THC-Abhängiger sind Jungen mit ADHS. Bedenkt man die vielen falsch diagnostizierten Fälle von ADHS, die in Wirklichkeit auf das Konto von Trauma und Bindungsstörung gehen, wird der Zusammenhang noch klarer. Aber ebenso wichtig ist der bisher wenig untersuchte Bereich sensomotorischer Phänomene, die gespeicherte Reaktion des Körpers auf den Zustand des Freezings und der Angst-Stress-Reaktion (van der Kolk 2016). Plötzliche Lähmungen, Taubheitsgefühle, Schmerzen oder Schmerzlosigkeit können Ausdruck der Erinnerung des Körpers an eine traumatische, abgespaltene (fragmentierte) Wahrnehmung sein (Braun 1988).

Kognition: Die Unfähigkeit zu lernen

Es gibt traumatherapeutische Konzepte, die einen kognitiven Zugang zu der in Scherben liegenden Gedanken- und Wahrnehmungswelt der Jugendlichen wählen. Dazu gehört die Traumafokussierte kognitive Verhaltenstherapie mit Kindern und Jugendlichen (Tf-KVT) (Cohen et al. 2009) (▶ Kap. 5.10). Welche kognitiven traumaassoziierten Defizite haben Kinder und Jugendliche? Viele Aspekte sind oben bereits genannt worden. Für die Schule und die Persönlichkeitsentwicklung ist klar: Lernen ist nur unter den Bedingungen von »secure readiness« (Cicchetti 1995) möglich. Angst blockiert das Lernen (Hüther 2006). Typisch für Jugendliche mit Traumabelastung ist, dass sie sich nicht konzentrieren können. Die Aufmerksamkeit wird abgelenkt, die Wahrnehmung getriggert, Relevantes und Irrelevantes lässt sich nicht unterscheiden. Sie haben gelernt, nur auf traumabezogene Reize zu achten. Es gibt typische Mechanismen der sensorischen Abblendung von Erfahrungen, man kann diesen Vorgang als Herun-

3.1 Trauma und Sucht bei Kindern und Jugendlichen

terklappen oder »shut-down-Phänomen« beschreiben (Cohen et al. 1987, Dopart 1983, Towbin 1993). Damit ist gemeint, dass neue Erfahrungen vermieden werden und potentiell triggernde Wahrnehmungen ausgeblendet werden. Damit ist das Gehirn stark abgelenkt und zum großen Teil nur noch damit beschäftigt, sich in alle Richtungen abzudichten. Es darf nichts durch, das womöglich irritieren könnte. Die betroffenen Kinder haben es schwer, abstrakte Informationen zu verarbeiten und Konzepte zu integrieren (Saigh et al. 1997). Sie zeigen schlechtere verbale Fähigkeiten (Carrey et al. 1995) oder insgesamt niedrige schulische Fähigkeiten (Wildin et al. 1991). Studien, die sich mit Trauma und Drogenkonsum beschäftigten, zeigten besonders signifikante kognitive Defizite. Es bleibt aber unklar, ob die Ergebnisse Folgen des Substanzmissbrauchs oder der traumatischen Vorgeschichte sind. Außerdem fällt es den betroffenen Kindern schwer, neue Konzepte und Strategien zu entwickeln oder Probleme zu lösen. Die Problembewältigungsstrategien sind unflexibel und starr (Dodge und Somberg 1987). Es fällt ihnen schwer, Gedanken zu kontrollieren, zu fokussieren und Selbstinstruktionen zu nutzen. Es gibt eine starke Neigung zur Generalisierung und zur Katastrophisierung. Die Gedanken sind oft dysfunktional, negativ, belastend, redundant, drehen sich in Schleifen und sind hochautomatisiert (Ehlers & Clark 2000). Das Denken ist starr und erlaubt wenig Umdeutung am Trauma-Narrativ. Es ist für die Betroffenen z.B. schwer, festgelegte Schuldzuweisungen sich selbst gegenüber zu korrigieren oder zu flexibilisieren. Für den Therapeuten ist es schwer aushaltbar, wenn doch offensichtlich ist, dass die Schuldzuweisung des Opfers an sich selbst den Täter schützt und eine zerstörerische Loyalität aufrechterhält. Dabei ist dieser kognitive »Starrsinn« in Wirklichkeit durchaus funktional und bildet ein gelerntes Verhalten ab, das ursprünglich im Moment des Freezings (Traumazange, Huber 2010) überlebenswichtig war. Hinter dem gelernten Verhalten existiert auch eine Beziehungsdynamik zwischen Täter und Opfer (▶ Kap. 3.1.10).

Daher muss über Schuld und Scham noch ausführlicher gesprochen werden. Es geht auch darum, dass das Festhalten an Schuld einen Rest Selbstwirksamkeit bewahren soll. Es entsteht so etwas wie eine Sinnverweigerung oder »Abwehr von Sinngebung« (Odgen 1985). Die kognitive Kohärenz, die Selbstregulation durch Denken, das Vertrauen in das Aufgehobensein im eigenen Denken ist zerstört und verloren. Die ganze Existenz ist in Frage gestellt, alles Denken ist auf Überlebensmodus gestellt, was niemand wissen darf, deswegen heißt Überleben auch Anpassung. Abwehr von Sinn heißt: Bestimmte Wahrnehmungen dürfen keinen Sinn ergeben, wenn sie die Sicherheit in Frage stellen. Oder es ist schlicht nicht möglich, Sinn zu erzeugen, weil der Frontalcortex (»quick and dirty«) nicht beteiligt wird. Das ist einer der Gründe für den Wiederholungszwang, den Bann des Traumas, der Grund, warum auch die Gedanken nicht mehr frei sind. Es kann aus Erfahrungen nicht mehr gelernt werden, eine Integration neuer Erfahrung, eine Umdeutung, ist so nicht möglich (Pollak et al. 1998; Damasio 1999). Jeder Gedanke dient der Sicherheit. Ungewissheit darf es nicht geben, d. h. die Fähigkeit, Ungewissheit zu ertragen, die »negative capability« (Bion 1990), ist extrem eingeschränkt. Die potentielle Sicherheit, dass nicht jeden Augenblick etwas Schreckliches geschehen könnte, wenn etwas Unerwartetes oder Neues geschieht, ist verloren. Der Hinweis ist wichtig, dass daher auch die Leistungsdiagnostik im Grunde versagen muss. Die Merkfähigkeit ist herabgesetzt, Antworten sind verzögert, das Arbeitsgedächtnis funktioniert nicht wie sonst. Daher haben viele Kinder und Jugendliche mit Traumafolgestörungen einen schulischen Abstieg hinter sich.

Drogenabhängigen Jugendlichen geht es genauso, die Muster ähneln sich deutlich. Auch die Kognition ist in ähnlicher Weise eingeschränkt, alle Gedanken kreisen um Konsum und Beschaffung – ein Wiederholungszwang, der selbst traumatisierende Qualität besitzt, weil der Kontrollverlust immer wieder als Ohnmacht erlebt wird. Schuld und Scham sind ständige Begleiter: Man hat es nicht geschafft zu widerstehen. Negative Gefühle flackern kurz auf, dann setzt wieder Craving ein.

Trauma und Sucht verstärken sich gegenseitig, kognitiv und affektiv. Sucht als Selbstmedikation auf der Grundlage einer Trauma-

3.1 Trauma und Sucht bei Kindern und Jugendlichen

folgestörung ist daher für die Therapie eine doppelte Herausforderung: Das Denken kann nur geöffnet werden (Umdeutung, neue Narrative, Verarbeitung von Schuldzuweisung, Bewertung des eigenen Verhaltens), wenn die zugrundeliegenden Gefühle benannt und ausgehalten werden. Vertrauen und Sicherheit sind die wichtigsten Voraussetzungen dafür (▶ Kap. 5.6).

Die Aufmerksamkeitsstörung und Hyperaktivität, die bei traumatisierten Kindern und Jugendlichen oft zu finden sind, werden aber häufig auch als ADHS missverstanden (Putnam 1997; Ruggiero et al. 2000). Noch unklar in der Forschung ist, durch welche Pathogenese Borderline-Störungen und Trauma genau assoziiert sind, Trauma wird jedoch oft als Risikofaktor genannt (Paris et a. 1999, Gudzer et al. 1996) und es gibt eine starke Assoziation.

Affekt: Angst, Scham und Schuld

Kognition und Affekt einander gegenüberzustellen ist immer irreführend. Sie sind eben keine Kontrahenten, sondern bilden eine gemeinsame Dynamik von Bedeutungen und Motivationen (Ciompi 1997; Damasio 2002). Bewusstsein braucht beide Aspekte, beide sind der »Stoff«, aus dem wir gemacht sind und die Sprache bedeutet uns etwas, weil sie einen emotionalen Untergrund, eine affektive Färbung und Energie besitzt, eine »Affektlogik« (Ciompi 1997). Wir haben aber gesehen, dass fragmentierte Erinnerung und schnelle neuronale Bahnung Cortex und limbisches System, Hippocampus und Amygdala voneinander trennen (Le Doux 1992).

> Merke: Die Dissoziation von Affekt und Kognition führt zur Überbetonung der einen Seite und zum Mangel der anderen. Die kognitive Sinngebung wird abgewehrt, die Impulsivität ist erhöht, Affekte werden abgespalten und die Selbstregulation ist gestört. Dies führt zu einer emotionalen Instabilität, die sich steigern und in einem Borderline-ähnlichen Verhalten gipfeln kann.

3 Grundlagen: Neurobiologie und Psychopathologie

Schuld und Scham sind sehr starke Affekte, die Sucht, Trauma und Bindung verbinden und sich gegenseitig verstärken. Sie blockieren die Therapie und bewirken beim Patienten oft irrationale, rätselhafte und »unbegründbare« Verhaltensweisen. Schuld und Scham führen bei schwer traumatisierten Kindern oft in die Düsternis der täterloyalen Anteile. Eine Therapie kann meist erst dann Erfolge verbuchen, wenn diese Affekte in irgendeiner Form zur Sprache und in Bewegung gebracht wurden. Das Risiko einer starken Gegenübertragung und des Erlebens von Ohnmacht und Hilflosigkeit auch auf Seiten des Therapeuten ist sehr groß. Aus diesem Grund wird auch auf therapeutischer Seite die Konfrontation mit diesen Affekten eher vermieden oder hinausgezögert. Hier soll auf Schuld und Scham eingegangen und geklärt werden, worin auch die Chance einer einfühlsamen, aber konfrontativen Arbeit mit Schuld und Scham besteht (▶ Kap. 5.11).

Schuld

Anja konnte ihre Schuld lange nicht aufgeben, weil sie über die Schuld eine (wenn auch destruktive) Bindung an die Eltern aufrechterhielt (▶ Kap. 1.2). Sie übernahm selbst die Verantwortung für ihre Täter-Eltern, die ihre Schuld verleugneten. Die Schuld an die Eltern zurückzugeben hieße, die Eltern (real und als idealisierte innere Objekte) zu verlieren, was noch schrecklicher wäre, als die Schuld selbst zu tragen. Kognitiv hielt Anja am Konzept der Schuld fest, affektiv lebte sie mit einem tiefen Schuldgefühl, das auch ein Trigger für Selbstverletzung (sich ritzen, sich schlagen) war. Auf der Bindungsebene verlangte dieses Konzept Unterwerfung und maximale Anpassung.

Schon Ferenczi (1933) beschrieb Überanpassung und Unterwerfung bei seinen Patienten, nachdem sie in ihrer Kindheit traumatisiert worden waren. Das Kind, so Ferenczi, könne nach einem sexuellen Missbrauch die Qualität der Angriffe nicht verstehen, da sie dem Stand der eigenen sexuellen Entwicklung nicht entsprächen. Er nennt es »Sprachverwirrung« und meint den Verlust einer intuitiven si-

3.1 Trauma und Sucht bei Kindern und Jugendlichen

cheren Basis durch den Übergriff. Das Kind sei gezwungen, »sich dem Willen des Angreifers unterzuordnen, jede seiner Wunschregungen zu erraten und zu befolgen, sich selbst ganz vergessend sich mit dem Angreifer vollauf zu identifizieren. Durch die Identifizierung, sagen wir Introjektion des Angreifers, verschwindet dieser als äußere Realität und wird intrapsychisch« (Ferenczi 1933, S. 308). Damit hole aber das Kind die Schuld des Täters ebenfalls in sich hinein, es finde »die Introjektion des Schuldgefühls des Erwachsenen« statt. Der Täter delegiert die Schuld an sein Opfer und erfährt dabei selbst Entlastung. Oder nach Hirsch: »Um sich die Eltern oder noch erträgliche Bilder von ihnen zu erhalten, unterwirft sich das Kind notgedrungen und nimmt das Implantierte in sich auf (Introjektion)« (Hirsch 2007). Das Kind versucht also, die für es lebensnotwendige Beziehung zu erhalten, indem es sich selbst die Ursache der Gewalt, des Bösen und der Schuld zuschreibt. So entsteht eine massive Abhängigkeitsbeziehung, in der die Annahme der Opfer-Schuld mit regressiver Unterwerfung und Scham verbunden ist. Immer hämmert im Kopf der Satz: »Ich habe etwas falsch gemacht«. Das Gehirn sucht nach Erklärungen, nach Kohärenz, um aus der »Sprachverwirrung« zu entfliehen. Die eigene Schuld bietet eine Möglichkeit zu verstehen, warum einem Gewalt angetan wird, es ermöglicht Kohärenz (Grawe 2006). So ist das Paradox zu erklären, warum primär unschuldige Opfer unter schweren Schuldgefühlen leiden, während der Täter weder Schuldgefühle hat noch seine Schuld anerkennt.

Zugleich wird am Affekt Schuld auch der Mechanismus der Introjektion deutlich. Auf der Ebene der Ego-States entsteht ein regressiver, sich unterwerfender kindlicher Anteil, der sich schuldig fühlt und zur Selbstbestrafung neigt (Peichl 2006). Dieser Anteil, dieses Introjekt, steht der Therapie im Wege, weil er große Angst davor hat, dass ihm die Schuld weggenommen werden soll. Damit ginge seine bisherige Erklärung, die Kohärenz und vor allem die abhängige Bindung an den Täter verloren. Den Mechanismus der Schulderhaltung als Teil des Traumas zu erkennen, hieße für das Opfer, mit massiven Affekten der Angst, Trauer, Scham und Wut konfrontiert zu sein. »Die befürchtete Heftigkeit würde auch wiederum jede Objektbeziehung zerstören. Es aufzugeben aber würde bedeuten, das einzige (wenn auch illusionär) verfügbare Objekt zu verlieren« (Hirsch 2007). Diese introjizierte Form der schuldhaften Abhängigkeitsbeziehung führt zu einer erhöhten Wahrscheinlichkeit, dass sich das Muster später wiederholt. Man spricht vom »telescoping« der Erfahrungen (vgl. Kohut 1971), was meint, dass traumatische Erfahrungen zu unterschiedlichen Zeiten verstärkend aufeinander aufbauen (Wiederholungszwang).

Das Schuldgefühl des Opfers ist aber auch noch durch das Erleben der eigenen Sexualität stark mit Scham assoziiert: Die eigene Sexualität wird schuldhaft erlebt, wenn sie zuvor mit Strafen belegt war. Schwere Schuldgefühle machen die eigenen Lustempfindungen des Kindes bei den Missbrauchshandlungen zu einem komplexen Fremdkörper (Hirsch 1987). Der Körper befindet sich im Zustand der Ohnmacht und ist außer Kontrolle. Es gibt womöglich Empfindungen, die dem Schrecken zuwiderlaufen und die heftige Schamgefühle auslösen. Der Körper kollaboriert mit dem Täter und erzwingt eine Mitschuld. Scham und Schuld bilden damit eine schwer zu durchbrechende Verstrickung.

Scham

Scham zählt (ebenso wie die Einsamkeit) für viele Emotionsforscher zu den existenziellen Emotionen des Menschen und stellt trotzdem eine der am meisten verborgenen Emotionen dar, da kein anderes Gefühl derart tabuisiert wird wie das Schamgefühl (Bohn 2008). Die Scham wird auch als das »Aschenputtel« unter den Gefühlen beschrieben, weil sie häufig mit anderen Gefühlen verwechselt wird, vorwiegend mit Schuld, und weil sie sich gerne hinter anderen Affekten (Angst und Wut) verbirgt (Marks 2007).

Es gibt also so etwas wie die Scham vor der Scham, das rückt die Scham auch in die Nähe der Angst, die ebenfalls die Angst vor der Angst kennt. Die Scham ist aber als Affekt auch sehr bedeutsam für die Bindungsforschung geworden. Das kleine Kind lernt, wenn es liebevoll angeschaut wird, dass es liebenswert ist und geliebt wird,

3.1 Trauma und Sucht bei Kindern und Jugendlichen

wenn es sich so zeigt, wie es ist, auch wenn negative Gefühle geäußert werden (vgl. Marks 2010). Unsicher gebundene Kinder haben meist Erfahrungen von Zurückweisung erlebt, wenn sie sich mit negativen Gefühlen gezeigt haben (Bowlby 1984, Brisch 2005). Sie machen die Erfahrung, dass sie so, wie sie sind, nicht liebenswert sind. Schon bei ganz kleinen Kindern entsteht nicht selten ein Anpassungsmodus, sie beginnen damit, sich den Erwartungen der Umwelt anzupassen. Das Kind verliert seine Sicherheit in Bezug auf seinen Selbstwert, aber auch in Bezug auf eigene Grenzen, deren Überschreitung es nicht anzeigt, weil es nicht sicher ist, ob es das überhaupt darf. Ein gutes Bewusstsein für den eigenen Selbstwert und die eigenen körperlichen und psychischen Grenzen kann es so nicht entwickeln. Es fehlt dann eine gesunde Intimitätsscham (Grechenig 2012). In der Säuglingsforschung wurde beobachtet, dass Kinder bereits mit zwei bis drei Monaten ein Gefühl für ihre Grenzen und Bedürfnisse haben und ihren Blick bzw. Kopf abwenden, wenn jemand zudringlich ist, oder auch, wenn eine Bezugsperson unberechenbar ist (mal zu nah, mal zu distanziert). Diese Signale des Säuglings wahrzunehmen und respektvoll darauf zu reagieren, ist eine wesentliche Grundlage für den Säugling, gesunde Scham zu entwickeln (Hilgers 2007, Dornes 1995, Brisch 2005). Das Gefühl, nicht den Wünschen der Eltern entsprechen zu können, ist tiefgreifend. Wurmser nennt dieses Gefühl, nichtig oder wertlos zu sein, den »Abgrund« bzw. die »Urscham des Ungeliebtseins« (Wurmser 2007). Traumatische Scham kann sich in der Folge entwickeln, wenn im Verlauf des Lebens weitere Erfahrungen von Ohnmacht, Zurückweisung, Erniedrigung oder Grenzüberschreitung gemacht werden. Die erfahrene Beschämung wird schließlich in sich aufgenommen (Introjektion) und der abwertende Blick der anderen wird der abwertende Blick auf sich selbst (Assimilation) (Sartre 1956, Marks 2010).

Es wird deutlich, wie Bindung, Trauma und Sucht durch Scham assoziiert sind, denn auch Sucht und Scham gehen Hand in Hand. Die Scham stellt einer der Gründe für Bagatellisierung, Verleugnung, Externalisierung und Projektion dar. Beschämung ist eine Erfahrung, die fast alle drogenabhängigen Kinder gemacht haben. Sie kennen das

3 Grundlagen: Neurobiologie und Psychopathologie

Beschämtwerden durch andere, die Erniedrigung, das Auslachen und die Missachtung der Grenzen des intimen Raums. Den abhängig gewordenen Jugendlichen fällt es sehr schwer, sich die eigene Sucht einzugestehen, die Scham des Kontrollverlusts ist sehr groß. Sie wirken, als gebe es gar kein Bedauern, nur Rebellion und Hass auf die bürgerliche Welt. Aber insgeheim fühlen sie sich wie Versager und Junkys. Die Scham ist immer da, aber die Droge vernebelt und schwächt alle negativen Gefühle. Der Effekt der chemischen Dissoziation setzt somit einen Teufelskreis in Gang, in dessen Zentrum die Scham steht: Versagensängste führen zur Selbstbetäubung, diese wiederum führt zum Kontrollverlust, der wiederum das eigene Versagen perpetuiert. Die Scham steigert sich und wird nüchtern wieder spürbar. Der Entzug birgt das Risiko der Affektüberflutung durch Beschämung: Sich selbst in der eigenen Nichtigkeit, Verwahrlosung, Unaufrichtigkeit und Unsicherheit sehen müssen – das zu vermeiden ist leider oft ein stärkerer Antrieb für den Konsum, als der Antrieb für einen Entzug sein kann.

Die Intimitätsscham hat vor allem eine schützende Funktion. Wurmser bezeichnet sie als eine »unentbehrliche Wächterin der Privatheit und der Innerlichkeit, eine Wächterin, die den Kern unserer Persönlichkeit schützt« (Wurmser 2007, S. 74). Diese Scham kann aber selbst so groß und unerträglich werden, dass sie traumatisch erlebt und abgewehrt wird. Abwehrstrategien können sein (Marks 2010):

- Anpassung: Unterwerfung bis zur Selbstaufgabe
- Emotionale Erstarrung, Freezing: dissoziative Verwandlung in einen »Eisblock« ohne Gefühle; nichts spüren, auch keinen Schmerz (»numbing«)
- Projektion: Eigenschaften, für die man sich schämt, werden auf andere projiziert (Affekte, Schmerz, Phantasien)
- Beschämung und Verachtung: andere bloßstellen, um die eigene Bloßstellung zu vergessen und von ihr abzulenken

3.1 Trauma und Sucht bei Kindern und Jugendlichen

- Negativismus und Zynismus: Verachtung gegen andere und die Welt zwecks Gleichmachung aller im Sinne der eigenen Erfahrung (entlastende Funktion)
- Süchtiges Verhalten: Getriggerte Scham und das damit verbundene Gefühl, ungeliebt zu sein, lösen einen chronischen Hunger aus, eine gierige Sehnsucht nach »Gestilltwerden« und Erfüllung (durch Suchtmittel, Essen, Arbeit etc.)

> In der Therapie tritt Scham dann wieder verstärkt auf, wenn im Entzug die chemische Dissoziation nicht mehr stattfindet und die Ursprungssymptome wieder mächtig werden.

Schamgefühle treten Amati (1990, S. 738) zufolge dann auf, wenn innerhalb des therapeutischen Prozesses der Patient aus seiner Symbiose mit der traumatisierenden Wirklichkeit »heraustritt und realisiert, dass er Dinge, die er nicht wollte, akzeptiert, sich an was auch immer angepasst hat. Oder sogar einer Faszination erlegen war...«

Sensomotorik

Der Begriff »Embodiment« (Hüther 2010) bringt die Erkenntnis ein, dass der Körper bereits auf seine präverbale Art zu Symbolisierung, Wissen und Ausdruck fähig ist. Der Körper bildet ein (unbewusstes, prozedurales) Gedächtnis der Wahrnehmungen und Erfahrungen, »durch das sich das Bewusstsein immer schon selbst voraus ist« (Merleau-Ponty 1965, Fischer 2005). Der Körper reagiert, sammelt, staut, fühlt, verdichtet, wird gelähmt oder getrieben, spürt oder wird taub, je nachdem, was ihn kalt lässt und was nicht. »Verkörpter Schmerz« (van der Kolk 2016) ist ein Ausdruck, der deutlich macht, dass traumatische Erfahrungen sich tief in das Gewebe der Leiblichkeit eingraben und dort unausweichliche Spuren hinterlassen. Das »quick and dirty« (LeDoux 2006) der schnellen Panikleitung im Freezing heißt auch: Im Modus des Freezings entstehen fragmentierte Erinnerungen des Körpers an die Gewalt und den Missbrauch (Unterleibsschmerzen, das Gefühl an den Armen, umklammert zu werden, stechende Wunden usw.). Konversionsstörungen wie Lähmungen, Schmerzen und Gangstörungen können Wiederholungen der Traumasituation sein, ohne dass sich der betroffene Jugendliche dessen bewusst ist.

> *Ludwig*, ein regelmäßig kiffender Junge von 16 Jahren, wurde akut aufgenommen, weil er psychotisch zu halluzinieren schien und nicht mehr gehen konnte. Er sah eine Frau am Fenster stehen und hörte sie schreien. Es stellte sich später heraus, dass der Junge aus einem moldawischen Kinderheim adoptiert worden war. Die schreiende Frau am Fenster war die ihn misshandelnde Leiterin des Heimes. Die Gangstörung spiegelte seine damalige Situation im Kinderheim wieder.
>
> Bei Dunkelheit spürte *Heiko* Nadelstiche, Schmerzen in Armen und Füßen, und er hörte seltsam schnappende Geräusche, die er nicht zuordnen konnte. Später konnten diese Wahrnehmungen als fragmentierte Erinnerungen an seine Frühchenzeit rekonstruiert werden. Die Geräusche stammten vermutlich von den Klappen in den »Brutkästen«.

In der Therapie muss man immer mit solchen Körper-States rechnen und die Patienten schon von vornherein darüber aufklären, besonders wenn Traumata in der Vorgeschichte bekannt sind.

3.1.7 Posttraumatische Belastungsstörung (PTBS)

Die *Posttraumatische Belastungsstörung (F43.1)* entwickelt sich aus einem Zustand, der nach einer akuten Traumaerfahrung eine gewisse Zeit andauert. In dieser Zeit entscheidet sich, ob das Trauma verarbeitet werden kann oder nicht. In dieser Phase schwanken Menschen innerseelisch zwischen zwei Zuständen: Einerseits gibt es den Zustand der Intrusion (darüber reden, reflektieren), in dem auf narrative

3.1 Trauma und Sucht bei Kindern und Jugendlichen

Weise versucht wird, die Situation zu verarbeiten. Andererseits gibt es den Zustand der Konstriktion, des »Numbings«, des Abgeschaltetseins (van der Kolk 2016). Die Gefühle sind wie betäubt, die Welt erscheint dumpf, abgedunkelt und leblos. Alles ist in Watte gepackt, nichts kommt mehr an das Bewusstsein heran. Die Betroffenen träumen sich weg und sind abgelenkt. Dieser Zustand des Pendelns zwischen Intrusion und Konstriktion kann ein Vierteljahr andauern und länger. Die Traumaverarbeitung ähnelt sehr dem Trauerprozess, der ebenfalls intrusive und depressiv-konstriktive Zustände kennt.

Die normale Verarbeitung eines Monotraumas (Typ-I-Traumas) läuft sehr ähnlich ab. Nach einmaligen Traumatisierungen existiert eine gute Chance der Integration, aber es kann auch sein, dass die Verarbeitung komplizierter verläuft und die Betroffenen es nicht schaffen, die Traumaerfahrung in das narrativ-deklarative Bewusstsein zu integrieren. Dann entwickelt sich das Bild eines Menschen, der über sein Leid nicht sprechen kann, der keine Zuhörer findet, die ihm glauben, und der nicht mehr schlafen kann, weil ihn Alpträume verfolgen. Ein solcher Mensch gerät in eine gefährliche Welt, weil jeder Außenreiz, der ihn an die traumatische Situation erinnert (Trigger), Intrusionen oder Flashbacks auslöst. Die eingefrorene Erinnerung an das Trauma wird wieder geweckt (getriggert) und es läuft eine innere Video-Sequenz ab, die das Bewusstsein wie eine reale Gegenwart erlebt. Der Schrecken wird plötzlich greifbar, als würde es jetzt wieder geschehen. Menschen, die wahrnehmen, dass sie den Schrecken nicht loswerden, dass der Schrecken kein Ende nimmt, suchen irgendwann fast zwangsläufig nach einem »Medikament«. Sie machen die Erfahrung, dass Alkohol, Benzodiazepin-Tabletten (Tavor, Valium), Cannabis oder andere Drogen wie ein Vorhang sind, den man vor die Intrusionen schieben kann, weshalb man auch von »Selbstmedikation« (Khantzian 1975) und im Zusammenhang mit Trauma spezifischer auch von »chemischer Dissoziation« spricht.

Typisch für die getriggerten Zustände sind Derealisation (»ich bin gar nicht da«) und Depersonalisation (»ich steige aus meinem Körper, ich nehme das gar nicht wahr, ich bin das nicht«). Dieses Umschalten

3 Grundlagen: Neurobiologie und Psychopathologie

und Verlassen der realen Welt und das Eintauchen in eine Phantasiewelt ist zwar eine Überlebens- und Abwehrstrategie des Menschen, birgt aber ein Dilemma: Je stärker die schützende Dissoziation während des Traumas einsetzt, umso schwerer fällt später die Verarbeitung (van der Kolk 2016, Putnam 1995).

Gleiches gilt für die Häufigkeit und die Vorhersehbarkeit einer traumatischen Erfahrung: Besonders heikel sind traumatische Erlebnisse, die nicht als unvorhergesehenes Monotrauma auftauchen, sondern die in fortbestehenden Lebenssituationen immer wieder zu erwarten sind, ohne dass es eine Chance auf ein Entkommen gibt (Sachsse 2009). Kinder, die in Familien groß werden, in denen Gewalt, unberechenbare Aggression oder sogar Missbrauch zum Alltag gehören, müssen sich darauf einstellen, dass es plötzlich wieder geschieht. Die Hilflosigkeit ist chronisch und das Trauma sequenziell. Die Erfahrung der Ausweglosigkeit und der Ohnmacht wird ständig wiederholt und zur Grunderfahrung der Existenz. Die Dissoziation bleibt die einzige Möglichkeit eines längeren Ausstiegs aus dieser Erfahrung.

Diagnostisch sind neben Symptomen auch zeitliche Kriterien von Bedeutung: Dauern Symptome wie Betäubtsein, Derealisation, Depersonalisation, dissoziative Amnesie (Unfähigkeit, sich an wichtige Aspekte des Traumas zu erinnern), wiederkehrende Bilder und Gedanken, Intrusionen, Angst, Vermeidung, Konzentrationsstörungen, Hypervigilanz und Schreckhaftigkeit höchstens vier Wochen an und beginnen sie innerhalb der ersten vier Wochen nach dem traumatischen Ereignis, spricht man von einer **Akuten Posttraumatischen Belastungsreaktion (F43.0)**. Dieses Verhaltensmuster entspricht aber einer normalen Reaktion auf eine traumatische Erfahrung (Sachsse, 2009, S. 53). Ob diese Erfahrung in den ersten sechs bis zwölf Wochen verarbeitet wird oder ob die akute Symptomatik chronifiziert, ist von verschiedenen Faktoren abhängig, besonders von sozialen. Man weiß, dass Menschen mit sicherer Bindung eine geringere Wahrscheinlichkeit haben, eine posttraumatische Störung zu entwickeln (▶ Kap. 3.2).

3.1 Trauma und Sucht bei Kindern und Jugendlichen

Von einer **Posttraumatischen Belastungsstörung, PTBS (F43.1)** spricht man, wenn dieser akute Zustand andauert und in eine chronische Stresserkrankung mündet, die mit dauerhaften neurobiologisch bedingten Veränderungen des Verhaltens und der Persönlichkeit einhergeht. Folgende Symptome sind typisch:

- Intrusionen (negative Gedanken und Bilder)
- Flashbacks (innerer Film)
- Schreckhaftigkeit, Nervosität, Angst
- Schlafstörung, Hypervigilanz
- Vermeidung, Angst-Generalisierung
- Sozialer Rückzug, Isolation, Depression
- Selbstmedikation: Drogenkonsum
- Depersonalisation, Derealisation, Amnesien
- Scham, Schuld, Selbstverletzung
- Affekt-Impulsregulationsstörung
- Somatisierung: Schmerzen, Konversion

Diese, ohne eine spezifische therapeutische Behandlung zu einer Chronifizierung neigende Störung entsteht statistisch schon bei 20 bis 30 % der Menschen mit Monotraumatisierungen (Besser 2008).

3.1.8 Komplexe Posttraumatische Belastungsstörung (DESNOS)

Bei komplexen Traumatisierungen (bei häufiger Wiederholung des Traumas, sequentielles Trauma) ist die Wahrscheinlichkeit, eine PTBS zu entwickeln, sehr viel höher. In der neueren Psychotraumatologie-Literatur wird diagnostisch auch von DESNOS (Disorder of Extreme Stress Not Otherwise Specified) gesprochen, um den wissenschaftlichen Erkenntnissen der durch dauerhaften Stress verursachten Veränderungen vieler Bereiche der Persönlichkeit zu entsprechen. Der Begriff der »komplexen PTBS« wurde erstmals von Judy Herman (1994) in der anglo-amerikanischen Literatur beschrieben. Eine

3 Grundlagen: Neurobiologie und Psychopathologie

komplexe PTBS (DESNOS) ist eine Art Weiterentwicklung der PTBS im Sinne einer Vertiefung der Symptome in die Dimensionen der Persönlichkeitsstruktur hinein. Diese Begriffe sind Abgrenzungen, um wissenschaftlich sinnvolle Differenzierungen im Spektrum der Traumafolgestörungen zu finden. Die Diagnosen-Kataloge (ICD, DSM) hinken hier aber deutlich der Forschung hinterher, weshalb es zu Gebote steht, sich immer wieder gut über den aktuellen wissenschaftlichen Stand zu informieren. Die Begriffe DESNOS und komplexe PTBS sollen eine Kategorie der Traumastörungen fassen, in der die Struktur der Gesamtpersönlichkeit durch Folgen der chronischen Dissoziation tiefgreifender gestört wurde als bei der einfachen PTBS. Dies geschieht besonders, wenn die Traumatisierung früh erfolgt und komplex wird, d.h. also sequenzielle Retraumatisierungen erfolgen.

Kinder sind besonders vulnerabel und bei ihnen ist auch das Bindungssystem im Zustand der Reifung betroffen. Wenn das Kind schon den nächsten Schlag erwartet und keine sichere Bindung, keine sichere emotionale Basis finden kann, entsteht ein unsicheres ambivalentes, vermeidendes oder desorganisiertes Bindungsverhalten mit der Unfähigkeit, gute, stärkende Beziehungen zu anderen Menschen aufzubauen. Eine Bindungsstörung ist wahrscheinlich die Folge. Eine komplexe PTBS ist bei Kindern und Jugendlichen differentialdiagnostisch oft schwer zu erkennen, da die Symptome nicht mehr eindeutig denen einer klassischen PTBS entsprechen. Die Symptome können einem ADHS mit Störung des Sozialverhaltens (Hyperarousal), einer Angststörung oder dem Beginn einer frühen Persönlichkeitsstörung sehr ähnlich sein. In anderen Fällen zeigen Jugendliche und Kinder schwer depressive Symptome mit Suizidalität oder Selbstverletzung (Hypoarousal). Die richtige Diagnosestellung ist zusätzlich schwierig, wenn eine Suchterkrankung im Vordergrund steht und die Komorbidität dadurch in den Hintergrund tritt. Gerade an Suchtstörungen erkrankte Menschen sind Meister der Vermeidung und Ablenkung. Es ist Teil der Störung, dass Verantwortung und Konfrontation vermieden werden. Auch ist eine komplexe PTBS (oder DESNOS) im Sinne des ICD-Katalogs noch nicht diagnostizierbar. Man muss darauf hinweisen, warum die klassischen Kriterien einer PTBS hier nicht ausreichen.

Die Kriterien einer **komplexen PTBS** (oder eines **DESNOS**) lassen sich wie folgt Aspekten zuordnen:

1. Störung der Regulation von Affekten und Impulsen (Affektregulation, Umgang mit Ärger, Selbstverletzung, Suizidalität, Störung der Sexualität, exzessives Risikoverhalten)
2. Veränderung der Wahrnehmung oder des Bewusstseins (Amnesien, dissoziative Episoden und Depersonalisation)
3. Veränderung der Selbstwahrnehmung (Ineffektivität, Schuldgefühle, Scham, Isolation)
4. Beziehungsregulation (Probleme zu vertrauen, Reviktimisierung, Viktimisierung anderer Personen)
5. Somatisierung (chronische Schmerzstörung, Konversionsprobleme)
6. Veränderung der Weltsicht (Verzweiflung, Hoffnungslosigkeit, Verlust von »basic beliefs«)

Es wird deutlich, wie tiefgreifend die sequenzielle Traumatisierung als chronifizierte und nicht integrierbare Erfahrung auf die Struktur der Persönlichkeit wirken kann. Langfristig entwickeln sich u. a. Persönlichkeitsstörungen (PSS) (z. B. Borderline-PSS), die einer Therapie nur schwer zugänglich sind, insbesondere wenn sie zudem mit einer Suchtstörung kombiniert sind. Die ursprüngliche Wurzel der PSS liegt dann meist tief im Verborgenen. Man muss daher in der Suchttherapie damit rechnen, dass der Patient selbst nicht von seinem Traumahintergrund berichten kann. Die Symptomatik hat sich als komplexe Erfahrung tief in die Persönlichkeitsstruktur zurückgezogen.

> Merke: Im Entzug können erstmals echte dissoziative Zustände auftreten. Es ist daher sinnvoll, dass alle Patienten bereits bei der Aufnahme auf die Suchttherapiestation Techniken der Stabilisie-

> rung erlernen, damit sie im Falle plötzlich auftretender dissoziativer Zustände bereits Möglichkeiten der Selbstregulierung in der Hand haben.

3.1.9 Chemische Dissoziation bei PTBS: Entzug

Liegt eine PTBS und gleichzeitig eine Suchterkrankung vor, bedeutet die Komorbidität eine Herausforderung für den Entzug. Viele junge Menschen, die, wie in diesem Alter des Ausprobierens typisch, Drogen konsumieren, machen zunächst die Erfahrung, dass Drogen beruhigen, dämpfen, sättigen und sedieren. Plötzlich können sie wieder schlafen, Intrusionen und traumatische Bilder verblassen, mit der Betäubung setzt Entspannung ein. Im Belohnungssystem werden die entlastenden Rauschzustände als positiv empfundene Zustände (States) gespeichert. Können aversive Reize durch die Droge vermindert werden, speichert das mesolimbische Belohnungssystem diese Lösung als Erfolg ab. Wenn wir einer bedrohlichen Lage durch Kampf, Flucht oder eine Strategie entkommen, fühlen wir uns hinterher erleichtert. Dieses Gefühl der Beruhigung wird über eine vermehrte Ausschüttung von Dopamin und Endorphinen verstärkt. Eine solche Lösung prägt sich uns damit tief ein (Sachsse 2004). Dopamin als neuroplastischer Signalstoff verändert die Genexpression von Neuronen und fördert die Synapsenbildung und die Bahnung von Lösungen. All diese Prozesse laufen am frontalen Cortex und dem Verstand vorbei, weil sie schneller sind, kurzgeschaltet, wie beim Trauma »quick and dirty«. Das Belohnungssystem merkt sich die Entlastung, die Erleichterung nach Benutzen dieses Weges. Es ist damit durch Suchtstoffe korrumpiert. Auch Verhaltensweisen wie Essen, Sport, PC-Spiel oder ständiges Dissoziieren können belohnend gespeichert werden, wenn sie zur Stressreduktion führen. Zu diesem Effekt der »Erfolgsbelohnung« kommt noch die Wirkung der Droge selbst: eine doppelte Gewöhnung des Belohnungssystems, die eine Entwöhnung von der Droge umso schwieriger macht.

3.1 Trauma und Sucht bei Kindern und Jugendlichen

Dissoziation wird von Suchtpatienten zunächst nicht als Symptom angegeben, da die Droge einen alternativen Weg darstellt, aus der Realität auszusteigen. Viele süchtige Jugendliche (vor allem junge Frauen mit einer Traumatisierung in der frühen Kindheit) haben eine deutlich erhöhte Dissoziationsneigung (Schäfer et al. 2007). Da aber die Suchtstoffe gegen Triggerreize abschirmen, spüren sie diese Neigung nicht mehr. Ähnliches gilt für das selbstverletzende Verhalten: Viele junge Patienten haben sich vor dem Drogenkonsum selbst verletzt, da es ein sehr wirkungsvolles Mittel gegen Dissoziation darstellt. Durch die Entlastung der chemischen Dissoziation mit Beteiligung des Belohnungszentrums entfällt auch die Notwendigkeit der Selbstverletzung, die vermutlich zur Endorphin-Stimulation eingesetzt wird (Borderline und Endorphin-Mangel-Hypothese, Kernberg 1999).

Für den Entzug bedeutet das ein vielfaches Auftauchen von Schwierigkeiten: Traumatisierte sind schwerer betroffen, weil sie neben dem Craving und den Entzugssymptomen (Aktivierung des Suchtnetzwerks) auch damit rechnen müssen, leichter triggerbar zu sein. Flashbacks und Intrusionen können wieder auftauchen, bisher unbekannte dissoziative Zustände, die durch die »chemische Dissoziation« maskiert wurden, treten auf. Außerdem können Selbstverletzungsimpulse wieder aktuell werden, d. h. von vornherein sollten Skills erarbeitet werden, die im Falle eines Auftretens Entlastung schaffen können (▶ Kap. 5.3).

Bei Jugendlichen wird es noch komplizierter, weil sich das pubertäre Gehirn in einer massiven Umbauphase befindet. Das Belohnungssystem und das Bindungssystem sind davon ebenso betroffen: 30 000 Nervenzellverbindungen (Axone) gehen im jugendlichen Gehirn pro Sekunde verloren. Sie werden erneuert und durch 3 000-mal schnellere Leitungen ersetzt, aber nur, wenn sie gebraucht werden. Das Prinzip heißt: »use it or lose it« (Giedd 2002).

Viele Drogen tragen aufgrund direkter oder indirekter Beeinflussung der Umbauprozesse des Gehirns dazu bei, dass die Reifung des neuronalen Netzwerks verzögert oder nur reduziert stattfindet.

> Merke: Im Entzug wird das Defizit in der Reifung deutlich sicht- und spürbar. Gerade die notgereiften Kinder mit ihrer »Straßenweisheit« aus dem Überlebenskampf werden nun plötzlich mit ihrer Überanpassung und ihrem sozialen und emotionalen Entwicklungsdefizit konfrontiert.

Die jugendlichen Suchtpatienten stehen jetzt »nackt« da und fühlen sich schutzlos ihrem inneren Auseinanderklaffen ausgeliefert: Einerseits sind sie abgebrüht und lassen sich nichts vormachen, andererseits ist das Bindungssystem ständig alarmiert und sehnt sich regressiv nach Schutz und Sicherheit. Dealendes und regressives Verhalten bilden bei Jugendlichen ein ambivalentes System, das sich auch als unsicher ambivalentes Bindungsmuster präsentiert. Damit ist im Entzug ebenfalls zu rechnen und es sollte in der Psychoedukation berücksichtigt werden.

3.1.10 Komplexe Dissoziative Störungen (ESD und DIS)

Es gibt posttraumatische Störungsbilder, bei denen die Ich-Struktur dissoziativ noch stärker verändert erscheint als es bei einer **PTBS** oder einem **DESNOS** schon der Fall ist. Die Gesamtpersönlichkeit unterliegt einer dissoziativen Spaltung in eigenständige Fragmente. Man kann den fließenden kausalen Zusammenhang der verschiedenen Traumafolgestörungen etwas vereinfacht anhand eines Schemas verdeutlichen: Es soll zeigen, wie das Ausmaß der Dissoziation mit dem Ausmaß der Traumatisierung (Zunahme der Komplexität des Traumas) stetig ansteigt (▶ Abb. 3.4). Tatsächlich gibt es natürlich keine lineare Kausalität. Das Schema (nach Konzepten von Watkins & Watkins 2003 sowie Braun 1988) soll visualisieren, wie mit dem Schweregrad (der Häufigkeit, der Komplexität) eines Traumas die Wahrscheinlichkeit ansteigt, dass ständiges traumatisches Freezing, Ohnmacht und Bindungstraumatisierung zu einer Abspaltung von Persönlichkeitsanteilen führen. Die ständige Wiederholung der traumatischen Erfahrung und der Dissoziation treibt die Abspaltung von Persönlichkeitsanteilen voran, in denen Erfahrungen aufbewahrt werden, die nicht zu integrieren sind.

Das Modell »Kontinuum der Dissoziation« (nach Watkins & Watkins 2003) geht davon aus, dass jeder Mensch verschiedene Ich-Anteile in sich trägt, die normalerweise gut integriert und durchlässig sind. Die Idee des »multidimensionalen Selbst« spielt in der Ego-State-Theorie nach John und Helen Watkins (1989) eine große Rolle. Das Vorhandensein verschiedener Ich-Anteile ist demnach der existentielle Normalmodus des Bewusstseins und eine gesunde Funktion der Erinnerung. Der Wechsel zwischen Ich-Anteilen ist fließend, die Erinnerungen können sich frei bewegen und bleiben im Rahmen einer konsistenten integrierten Gesamtpersönlichkeit. Viele Ich-Anteile sind dem Bewusstsein auch gar nicht zugänglich. Sie bleiben in der Tiefe verborgen, ohne jedoch weiter zu stören (▶ Kap. 3.1.12).

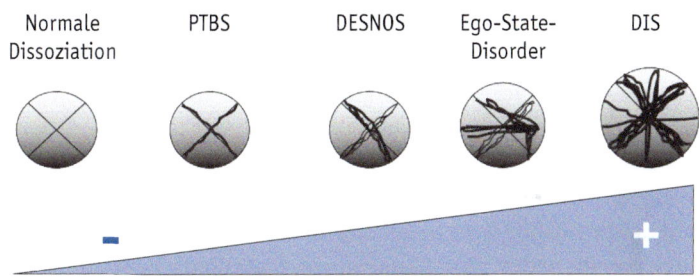

Abb. 3.4: Dissoziationskontinuum: Komplexität der Traumatisierung und Störung (modifiziert nach Peichl 2017, S. 10)

In der Abbildung des Dissoziationskontinuums (▶ Abb. 3.4) beginnt das Spektrum links mit einer Person, die zwar verschiedene Ich-Anteile trägt (wie zum Beispiel das Kind-Ich, in das die Person zurückkehren kann, wenn sie stark trauert, Verluste verarbeitet und Trost sucht), welche aber beim Wechsel z.B. in frühkindliche Erinnerungen durchlässig bleiben. Die Erinnerungen sind als Zustände der Gesamtpersönlichkeit integriert und voll funktional. Es gibt keine Brüche und die Erinnerung kann jederzeit beendet werden.

Bei der **Posttraumatischen Belastungsstörung (PTBS)** sind die Grenzen zwischen einigen Ich-Anteilen (Ego-States) weniger durchlässig. Die Erinnerung stößt manchmal auf Hindernisse, auf Zeitlöcher. Das integrative Bewusstsein, als eine Gesamtpersönlichkeit zu handeln, wahrzunehmen und zu denken, bleibt allerdings erhalten.

Bei der **komplexen PTBS** und beim **DESNOS** wird die Integrität der Gesamtpersönlichkeit in ihrer Funktionalität stärker angegriffen. Es kommt, wie oben beschrieben, auf verschiedenen Ebenen der Persönlichkeit zu Veränderungen, die der Person als nicht mehr kontrollierbar erscheinen. Das komplexe Ausmaß der Dissoziation spaltet Teile der erlebten Welt ab, es entstehen fremde Eigenwelten des Ichs.

Folgt man dem Kontinuum der Dissoziation weiter, so gelangt man zu einer Gruppe von traumatisierten Menschen, die unter der Abspaltung ganzer biografischer Selbstzustände leiden, die wie ein eigenständiges Fragment des Selbst organisiert sind. Die Dissoziation betrifft den Kern der Gesamtpersönlichkeit insofern, als dass es hier Barrieren zwischen Ich-Anteilen gibt, die nicht mehr fließend sind. Sie sind entkoppelt, selbstständig und nicht integriert. Es existieren eigenständige Selbstanteile mit eigenen Namen, eigenen Biografien sowie eigenen Erinnerungen und Erfahrungen. Die erste dissoziative Stufe in dieser Gruppe wird in der Literatur nach dem DSM als **DDNOS (Dissocitive Disorder Not Otherwhise Specified)** bezeichnet. Die Literatur weist darauf hin, dass diese »Sammelgruppe« dissoziativer Störungen noch nicht gut erforscht ist (z.B. Peichl 2017). In dieser Gruppe finden sich Störungen, die der Dissoziativen Identitätsstörung (DIS, »Multiple Persönlichkeit«) sehr ähnlich sind, aber keine eindeutig abgrenzbaren Identitätszustände zeigen oder es fehlt eine Amnesie für wichtige persönliche Informationen.

Die erste Gruppe der DDNOS beschreibt Patienten, die bis zu einem reaktivierenden traumatischen Ereignis gut funktionierten und sich an die frühen Belastungen nicht erinnern konnten. Die kompetente Alltagspersönlichkeit saß wie »ein Korken auf der Flasche« (Huber 2006, S. 13). Plötzlich sind die »bösen Geister« frei. Die zweite Gruppe

3.1 Trauma und Sucht bei Kindern und Jugendlichen

der DDNOS wird in der Literatur auch als **Ego-State-Disorder (ESD)** bezeichnet. Bei der Ego-State-Disorder ist die dissoziative Trennung der Ich-Anteile in einzelne eigenständige Anteile mit Eigenbiografie bereits stark ausgeprägt, aber die multiplen Anteile wissen noch voneinander. D. h. die Person ist noch so weit integriert, dass die States zueinander nicht amnestisch sind. Sie werden nicht als von der eigenen Person getrennt erlebt und das Wechseln (»Switchen«) zwischen den States wird nicht markant inszeniert. Das Bewusstsein wechselt aber zwischen den Personen hin und her, ohne dass dieser Wechsel kontrolliert werden kann. Mal tritt Person 1 nach vorn, dann Person 3 und dann Person 2 usw. Je nach Trigger (Außenreiz) gibt es einen plötzlichen »Switch« im Verhalten, im Sprechen und im Ausdruck des betroffenen Menschen. Dieser Wechsel kann bei einer **DIS** sehr frappierend sein, bei einer **Ego-State-Disorder** ist das Switchen eher unaufdringlich. Mal ist der Patient nah am Therapeuten und lässt Introspektion und Befragung zu, ein anderes Mal ist der Patient sehr distanziert, kühl, abweisend und wirkt nicht motiviert. Diese Patienten sind in ihrer Ich-Struktur schwer beschädigt, auch wenn sie sich zum Teil gut im Alltag bewegen, weil ihre ANP, ihre »Anscheinend Normale Persönlichkeit« (Nijenhuis 1998), überaus angepasst und kompetent erscheint. Sind zudem typische expansive Symptome der Abhängigkeit und Sucht im Vordergrund, wird die traumatische Dissoziation der Gesamtpersönlichkeit gerade bei der diskreten Form der Ego-State-Disorder oft übersehen. In der Suchttherapie traumatisierter Jugendlicher ist diese strukturelle Überanpassung einiger Teile der gespaltenen Persönlichkeit ein Problem, weil der Anpassungsdruck auch auf Station groß ist. Die ANP ist dann auf der inneren Bühne vorne und steuert das Verhalten des Patienten. Die anderen Ego-States bleiben im Hintergrund und sind kaum sichtbar. Oder der Wechsel zwischen »bösen« und »guten« Anteilen wird im Sinne einer Borderline-Persönlichkeitsstörung (BPS) sichtbar und entsprechend diagnostiziert. Eine Dissoziation 2. Grades (Ego-State-Disorder) ist durch folgende Symptome gekennzeichnet:

3 Grundlagen: Neurobiologie und Psychopathologie

- Zum Teil abgespaltene Ich-Zustände
- Subjektiv erlebte Manifestation von:
  - Kinderstimmen im Kopf
  - Quälende innere Stimmen
- Dissoziierte Sprache: Gehört nicht zu mir
- Dissoziierte Gedanken, Gefühle, Verhalten
- Zeitweise nicht als zu sich gehörig erlebte Fertigkeiten und Fähigkeiten
- Irritierende Erfahrung von verändertem Ich-Erleben
- Verunsicherung über das eigene Ich
- Nicht zu sich gehörig erlebte, aber erinnerbare teilabgespaltene Selbstzustände

Bei der **Dissoziativen Identitätsstörung (DIS)**, früher auch »**Multiple Persönlichkeit**« genannt, ist selbst die Erinnerung an die anderen dissoziierten Ich-Zustände abgespalten. Die Amnesie ist vollkommen, die Ego-States wissen nichts mehr voneinander. Die Betroffenen wechseln zwischen den Selbst-Anteilen hin und her, ohne zu wissen, dass sie vorher jemand anderes waren. Das Erlebte verschwindet ebenso aus dem Gedächtnis wie die Person, die eben noch gesprochen, erlebt und gewusst hat.

> Eine siebzehnjährige Jugendliche steht plötzlich in der U-Bahn und weiß nicht, wie sie dorthin gekommen ist. Sie ist jetzt ein kleines Mädchen von sechs Jahren und ebenso hilflos. Kurze Zeit später wechselt sie wieder in den Zustand der Siebzehnjährigen, die mit der U-Bahn in die Schule fahren wollte. Sie heißt *Anja*. Sie weiß nicht mehr, dass sie sich eben noch in die Ecke des Abteils gekauert und geweint hat wie ein kleines Kind. Sie weiß auch nicht, dass sie durch den Anblick eines Mannes getriggert wurde, der Ähnlichkeit mit einem Täter hatte. Sie verlässt die U-Bahn-Station, es geht ihr nicht gut, aber sie weiß nicht, warum. Sie verspürt Verwirrung und Angst und fühlt sich verloren. Dann setzt ein starkes Verlangen nach Alkohol ein. Schon der Gedanke an eine Rotweinflasche führt zu Entspannung und entlastender Vorfreude. Anja läuft zu einem

Kiosk. Aber der Kioskbesitzer zögert, ihr die Flasche zu verkaufen. Er starrt sie an. Da stürzt ein Schamgefühl auf sie ein. Der Kioskbesitzer ist jemand, den sie kennt. Jetzt fühlt sie sich ohnmächtig und braucht etwas, in das sie sich verkriechen kann. Aber die Beine versagen. Wie damals. Sie knickt ein und fällt dem Kioskbesitzer scheinbar ohnmächtig vor die Füße. In der Therapie wird Anja diesen kindlichen Anteil, der sich wegträumen und wegtrinken will, »das Kioskmädchen« nennen (▶ Kap. 3.1.13).

Die Dissoziation 3. Grades (Dissoziative Identitätsstörung, DIS) ist durch folgende Symptome gekennzeichnet:

- Die Ego-States wissen nichts voneinander
- Zeitlöcher: Vollständige Dissoziation führt zu Abwesenheitszuständen, nach denen »Ich« nicht mehr weiß, wo es war (Zeitsprünge, Amnesien)
- Ausbildung meist bis zum 6. Lebensjahr
- Hinweis auf massive frühkindliche Traumatisierung (sexueller Missbrauch, Gewalt)
- »Multiple Persönlichkeit«: Nach Trigger schnell wechselnd, ohne spätere Erinnerung

3.1.11 Trauma bei Kindern und Jugendlichen mit Suchterkrankung

Besonders Kinder sind zu dieser Art der zweit- und drittgradigen dissoziativen Abspaltung von fragmentierten Ich-Anteilen fähig (Nijenhuis 2004, van der Kolk 2015, van der Hart 1997, Perry 1998), da sie sich noch viel leichter in ihrer Phantasie und im magischen Denken bewegen können. Ein Kind, das ständig traumatischen, schrecklichen, bedrohlichen oder deprivierenden Erfahrungen ausgesetzt ist, hat die Fähigkeit, wie »Alice im Wunderland« (Lewis Carroll) in ein anderes phantastisches Land zu flüchten. Kinder können sich für eine gewisse Zeit in einem anderen Zustand »verbergen«. Es ist wie eine Flucht in das Labyrinth des Selbst, in einen anderen Raum des Bewusstseins, der im Vergessen liegt und nur noch mehr oder weniger Zugang zum Gedächtnis hat. Sehr junge Menschen, die unter permanenter oder sogar ritualisierter Grausamkeit zu leiden haben, *müssen* irgendwie als »Selbst« überleben, auch wenn sie dafür ihre Ich-Kohärenz preisgeben.

> Merke: Die traumatische Zange, die Affektüberflutung mit Freezing im Moment der Ausweglosigkeit, führt bei Kindern, die wiederholt dieser Zange ausgesetzt sind, zu einer Spaltung des Kern-Ichs in verschiedene, voneinander getrennte und nicht mehr integrierte Ego-States (Ich-Zustände).

Die Beschäftigung mit dem Phänomen der **Dissoziation 2. und 3. Grades** ist hier aus mehreren Gründen wichtig: Erstens haben wir in der **Suchttherapie Jugendlicher** oft mit Patienten zu tun, die im Bindungsverhalten, in ihrer Komorbidität und in ihrer Persönlichkeit wechseln. Sie zeigen emotionale Instabilität und ein Borderline-ähnliches (desorganisiertes) Bindungsverhalten, das wie der Suchtdruck jedoch auch verschwinden und mit einer hohen sozialen Kompetenz wechseln kann. Mal suchen diese Patienten Nähe, dann lehnen sie vehement jede Hilfe ab, wollen die Therapie abbrechen, wirken dabei aber verzweifelt. Diese Patienten sind schwer zu verstehen: Was stimmt mit ihnen nicht? Warum verhalten sie sich so uneindeutig? Die Beschäftigung mit Ego-States lenkt den Blick auf die sog. »innere Bühne«. Hier werden der Kampf verschiedener Ich-Zustände und ihre traumatische Genese sichtbar.

Zweitens erhalten wir mit der Ego-State-Theorie ein Instrument, das gerade bei denjenigen jugendlichen Suchtpatienten nutzbar ist, die therapeutisches Kopfzerbrechen bereiten und meist selbst nicht erklären können, was mit ihnen los ist, warum sie in Zustände mit Suchtdruck wechseln. Gerade diese Patienten mit sehr früher Traumaerfahrung und/oder habituierter Deprivation können nicht darüber sprechen, da sie zum Zeitpunkt des Traumas noch zu klein

3.1 Trauma und Sucht bei Kindern und Jugendlichen

waren und der Hippocampus im Freeze-State ausgeschaltet wurde. Sprache steht schlicht nicht zur Verfügung. Man kann aber das Wechseln der Zustände auf der inneren Bühne beschreiben und erhält somit die Möglichkeit, das Narrative wiederzugewinnen. Integration von Erinnerung heißt aus therapeutischer und neurobiologischer Sicht, den Hippocampus als szenische Sprachinstanz wieder ins Recht zu setzen. Dies ist durch die Arbeit mit den Ego-States auf der »inneren Bühne« möglich (▶ Kap. 5.9).

Drittens existiert in der Familie der Selbst-Anteile oft ein Ego-State mit der Funktion des »**inneren Betäubers**«. Dieser Anteil springt zum Beispiel ein, wenn ein Außenreiz (Trigger) selbstdestruktive Anteile weckt, die dann massive Selbstverletzung oder sogar Suizidimpulse zur Folge haben können. Der »innere Betäuber« ist ein Ich-Zustand, der mit Suchtdruck einhergeht und der zur Selbstbetäubung (chemischen Dissoziation) als Selbstberuhigung und Selbstschutz drängt. Das »Kioskmädchen« möchte das »innere Opfer-Kind« vor weiteren Zugriffen schützen und sorgt für einen Nebelschleier, der sich über alles Bedrohliche legt. Das Bedrohliche ist aber durch Introjektion längst im Kopf des Kindes implantiert und treibt dort sein Unwesen (▶ Kap. 3.1.13).

Viertens und nicht zuletzt befähigt die Ego-State-Theorie den Patienten zu einer besseren Triggeranalyse und zu einem tiefen Verständnis für den lebenswichtigen Sinn von Suchtdruck und Rückfall. Die neuen Narrative ermöglichen auch eine bessere Verarbeitung von Affekten wie Schuld und Scham. Bei Suchtpatienten stehen diese Affekte häufig einer Verhaltensänderung im Weg.

Es ist wichtig, einen Überblick darüber zu gewinnen, wie unterschiedliche Ego-States entstehen können, welche Funktionen sie haben können, welche Typen es gibt und wie sie zu beeinflussen sind. Jugendliche mit früher und schwerer (polytoxikomaner) Drogenabhängigkeit leiden häufig an frühen und schwerwiegenden Bindungstraumatisierungen, die mit einer zweit- oder drittgradigen strukturellen Dissoziation einhergehen können (vgl. Schäfer et al. 2000). Für die Mitarbeiter einer Suchttherapiestation für Kinder und Jugendliche gehören diese Patienten zu den gewohnten, aber komplizierten Fällen.

3.1.12 Neurobiologie der Entstehung von Ego-States

Nijenhuis (1998, 2004) spricht von drei Graden der strukturellen Dissoziation. Dieses Konzept trägt dazu bei zu verstehen, wie sich Ego-States und dissoziative Ich-Strukturen entwickeln. Für Nijenhuis und van der Hart ist die Person eines Menschen ein aus Modulen zusammengesetztes neurobiologisches System mit verschiedenen Tiefen und funktionalen Ebenen. Es gibt verschiedene Begriffe wie »Aktionssysteme« (Nijenhuis 1999), »emotional arbeitende Operationssysteme« (Panksepp 1998) oder »motivationale Systeme« (Lang et al. 1998), die alle die Grenze markieren sollen, an der die Integrationsleistung der Subsysteme und Module, die zum Erleben eines kohärenten Selbst führt, nicht mehr ausreicht und somit die strukturelle Einheit des Selbsterlebens zusammenbricht. Diese Grenze der Integrationsleistung und Kohärenzbildung wird bei frühen chronischen traumatischen Stresserfahrungen erreicht: Die Aktionssysteme entwickeln sich dann nicht mehr zu komplexeren Einheiten (Copingstrategien) weiter, sondern stattdessen kommt es zu einer Art modularen funktionalen Regression. Anstatt auszudifferenzieren und zu neuen Gesamtsystemleistungen zu reifen, dominieren entwicklungsgeschichtlich frühere Module (Aktionssysteme). Dies gilt besonders für noch nicht ausgereifte Systeme, in denen durch die massive Stresserfahrung und das damit verbundene Freezing die Weiterentwicklung einzelner Systeme zu einem Gesamtsystem blockiert bleibt. Aus diesem Zustand eingefrorener Einzelsysteme, die sich nicht mehr mit anderen verbinden können, entstehen langfristig dissoziierte Ego-States, die entwicklungsgeschichtlich unreifen (oder sich nicht weiterentwickelnden) Aktionssystemen entsprechen. Es ist anzunehmen, dass es dabei typische Sollbruchstellen geben könnte, die sich aus der Neurogenese der parallel existierenden, frühen Aktionssysteme ableiten lassen. Tatsächlich postulieren Nijenhuis et al.

3.1 Trauma und Sucht bei Kindern und Jugendlichen

vor allem eine strukturelle Dissoziation primär zwischen dem »Alltagssystem«, das sich um die funktionale Organisation des täglichen Lebens kümmert (Bindung, Sozialverhalten, spielen), und dem »Verteidigungssystem«, das sich u. a. um die Fight-or-Flight-Reaktion und andere Strategien des Notfalls und akuten Überlebens (Einfrieren, Kampf, totale Unterwerfung) kümmert. Ordnet man beiden Systemen zwei dissoziierte Persönlichkeitsanteile zu, so kann man ANP (Anscheinend Normale Persönlichkeitsanteile) und EPs (Emotionale Persönlichkeitsanteile) unterscheiden:

Der **ANP** (der »**anscheinend normale**« **Teil der Persönlichkeit**) hat gelernt, sich den Erwartungen und Anforderungen der Realität anzupassen. Er stellt den Kontakt zur Realität her und funktioniert erstaunlich gut in einer Welt voller Gefahren. Der ANP vermeidet alles, was irgendwie an das Trauma erinnern könnte. Er bleibt auf Distanz und geht Bindungen aus dem Weg. Typisch ist eine Gefühllosigkeit, eine Taubheit (numbing) und eine Amnesie in Bezug auf das Trauma. Das Funktionsniveau kann sehr hoch sein, Alltagsangelegenheiten werden bestens geregelt, das Verhalten in der Schule und Ausbildung ist unauffällig. Dennoch wirkt der ANP wie eine Fassade.

Der **EP** (der **Emotionale Persönlichkeitsanteil**) ist eine Funktion des Verteidigungssystems und steht dem Alltagssystem gegenüber. Der EP repräsentiert den Erstarrungszustand im Freezing. Er ist an das Trauma gekoppelt und zeitlich an das Ereignis gebunden. Die Zeit entwickelt sich im EP nicht weiter, er bleibt ein in sich geschlossenes, hermetisches neuronales Netzwerk ohne Ausgang. Wird dieser Anteil getriggert bzw. aktiviert, geschieht eine »Rückkehr« in den Zustand der traumatischen Überflutung im Moment der ausweglosen Bedrohung. Im Moment des aktivierten EP sind die Zugänge zu anderen Gedächtnissystemen meist blockiert und es scheint, als existiere nichts anderes. Diese Momente sind hoch affektiv und sensomotorisch bestimmt. Eine sprachliche Symbolisierung des Zustands ist durch die Unterdrückung der linken Broca-Rinde massiv erschwert.

3.1.13 Ego-State-Theorie: Die Entstehung der inneren Bühne

Was Introjekte sind und wie sie entstehen

Die neurobiologische Sichtweise der Ego-States birgt die Gefahr einer ungewollten Reduktion: Spricht man von Modulen und neuronalen Netzwerken, verpasst man leicht, worum es bei allem Schrecken und seiner Verkörperung eigentlich geht: Eine Verstörung von Bindung, Beziehung und Vertrauen. Es geht um den Einbruch in die Intimität eines inneren Systems, dessen Zusammenhalt sozial repräsentiert wird. Das Ich bewahrt seine Kohärenz aufgrund eines festen Vertrauens in Bindung sowohl nach außen wie nach innen.

Auch die Neurobiologie sucht für diesen Umstand eine Sprache, um zu verstehen, was das Bündel-Ich zusammenhält: »Das Ich ist keine einheitliche Instanz, sondern ein Attribut, ein Etikett, das sich an unterschiedliche Bewusstseinsoperationen anheftet [...], wobei dieses Ich-Bündel im Wesentlichen durch das autobiographische Gedächtnis erzeugt wird. Dies wiederum geht nach dem bekannten gestaltpsychologischen Prinzip des *gemeinsamen Schicksals* vor: Alles bildet eine *Gestalt*, was unter den verschiedensten Bedingungen eine Einheit, etwas mit einem gemeinsamen Schicksal bildet. [...] Das Ich ist also eine *Gestalt*, eine *Vielheit mit einem gemeinsamen Schicksal*, und diese Gestalt ist *dynamisch*, nicht statisch.« (Roth 2003, S. 98) Das Ich verwandelt sich also und bildet zugleich ein Kontinuum, das durch traumatische Ereignisse zerstört werden kann. Das Ich ist ein vielgestaltiges Wesen, das in sich selbst eine Familie bildet, ein soziales System einer komplexen inneren Kommunikation. Die Neurobiologie akzeptiert das, aber wie beschreibt man den sozialen Aspekt der Verstörung und Zerstörung? Wie ist es möglich, dass die Aggression des Täters in einem abgespaltenen Teil des Opfers weiter existiert, unkontrollierbar die Qual fortsetzt und das Opfer selbst Täter werden lässt?

Um dies zu verstehen, sind die Begriffe »Introjektion« oder »Introjekt«, »Identifikation« und »Assimilation« wichtig: Die normale Entwicklung des Kindes ist eine Anpassungsleistung an diverse ver-

3.1 Trauma und Sucht bei Kindern und Jugendlichen

schiedene Kontexte. Daher verhalten sich Kinder nicht immer gleich. Das Kind passt sich an die Situation an, es lernt, seine Bedürfnisse zu adaptieren. Solche wechselnden Ich-Zustände erlauben eine Rollenflexibilität und dienen der Anpassung an wechselnde soziale Herausforderungen des Alltags (Watkins und Watkins 2003, S. 51). Die Anpassung an neue Kontaktpersonen ist durch Introjektion möglich, d. h. durch »Hineinnahme« oder »innere Nachbildung«: »Aufgrund der *Introjektion bedeutsamer anderer* errichtet das Kind Verhaltensmuster, die, sobald sie eine Ich-Besetzung erfahren, zu Rollen werden, die es selbst erfährt, und sobald sie eine Objekt-Besetzung erfahren, innere Objekte repräsentieren, mit denen es in Beziehung treten und interagieren muss« (Watkins & Watkins 2003, S. 52) Dies können liebevolle Erfahrungen mit Personen sein, aber auch bösartige oder sadistische. Das Gegenüber wird ins Innere geholt und dort erlebt, empathisch nachvollzogen, »abgetastet« und nachgebildet, um es irgendwie verstehen zu können, um daraus eine Anpassung entwickeln zu können. Damit wird das Gegenüber zum fremden Teil des eigenen Selbst, ein Introjekt, ein Verhaltensmuster, das Teil der eigenen Identität werden kann. »Das Introjekt wird über den Vorgang der Identifikation assimiliert« (Peichl 2017, S. 52). In Bezug auf ein Täter-Introjekt heißt das: Die Identifikation mit dem Angreifer, die das Ich als Schutzmaßname betreibt, um den Angreifer verstehen und sich anpassen zu können, ist ein Überlebensmechanismus. Er führt allerdings dazu, dass Teile des Ichs wie der Täter fühlen, handeln und denken.

Wo aber ist die Grenze zwischen gesunder Introjektion und abgespaltener Introjekt-Bildung? Ego-States sind bei gesunden Menschen in der Regel gut versteckt und der bewussten Beobachtung kaum zugänglich. Bei extremer Bedrohung und Angst kann es aufgrund des Freezings, aber auch dynamisch zur Dissoziation kommen: »Ein einsames Kind zieht häufig die Ich-Besetzung von einem Teil seiner selbst ab, besetzt diesen Teil mit einer Objekt-Besetzung und schafft sich so einen imaginären Spielgefährten« (Watkins & Watkins 2003, S. 52). Diese Form der Abspaltung bleibt später als kindliche Abwehrmöglichkeit gegen extremen Stress (Gewalt, Missbrauch,

Folter, Grausamkeit) auch bei Jugendlichen erhalten und ist reaktivierbar. Es entstehen dann typischerweise entwertende und verfolgende Ego-States, die sich bei vielen (traumabasierten) Borderline-Patienten und bei Patienten mit einer ESD oder DIS wiederfinden lassen. Betrachtet man erneut das Dissoziationskontinuum, lässt sich jetzt auch gut verstehen, warum bei einer normalen Persönlichkeit das Kohärenzgefühl der Persönlichkeit nicht durch die adaptive Differenzierung der Ego-States beeinflusst wird. Die Ego-States haben durchlässige »Membranen«, sind gut integriert und kommunizieren miteinander. Bei einer Ego-State-Disorder oder bei einer DIS werden die Grenzen zwischen den States so starr und fest, dass kein fließender Übergang mehr möglich ist. Die Brüche zwischen den Ich-Anteilen sind heftig und ohne Kontrolle, von außen getriggert, mit vielen schrecklichen Gefühlen und Ohnmachtsmustern gefüllt. Es gibt bei der DIS (wenn überhaupt) nur noch eine Alltagspersönlichkeit, die als »Gastgeber« die übrigen Anteile beherbergt, diese aber zum Teil nicht kennt, obwohl sie immer wieder nach vorne auf die »innere Bühne« kommen und die Führung übernehmen. Diese Übernahme wird wie ein Zeitsprung erlebt. Es gibt später keine Erinnerung an den Auftritt des Ego-States auf der »inneren Bühne«.

Wenn man verstanden hat, wer auf der »inneren Bühne« als State auftritt, kann man sich direkt an die traumatisierten Selbstanteile wenden, also direkt an das traumatisierte Kind, an das Täter-Introjekt, an den »inneren Betäuber« und so weiter. Das am besten gereifte und meist im Alltag gut funktionierende Selbst wird motiviert, sich um die vergessenen, vernachlässigten, ausgestoßenen, verachteten traumatisierten Kind-Anteile zu kümmern. Sie müssen lernen, Vergangenheit und Gegenwart voneinander zu unterscheiden. Es geht um die Wiederinstandsetzung der Zeit: Was früher als Überlebensstrategie wichtig war, ist inzwischen dysfunktional geworden. Eine Veränderung steht an. Der Hippocampus könnte einbezogen werden, es könnten Umdeutungen und neue Narrative entstehen. Die Angst der Ego-States vor einer solchen Veränderung im Sinne einer alternativen Deutung der Vergangenheit ist groß, daher ist der Therapeut zunächst eine bedrohliche Figur. Er will das Altbewährte abschaffen, also die States, die zum Überleben wichtig waren. Es ist daher von unbedingter Wichtigkeit, die traumatisierten Selbstanteile als überlebenswichtig zum Zeitpunkt ihrer Entstehung anzuerkennen.

> Merke: Die Ego-State-Therapie stellt Regeln für die »Selbst-Familie« auf. Sie zeigt, dass auch in der chaotischen »Selbst-Familie« dynamische Regeln gelten, die aus den Bedürfnissen der States herauszulesen sind, die wiederum mit der Dynamik des Traumas zu tun haben.
> Das Ziel ist die Integration der »Selbst-Familie«, nicht ihre Abschaffung. Jeder Anteil muss auch als Ressource erkannt werden, nicht als Defekt.

Wertschätzung sollten sogar Täter-Introjekte erfahren, obwohl es dem Therapeuten bei ihnen meist besonders schwerfällt, sich auf ihre sadistischen und destruktiven Impulse einzulassen. Insofern steht die Ressourcenorientierung über allem. Auf der Bindungsebene könnte man sagen: Es geht symbolisch um »Bemutterung«, um das Vorhandensein einer »sicheren Basis«, einer mütterlichen Grundakzeptanz, um ein Vertrauen, dass alles Sinn macht, auch das Prinzip des »Bösen«.

Orientierung auf der inneren Bühne

Welche Ego-States gibt es und wie kann man sie einordnen? Diese Frage ist im doppelten Sinne wichtig: Sie dient der Orientierung im Chaos und ist zugleich auch eine Einführung in die Therapie. Denn die Jugendlichen wissen selbst keine Antwort auf diese Frage, weil sie nicht wissen, was überhaupt mit ihnen los ist. Die Existenz der verschiedenen Ich-Anteile und ihre jeweiligen Motive und Strategien ins Bewusstsein zu bringen, ist bereits für die Betroffenen eine wichtige Erkenntnis und Entlastung. Es geht in der Ego-State-Therapie darum, eine Meta-Perspektive zu entwickeln, einen Beobachter, der vorausschauen sowie die Reaktionen der Ich-Anteile verstehen und auch beeinflussen kann. Aber wie lassen sich Ego-States überhaupt einordnen?

Der Punkt ist, dass Ego-States ein Alter haben, etwas wollen, motiviert sind, für etwas kämpfen, sich bedroht fühlen können und nach Loyalitäten suchen. Sie hängen an bestimmten Situationen und sozialen Kontexten. Es lässt sich folgendes über den Charakter von Ego-States (ES) sagen (s. a. Peichl 2017, S. 63):

- Sie haben eine in sich geschlossene Geschichte, eine Biografie, Kognitionen und Affekte.
- Sie können untereinander Konflikte austragen, diese bilden auch Symptome.
- Sie besitzen Wahrnehmungen, Motivationen und Rollen innerhalb der Gesamtpersönlichkeit.
- Sie besitzen einen Charakter, Werte, Bedürfnisse, Ziele.
- Sie können sich in Stimmungen oder Symptomen zeigen.
- Man kann sie ansprechen und befragen wie eine Person.
- Sie werden pathologisch, wenn es dauerhafte Konflikte gibt, ES isoliert werden, ES selbstbezogen handeln und Symptome bilden.
- Ego-State-Therapie zielt auf die Ko-Bewusstheit und Integration und nicht auf die Verschmelzung der ES.

Auch wenn jeder ES seine eigene Individualität besitzt und keinem starren Schema folgt, lassen sich aufgrund der Pathogenese und der klinischen Symptomatik vier Gruppen von Ego-States identifizieren, die von Unterschieden in der Entstehung und in der Funktion ausgehen. Zur besseren Übersicht dient das »Achsen-Diagramm der vertikalen Spaltung« (▶ Abb. 3.5), das erstmalig von Meissner (1984) beschrieben und dann weiterentwickelt wurde (Peichl 2012, Besser 2013): Die y-Achse kennzeichnet viel oder wenig Selbstwirksamkeit (Macht und Ohnmacht), die x-Achse den Selbstwert (grandios bis minderwertig). Es gibt:

- grandiose, mächtige Täter-Introjekte
- gut angepasste, aber selbstzweifelnde ANPs (Anscheinend Normale Persönlichkeit)
- grandiose, aber instabile und wenig angepasste Helfer-States (z. B. »innerer Betäuber«)
- schwache, sich unterwerfende Opfer-Introjekte als traumabezogene Ego-States

Diese vier »Typen« von Anteilen sollen im Folgenden beschrieben werden, da ihre Unterscheidung die therapeutische Arbeit auf der inneren Bühne erleichtert.

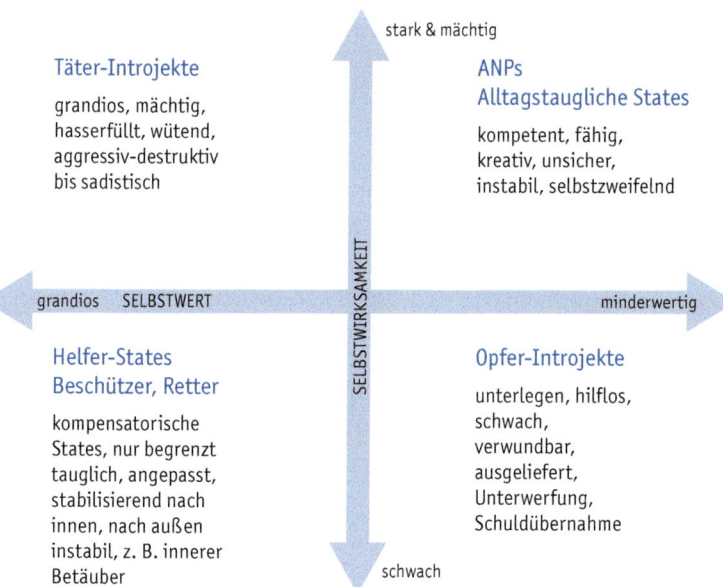

Abb. 3.5: Achsensystem der inneren Ich-Anteile (modifiziert nach Besser 2013)

Was man über Täter-Introjekte wissen muss

Es gibt nicht nur positive Introjekte, sondern auch negative, destruktive, übelwollende und missgünstige Ich-Zustände. Und es gibt

3 Grundlagen: Neurobiologie und Psychopathologie

Täterintrojekte, die vor allem nach traumatischen Gewalterfahrungen mit Täter-Opfer-Dynamik entstehen. Es wurde bereits gezeigt, dass Ego-States Glaubenssätze, Bedürfnisse, Verhaltensweisen, Meinungen und Konfliktmuster der introjizierten Person in sich tragen. All diese können mit den sonstigen Werten und Grundsätzen des Opfers im Widerspruch stehen. Je stärker der Widerspruch, umso schwieriger wird es für das Opfer, ein (z. B. durch eine Misshandlung) aufgezwungenes Introjekt zu assimilieren. Am Ende wird das Introjekt zum Fremdkörper im System des Selbst. In der Ego-State-Therapie muss man oft viel Zeit darauf verwenden, ein gutes Bündnis mit Introjekten zu schließen. Zwar kann man in der therapeutischen Arbeit relativ leicht mit ihnen in Kontakt treten, doch gerade die täteridentifizierten Introjekte sind und bleiben misstrauisch. Sie lassen sich nur sehr langsam und nach langer Wertschätzung überzeugen, in Kooperation mit dem Therapeuten zu treten.

Eine besondere Untergruppe sind kindliche Introjekte, die sich wie kleine Tyrannen aufführen können, und Täter-Introjekte, also Ich-Anteile, die mit dem Täter identifiziert sind und eine sadistische Tendenz haben können. Kindliche Anteile, die regressiv und gekränkt reagieren, können das reife angepasste Selbst (ANP, Anscheinend Normale Persönlichkeit) und den Therapeuten durch selbstverletzendes Verhalten und Suizidandrohungen unter Druck setzen. Es kann sehr schwer sein, mit solchen trotzig-wütenden und auch unberechenbar wirkenden Anteilen kooperativ zusammenarbeiten zu müssen. Eine beeindruckende literarische Beschreibung dieses Kampfes im Selbst zeigt der Roman »Ein wenig Leben« von Yanagihara (2016).

Emotional noch aufwändiger verläuft meist die Annäherung an Täter-Introjekte. Diese sind im »Selbst-System« enorm mächtig. Die sadistischen Täter-Introjekte empfinden Freude am Leid anderer Menschen und berauschen sich am Machtgefühl, sie ernähren sich von der »Schwäche« der anderen Anteile. Das macht diese Anteile bösartig und aggressiv, weil die Empathie manipulativ missbraucht wird. Und doch ist es wie bei den anderen Ego-States unbedingt notwendig, dass auch diese Täter-Introjekte bezüglich ihrer Funktion

3.1 Trauma und Sucht bei Kindern und Jugendlichen

im Moment der traumatischen Entstehung wertschätzend behandelt werden. Das Täter-Introjekt ist der Container für die Täter-Eigenschaften, mit denen sich das Opfer notwendigerweise identifizieren musste, um verstehen zu können, wie der Täter »tickt«, wie sein Charakter funktioniert und wie er zu beeinflussen wäre. Diese unbewusste Reaktion des Opfers hat Phillip Reemtsma in seinem Selbstbericht »Der Keller« beschrieben (Reemtsma 1998). Der Unterschied zwischen Erwachsenen und Kindern besteht darin, dass bei Erwachsenen, auch wenn in der Opfer-Situation das Bindungssystem regressiv aktiviert wird, die Bindungsrepräsentanzen und die Persönlichkeit bereits ausgereift sind.

Bei Kindern kann es bei langem oder wiederholtem Ausgesetztsein zu einer Aufspaltung der Persönlichkeit kommen. Bruce Perry (1994, 1998) vermutet als Folge der Traumatisierung bei Kindern zwei verschiedene Adaptionsmuster auf die traumatische Überwältigung: den Ego-State des Hyperarousal und des Hypoarousal. Erinnern wir uns an das »Window of Tolerance« (Odgen und Minton 2000): Der Übererregung folgt nach einer Phase des Freezings eine Untererregung, Erschöpfung, Deprivation und Resignation. Diese beiden Modi spielen bei Perry die Rolle zweier grundsätzlicher Reaktionsweisen auf traumatische Erfahrungen.

- Hypoarousal (Dissoziation): Symptome wie Fugue, Betäubung, Schmerzlosigkeit, Derealisation, Depersonalisation, Katatonie
- Hyperarousal (Fight or Flight): Symptome einer Alarmreaktion, Schreckreaktion, Bewegungsdrang, gesteigerte Aufmerksamkeit, Aggressivität und Angst

Perry fand heraus, dass die meisten Menschen an einer Kombination beider Muster litten; dies umso ausgeprägter, je intensiver, chronischer, früher und redundanter das Trauma war. Der Wechsel zwischen beiden States wird zum typischen Verhalten der Person, die mit den beiden Seiten (traumatischen Anpassungsreaktionen Hyper- und Hypoarousal) leben muss. Aus »States«, werde »Traits«, d.h., aus den Ich-Zuständen werden sich widersprechende Charakterzüge.

Pizer (1998) nimmt an, dass frühe Traumatisierungen die Fähigkeit zerstören, widersprüchliche Denkelemente in einer Denkoperation des »beides/und« zu verbinden (Peichl 2017, S. 106).

Opfer-Introjekte und traumabezogene States

Noch etwas muss man über Täter-Introjekte wissen: Sie stehen meist einem Opfer-Introjekt polar gegenüber. Sie werden durch vertikale Abspaltung voneinander dissoziiert gehalten (Meissner 1984), sind aber immer gleichzeitig auf der Bühne. Tritt der eine auf, ist auch der andere ganz in der Nähe. Das zu wissen, ist sehr wichtig für die Arbeit auf der inneren Bühne. Der Begriff »Opfer-Introjekt« ist auf den ersten Blick irreführend, da es sich im eigentlichen Sinne nicht um ein Introjekt handelt: Die Opferhaltung ist eine Selbst-Repräsentanz, die sich bei chronischer Traumatisierung in der Interaktion mit der Täter-Objektrepräsentanz im Innern bildet. Nach Peichl (2017, S. 114) können Opfer-Introjekte wie folgt entstehen:

- durch Verinnerlichung einer beobachteten Opfer-Rolle oder eines entsprechenden Schemas (z. B. der kleine Bruder wird geschlagen)
- durch Verinnerlichung eines Täters, der sich als Opfer tarnt (prügelnde Mutter bricht zusammen und weint über ihr eigene Gewalterfahrung)
- durch transgenerationale Übernahme der Opferrolle (z. B. jüdische Familiengeschichte des Holocaust)

Das Täterintrojekt fühlt sich grandios und überlegen, ist hasserfüllt, mächtig und wütend. Das Opfer-Introjekt fühlt sich unterlegen, wertlos, ohnmächtig, schwach und verwundbar (Meissner 1984, Besser 2006).

Die Identifizierung mit dem Angreifer, die Übernahme von Täter-Anteilen durch die Empathie-Falle, geht häufig mit dem Phänomen einher, dass der Täter vom Opfer sogar geschützt oder verteidigt wird. Dies vor allem, wenn der Täter aus der Familie selbst stammt.

3.1 Trauma und Sucht bei Kindern und Jugendlichen

> Merke: Die Angst, dass das Öffentlichwerden des Tabu-Bruchs den Zusammenhalt der Familie gefährdet, ist oft größer als der Wunsch nach Selbstschutz. Die Loyalität und der »Herdenschutz« stehen über dem individuellen Schmerz.

Der Verlust der Familienbande und die Gefahr des Ausgestoßenwerdens ist häufig die größte Horrorvision, die nach einem Trauma denkbar ist. Ethnologisch ist bekannt, dass es noch immer viele Kulturen gibt, in denen Frauen, die sexuell missbraucht wurden, ausgestoßen werden und keinen Schutz genießen. Tritt der Täter zudem noch als Leitfigur auf, als Führer einer Gruppe (womöglich der Familie), stellt sich beim Opfer typischerweise eine Blindheit gegenüber der Aggression ein. Es geht plötzlich um den Bestand der Gruppe, nicht um den Selbsterhaltungstrieb. Der Konflikt zwischen Arterhaltungs- und Selbsterhaltungsprinzip ist nicht lösbar, es bleibt beim Kampf zwischen Nähesuchen und Weglaufen. Das höchst gegensätzliche Bindungsverhalten von Nähesuchen und gleichzeitiger Abwehr von Nähe nebst Verwirrtheit und Erstarrung kennzeichnet auch die desorganisierte Bindung (▶ Kap. 3.2.8).

Traumabezogene Ego-States werden von Ich-Anteilen gebildet, die durch die ständige traumatische Überreizung und Erstarrung in der »traumatischen Zange« (Huber 2003), also durch das chronische oder sich wiederholende Hyperarousal mit Affektüberflutung (Window of Tolerance) entstehen. Sie enthalten fragmentierte Erinnerungen (BASK-Modell) aus der kindlichen Trauma-Szene, die sich durch Wiederholung zu einem eigenen Ego-State mit individuellen Überzeugungen, Motiven, Strategien und Emotionen heranbilden. Die führende Qualität des überwältigenden Affekts (Angst, Hass, Scham, Ekel) organisiert den Ego-State. Aus den Selbst-Fragmenten wird die Rolle des States gestaltet und zusammengefügt. Gerade bei sehr kleinen Kindern wird aufgrund der mangelhaften Reife des Hippocampus und somit des expliziten sprachgelenkten Gedächtnissystems die traumatische Erfahrung ausschließlich implizit, im unbewussten Körpergedächtnis gespeichert. Das macht es später so schwierig, mit diesen States in Kontakt zu treten. Ihre Aktivierung führt auf der inneren Bühne zu einer großen Verunsicherung und Verstörung. Es ist daher wichtig, vor dem »Ansprechen« dieser States die reiferen übrigen States danach zu fragen, ob eine Aktivierung in diesem Moment erlaubt werden kann.

Helfer-States

Diese Helfer-Anteile verhalten sich beschützend, strategisch, kontrollierend und abwehrend und sind immer der Sicherheit verpflichtet. Sie haben gelernt, jede Lebenskrise zu meistern und sind »Topmanager« der Schadensbegrenzung. Oft handelt es sich um »innere Helfer«, die schon seit der Kindheit existieren und aus Erfahrungen hervorgegangen sind, in denen wir Unterstützer hatten, Eltern oder Freunde, aber auch Wesen und Figuren aus imaginären Welten.

> Merke: Diese Ich-Zustände sind voller Ressourcen und Stärken. Sie müssen besonders dann gewonnen werden, wenn es um Veränderungen und Positionswechsel in der Ego-State-Familie geht.

Therapeutische Veränderungen brauchen jemanden auf der inneren Bühne, der die übrigen Anteile zur Kooperation aufruft und Bündnisse schmiedet. Mit diesen hochadaptiven und flexiblen Anteilen muss die schützende Funktion aller Anteile zuerst besprochen werden. Die der Anpassung dienenden States haben das größte Wissen und die größte Co-Bewusstheit im System, daher ist es wichtig, diese Anteile zuerst ins therapeutische Bündnis zu bringen. Helfer-States haben in der Regel weniger Konflikte als die übrigen States. Deshalb ist es sinnvoll, in der Stabilisierungsphase mit der Mentalisierung eines »sicheren Ortes« (Reddemann 2005) zu beginnen.

3.1 Trauma und Sucht bei Kindern und Jugendlichen

Ego-States, die der Anpassung dienen

Nijenhuis et al. (2003, 1998) hat jenen Anteil, der gelernt hat, sich den Erwartungen und Anforderungen der Realität anzupassen, die »Anscheinend Normale Persönlichkeit« (ANP) genannt. Er stellt, wie Nijenhuis sagt, den Kontakt zur Realität her, wobei eine gut funktionierende Fassade aufrechterhalten wird. Dies geschieht vor allem durch strikte Vermeidung von Triggern und durch Wahrung von Distanz auf der Bindungsebene. Die ANP trägt eine »innere Leere« in sich, d.h. sie ist gefühlstaub (Numbing) und erinnert sich kaum. Dadurch kann das alltägliche Funktionsniveau stabil gehalten werden. Der Preis ist das Existieren als »hohle« Fassade. Die ANP repräsentiert eben nicht die Gesamtpersönlichkeit, sondern nur einen Teil, der in Bezug auf Diplomatie hochspezialisiert ist und dem inneren Team später wichtige Anweisungen geben kann.

Kennt man alle Ich-Anteile, die auf der inneren Bühne agieren, kann man damit beginnen, ein inneres Team aufzustellen. Dabei zu helfen ist die Aufgabe der Ego-State-Therapie. Ein wichtiger Zugang ist die ANP, die auf der inneren Bühne vermitteln und die Kommunikation zwischen außen und innen herstellen kann. Ein anderer wichtiger Anteil für den Zugang und den Einstieg in die Arbeit mit den Ego-States ist das »innere Kind«, ein meist traumabezogener Ego-State oder Opfer-Introjekt. Es geht zunächst darum, das Kind in Sicherheit zu bringen und zu versorgen (▶ Kap. 5.6 und ▶ Kap. 5.9.3).

Ego-States in der Suchttherapie bei Jugendlichen

Es ist davon auszugehen, dass im chronischen Rausch eigene Ego-States entstehen können, die regressive, abhängige, diffuse (vernebelte), magische, verträumte, irreale, phantasievolle, fragile kindliche Wünsche nach Geborgenheit und Realitätsflucht aufbewahren.

Ein solcher Rausch-assoziierter Ich-Anteil ist z.B. Anjas »Kioskmädchen«. Diese Wächterin des Rausches hat auf der inneren Bühne der Ich-Anteile eine besondere Helfer-Funktion: Sie reguliert destruktive Kräfte und hält z.B. Täter-Introjekte in Schach, die (durch

3 Grundlagen: Neurobiologie und Psychopathologie

Triggerreize geweckt) das Gleichgewicht der Ich-Zustände (zer-)stören können. Wenn man solche besonderen States in der Therapie nicht anspricht oder nicht »hört«, dann gehen alle therapeutischen Bemühungen an einem Teil des Patienten vorbei. Die Rückfallprävention besitzt keine Nachhaltigkeit, wenn sich der »innere Betäuber« nicht angesprochen fühlt oder seine Bedürfnisse nicht gesehen werden. Im Gegenteil, auch der »innere Betäuber« kann eine innere Dynamik (Suchtdruck, Abbruchgedanken, Regression, erinnerte Rauschzustände, drogenassoziierte Nachhallphänomene) erzeugen, die eine Therapie erheblich gefährden kann. Die übrigen Ego-States haben zwar mehr oder weniger gelernt, sich mit der permanenten Anwesenheit des Täters zu arrangieren. Die Bedrohung ist aber ständig präsent. Einige Anteile existieren sogar um das Täter-Introjekt herum und halten es auf Distanz. Das Suchtmittel unterstützt diese Distanz.

> Merke: Die Gefahr, dass traumatisierte Kinder und Jugendliche den Weg der »chemischen Dissoziation« als Möglichkeit entdecken, die Täteranteile high zu machen und somit in Watte zu packen, ist sehr groß. Geschieht dies regelmäßig und gezielt, um dissoziative Zustände zu kopieren und zu kontrollieren, entstehen eigene States.

Der »innere Betäuber« wird dann zum schützenden Sucht-Anteil, der auf der inneren Bühne zur Selbstbetäubung aufruft, um destruktive Impulse zu lähmen und die Anwesenheit des Täter-Introjekts erträglicher zu machen. Für die Suchttherapie heißt das, dass der Patient einen Entzug bitter bezahlen muss: Erstens fehlt die chemische Dissoziation als Schutz und die echte Dissoziation bricht womöglich unkontrolliert durch. Symptome treten auf, die der Patient bis dahin nicht kannte. Zweitens verliert auf der inneren Bühne der »innere Betäuber« seine Funktion und rebelliert. Drittens gibt es niemanden mehr, der das Täter-Introjekt auf Distanz halten kann. Es entsteht das Gefühl der Schutzlosigkeit. Der Patient bricht die Therapie (den Entzug) ab, wenn nicht gleich zu Beginn vorbeugende therapeutische Maßnahmen getroffen wurden (▶ Kap. 5.5).

3.2 Bindung, Sucht und Trauma: Sicherheit suchen

3.2.1 Bindung und Belohnung als emotionale Basis

Psychopathologisch und diagnostisch spielt die Bindungsstörung eine wesentliche und zugleich »stille« Rolle als Komorbidität frühkindlicher Traumatisierungen und früh beginnender Sucht. Bindung regiert als sich ständig aktualisierendes Bindungsmuster im Kontakt mit den Patienten, als basalstes Gedächtnissystem für Verletzungen, Scham und Angst und als Beziehungsverhalten, das oft darüber entscheidet, ob ein Jugendlicher früh süchtig wird oder nicht. Und oft legt die Qualität der Bindungsfähigkeit fest, ob ein Patient die Therapie abbricht oder nicht.

Die Rolle der Bindung kann gar nicht überschätzt werden. Eine sichere Bindung ist *die* emotionale Basis für die Entwicklung eines Kindes. Frühe traumatische Erlebnisse richten hier oft großen Schaden an. Bindungsfähigkeit und Bindungsqualität entscheiden als Resilienzfaktoren zu einem nicht unerheblichen Teil darüber, ob ein junger Mensch eine traumatische Situation verarbeiten kann oder eine Trauma- und Suchtstörung entwickelt (Brisch 2009, Grossmann 2002, Bowlby 1995). Eine sichere Bindung in der frühen Kindheit ist ein wichtiger Resilienzfaktor für den Schutz vor der Entwicklung einer psychischen Störung nach Erleben eines Traumas (▶ Kap. 2.2). Die Bindungsforschung weist darauf hin, dass es einen signifikanten Zusammenhang gibt zwischen der Konzentration von Oxytocin und dem Ausmaß von Traumafolgestörungen nach einem traumatischen Ereignis (Olff, Langeland, Witteveen & Denis 2010). Oxytocin gilt in der Forschung als »Bindungshormon«, dessen Wirkung mit positiven Bindungsphänomenen assoziiert ist. Etwas vereinfacht kann man folgenden Zusammenhang herstellen: Je höher der Spiegel von Oxytocin, desto wahrscheinlicher ist ein positives Bindungsverhalten, das wiederum auch mit der Möglichkeit sozialer Verstärkung, d.h. mit einer Beteiligung des Belohnungssystems verbunden ist. Wir werden noch sehen, dass das Bindungssystem über Endorphin und dessen Desinhibition von Dopamin direkten Einfluss auf das Belohnungssystem ausübt (▶ Kap. 3.2.4). Bei Partnerschaften konnte man Hinweise darauf finden, dass ein hoher Oxytocin-Spiegel zu Treueverhalten führte und sich dadurch die Wahrscheinlichkeit, dass eine dauerhafte und treue Beziehung aufrechterhalten wird, erhöhte (Scheele, Striepens et al. 2012). Außerdem konnte ein Zusammenhang zwischen Oxytocin-Spiegel, positiver Bewertung des Partners und Stimulierung des Belohnungssystems hergestellt werden (Scheele, Wille, Kendrick et al. 2013).

Bei kleinen Kindern mit Bindungsstörungen konnte (vor allem bei Vorliegen einer Traumatisierung) in vielen Studien eine deutliche Erhöhung von Stresshormonen, besonders von Cortisol festgestellt werden (z.B. Putnam 1996; Panksepp et al. 1998, 2005). Der Verlust der Fähigkeit, eine sichere Bindung aufbauen zu können, scheint massiv mit psychischem und physiologischem Stress einherzugehen. Die Aktivität der Hypothalamus-Hypophysen-Nebennierenrinden-Achse (HPA-Achse) ist dauerhaft verändert (Robertson & Robertson, 1971; Tyrka et al., 2008; Fries et al., 2005). Dauerhafte soziale Gefühle von Sicherheit und Zufriedenheit können ohne gelungene soziale Beziehungen nur viel schwerer erreicht werden. Der wichtigste und wirksamste Verstärker (auch für die Psychotherapie) ist aber nun einmal der soziale. Er treibt uns an, das Leben als sinnvoll und erfüllt begreifen zu wollen. Neurophysiologisch und dynamisch kann Oxytocin auch als Vermittler zwischen Bindungs- und Belohnungssystem verstanden werden, als Vermittler zwischen Vertrauen und Glück: Das Bindungshormon vermittelt die Assoziation von Bindungssystem und Belohnungssystem auf der Ebene von Verhaltensmustern. Auf molekularer Ebene werden bei sicherer Bindung Endorphine frei, die im Opiatsystem selbst und über eine Desinhibition von Dopamin im Belohnungssystem wirksam sind (Panksepp et al. 1998, 2008; ▶ Kap. 3.2.4). Auf mehreren Ebenen von Verhalten, Erfahrung und Belohnung sind also das Bindungs-, das Angst-Stress- und das motivationale System miteinander verbunden. Oxytocin wäre dann so etwas wie der biologische »Missing Link« zwischen Bindung und sozialer Belohnung. Endogene Endorphine unterstützen womöglich diese Vermittlung.

3.2.2 Entwicklung braucht Sicherheit

Was bereits pränatal beginnt, setzt sich ab der Geburt fort. Die Bedeutung der sicheren Bindung für das auf die Welt kommende Kind ist fundamental. Für den Umgang mit süchtigen Heranwachsenden geht es dabei um die wichtige Erkenntnis, dass Drogen und andere Suchtmittel bei früh abhängig gewordenen Kindern und Jugendlichen zumeist einen Teil des Selbst ergänzen, ausfüllen oder kompensieren sollen, der sich aufgrund unsicherer, deprivierender oder traumatischer Bindungserfahrung nicht ausreichend entwickelt hat.

Damit der Säugling lernen kann, andere Objekte von sich selbst zu unterscheiden und zu ihnen in eine sichere, vertrauensvolle Beziehung zu treten, braucht er bestimmte Erfahrungen von Urheberschaft, Selbstkohärenz, Selbstaffektivität und Selbstgeschichtlichkeit, um ein Kern-Selbst entwickeln zu können (Stern 1985, 1996). Das geschieht langsam, viele verschiedene Erfahrungen im sozialen Raum müssen allmählich zusammengesetzt und zu einem Selbst integriert werden. Eine sichere Bindung ermöglicht Sicherheit, Kontinuität, Vorhersagbarkeit und Kausalität, die wichtig sind, um jede einzelne Erfahrung in einen Kontext einordnen zu können. Damasio (1999) spricht in diesem Zusammenhang vom Angewiesensein des Säuglings auf ein Proto-Selbst, auf eine spiegelnde Repräsentation durch ein konstantes, sicheres Gegenüber. Spiegelneuronen und der Vorgang der Introjektion mögen hier eine Rolle spielen. Dies knüpft an das Konzept des »Bündel-Ichs« (Roth 2006) und die Integration von verschiedenen Ich-Zuständen (Peichl 2005, Watkins & Watkins 2003) an: Die Voraussetzung, dass stabile Ich-Zustände mit einer Bindung an funktionale Narrative des Selbst und Metakognitionen entstehen können, ist das Vertrauen in die Sicherheit der Welt. Und dieses Vertrauen wird durch eine Primärbindungsperson (Eltern) gespie-

3 Grundlagen: Neurobiologie und Psychopathologie

gelt, die dem Säugling durch Feinfühligkeit, d. h. promptes Beantworten seiner Bedürfnisse, Kontinuität, Verlässlichkeit und Vorhersagbarkeit hilft, sich selbst zu regulieren. Der Säugling lernt durch Spiegelung, sich zu fühlen, als hätte er bereits ein Selbst, ein Proto-Selbst, das sich selbst regulieren könne und eine Ahnung habe, dass es eine Richtung gibt. Der Säugling ist sich im Gespiegeltwerden durch den Leib selbst voraus (vgl. Merleau-Ponty 1975).

Kinder von Müttern, die bereits im ersten Lebensjahr des Kindes dessen Affektzustände empathisch nachvollziehbar in Worte fassten, waren überzufällig häufig sicher gebunden (Meins 1997). Es entsteht eine Vorahnung, eine Intuition des zur Symbolisierung fähigen Körpers und schafft somit die Grundlage der späteren Selbstreflexivität. Voraussetzung ist aber, dass dieser Prozess nicht massiv gestört wird und die Nabelschnur des Vertrauens nicht abreißt. Dabei sind »Fehler« in der Interaktion zwischen Mutter und Kind nicht dramatisch, im Gegenteil: Das Ziel sollte nicht eine perfekt synchrone Kommunikation sein. Wahrgenommene und korrigierende Missverständnisse können sogar beziehungsfördernd sein. In einer Studie zeigte sich: War die Synchronizität und Reziprozität in der Interaktion zwischen Mutter und Kind hoch, waren sie aber auch von Missverständnissen in der Interaktion unterbrochen, die von der Mutter bemerkt und korrigiert wurden, war das Kind überzufällig häufig sicher gebunden (Jaffe et al. 2001). Selbstreflexivität entwickelt sich, indem die Spiegelungen zusammen mit dem eigenen Erleben internalisiert werden (Fonagy & Target 2001) und kognitiv zugängliche Repräsentationen unbewusster primärer Zustände bilden. Das ursprüngliche Selbst bleibt vor allem prozedural repräsentiert und ist der bewussten Introspektion nicht zugänglich (Gergely & Watson 1996). Um dennoch die Verbindung zwischen den prozeduralen (unbewussten) Zuständen und dem selbstreflexiven Selbst aufrechtzuerhalten, ist das Prinzip der mentalen Kohärenz (Dennett 1987) von Bedeutung. Die Affektabstimmung zwischen Kind und Mutter durch Nachahmung (echoing) des Kindes ist wichtig, damit das Kind die Fähigkeit übernimmt, Stressreaktionen zu kontrollieren. Die Mutter ist (über Oxytocin vermittelter) biologischer Regulator der kindlichen Gefühlszustände. Biologische Systeme werden auf diese Weise mit inneren Objektrepräsentanzen verbunden, die emotionale und kognitive Zustände beeinflussen (Crittenden 1995; Schore 1994). Das Belohnungssystem ist davon ebenfalls betroffen.

3.2.3 Bindung vermittelt Aufschub von Belohnung

Der Zusammenhang von Bindung und Belohnung hat noch weitere Aspekte, die für die Entwicklung eines Kindes von weitreichender Bedeutung sind. Auch hier zeigt sich, wie fatal sich ein frühkindliches Trauma mit Folge einer desorganisierten Bindung und Verlust des Vertrauens in Beziehungen auf die Entwicklung eines Kindes zum Erwachsenen auswirken kann.

Beim berühmten Marshmallow-Test von W. Mischel (Mischel 1981, 2015) wird in einer Versuchsanordnung die Fähigkeit eines Kindes zum Belohnungsaufschub beobachtet. Ein etwa 4 Jahre altes Kind wird mit einem Marshmallow in einem Zimmer allein gelassen und hat zuvor die Aufforderung erhalten, den Marshmallow 15 Minuten unberührt zu lassen. Als Belohnung erhalte es danach zwei. Im Durchschnitt schafften es die Kinder 6 bis 8 Minuten, den Marshmallow unter größten Anstrengungen und Ablenkungen in Ruhe zu lassen. Allerdings gab es eine große Streuung. In einer Nachuntersuchung stellte Mischel (1981, 1989) fest, dass es einen starken Zusammenhang zwischen der Fähigkeit zum Belohnungsaufschub und späterem Erfolg gab: Je länger die Kinder im Experiment gewartet hatten, desto kompetenter wurden sie als Heranwachsende in sozialen und schulischen Bereichen beschrieben. Die Fähigkeit, Belohnung aufzuschieben, scheint also von großer Bedeutung für die kompetente Entwicklung in einer Leistungsgesellschaft zu sein.

Drogenabhängige und auch medienabhängige Jugendliche (Pfeiffer et al. 2009) zeigen aber typischerweise eine Störung der Impulskontrolle. Die Abhängigkeitsstörung ist definiert als Kontrollverlust bei starkem Verlangen (Craving). Sie brechen die Schule ab, haben schlechte Noten und kümmern sich nicht mehr um die Zukunft.

3 Grundlagen: Neurobiologie und Psychopathologie

Um sich sozial kompetent entwickeln zu können, braucht man Impulskontrolle, also Geduld, Frustrationstoleranz und die Fähigkeit zur Selbststeuerung. Diese hängt von der globalen Hirnaktivität ab und ist wohl zu einem Anteil genetisch veranlagt. Aber es gibt auch andere wesentliche soziale Faktoren, die unsere Fähigkeit zur Impulskontrolle beeinflussen: Die Rolle des Versuchsanleiters in dem Marshmallow-Test ist lange Zeit vernachlässigt worden und kommt auch heute noch in den Analysen zu kurz. Die Person, die dem Kind den Marshmallow anbietet, muss vertrauenswürdig sein, damit das Kind sich auf den »Deal« mit der Belohnung des Wartens einlassen kann. Es wurde in abweichenden Experimenten gezeigt, dass ein Versuchsanleiter, der sich im Vorfeld des Tests dem Kind gegenüber als nicht verlässlich erwies (hielt Versprechen nicht ein, kam zu spät etc.), weniger Erfolg hatte, das Kind zum Abwarten bzw. zum Belohnungsaufschub zu motivieren. Die Kinder griffen schneller zu und beendeten den Versuch frühzeitiger.

Die enge Verbindung zwischen Selbstregulation und interaktiver Regulation wird in der Forschung immer deutlicher (Beebe & Lachmann 2002; Schore 1994, 2002). Sind die exekutiven Funktionen des frontalen Cortex aufgrund traumatischer Erfahrungen beeinträchtigt (Übererregung, gescheiterte Affektregulation) (Fuster 1997), kommt es bei negativen Affekten vermehrt zu Verhaltensdysregulationen (Luu et al. 2000). Drogen- und medienabhängige wie auch traumatisierte Jugendliche zeigen hier ein starkes Defizit und steigen aus dem sozialen Leistungsmaßstab aus. Nach außen wirkt es wie eine trotzige Rebellion, nach innen sind starke Versagensgefühle, Ängste und Bindungsunsicherheiten am Werk. Die Fähigkeit zur Selbstregulation befähigt neben der Fähigkeit zu binden in der weiteren Entwicklung zur Compliance und zur Verzögerung von Gratifikation (Belohnung) auch dann, wenn äußere Beobachter (wie beim Marshmallow-Test) nicht dabei sind (Silverman & Ragusa 1992).

> Merke: Die Fähigkeit zur Impulskontrolle und somit zum Erleben der Selbstwirksamkeit hängt stark mit frühen Bindungserfahrungen zusammen: »Ich schaffe das« beinhaltet das Vertrauen in den sozialen Rahmen, in dem ich meine Ziele erreichen will.

3.2.4 Epigenetik von Bindung, Sucht und Trauma

Auf den Zusammenhang von Bindung und Sucht bezogen kann man also vereinfacht sagen: Fehlt eine sichere Bindung, kann der soziale Verstärker aufgrund mangelhafter biologischer Regulation (Selbstkontrolle) und aufgrund fehlenden Vertrauens in die Unterstützung durch andere das Belohnungssystem nicht so gut erreichen: Die fehlende soziale Kompetenz führt nicht zur Belohnung und nicht zum Erfolg. Die Wahrscheinlichkeit, dass eine Droge als Ersatzmittel zur Stimulation des Belohnungssystems gesucht wird, ist erhöht. Zerstört eine Traumatisierung das Vertrauen in Bindung überhaupt, steigt das Risiko einer Suchtstörung erneut, weil zusätzlich noch Symptome einer Traumafolgestörung hinzukommen. Es entstehen Ängste, Zwänge, Übererregbarkeit, Vertrauensverlust, Rückzug, Isolation und kognitive Irritationen. Als Teufelskreis beschrieben heißt das: Das frühkindliche Trauma bewirkt neben Stress-Symptomen eine unsichere Bindung oder sogar eine Bindungsstörung. Die Stressphysiologie der Hirn-Hypothalamus-Nebennieren-Achse entgleist, der Oxytocin-Spiegel sinkt und die Gefahr einer Retraumatisierung steigt, weil der Schutz durch Resilienz ebenfalls sinkt. Außerdem gibt es weitere biologische Marker, die auf eine Vererbung von traumatischen Bindungserfahrungen auch auf der genetischen Ebene hinweisen. Michael Meany et al. (2015; ▶ Kap. 3.1) haben bereits die Epigenetik der traumatischen Stressphysiologie aufgedeckt. Traumatische Erfahrungen (Umwelteinflüsse) wirken sich auf die Übersetzung der genetischen Struktur in Proteine (Enzyme) aus, die physiologische Prozesse in der Zelle steuern. Damit wird nicht nur ein biologischer Mechanismus der Stress-Vererbung erklärt, sondern auch deutlich, warum sich auf der biologischen Ebene ein bestimmtes Bindungsverhalten, das mit Traumaerleben assoziiert ist, über viele Generationen im Genogramm mit erhöhter Wahrscheinlichkeit fortsetzt. Das gleiche Phänomen kennen wir auch von Suchtstörungen, die sich im Genogramm wiederholen. Wie ein unabwendbares Familienschicksal ziehen sich z.B. Alkoholiker-Biografien durch die Generationen. Es liegt nahe, dass sich bei Komorbidität von Sucht, Trauma und Bindungsstörungen die Effekte, die zur transgenerationalen Wiederholung der Symptome führen, summieren und sich gegenseitig verstärken. Neben erlerntem Verhalten durch Imitation (Spiegelneurone), Dynamik und systemische Faktoren gibt es also vermutlich auch biologische genetische Faktoren, die eine tragische Hartnäckigkeit von dysfunktionalem Bindungsverhalten über Generationen hinweg behaupten.

In Momenten der Not kehren Kinder und Jugendliche reflexartig zur sicheren Basis der Primärbindung zurück. Kinder nutzen die Möglichkeit der emotionalen Basis als Rückversicherung (social referencing). Wenn kleine Kinder zu Boden fallen, blicken sie oft zuerst zur Mutter oder zum Vater, um sich zu versichern, ob der Sturz gut ausgegangen ist oder nicht. Blicken Mutter oder Vater erschrocken oder ängstlich, fängt das Kind eher an zu weinen, als wenn eine entspannte und gelassene Mimik die beruhigende Sicherheit signalisiert, dass der Sturz nicht bedrohlich war. Eine sichere emotionale Basis wirkt sich sogar auf das Empfinden von Schmerzen aus (Brisch 2009). Und es zeigt umgekehrt auch, wie Kinder den Schrecken der Eltern übernehmen.

> Merke: Dies ist der Kern der Loyalität des Kindes mit seinen Eltern: Es fühlt den Schrecken oder die Ruhe der Eltern, je nachdem. Der Preis der Bindung ist dann aber möglicherweise, dass das Kind eine Ängstlichkeit und Unsicherheit spürt, die gar nicht seine ist.

3.2.5 Bindung und Abhängigkeit als transgenerationales Erbe

Das Bindungsverhalten ist immer in eine Dynamik der Abhängigkeit eingebettet: Die eigene emotionale Sicherheit des Kindes ist zu einem Teil ein Produkt elterlicher (unbewusster) Prägung. Zwar bringt der »kompetente Säugling« (Dornes 1993) sein eigenes Temperament und seine Resilienzen ein, aber eine fehlende emotionale »Ernährung« durch stabile Bindungsangebote hat fatale Auswirkungen auf die Entwicklung eines Kindes.

Traurige Berühmtheit erlangte ein Versuch mit Heimkindern, den man heute auch »Still-Face-Procedure«-Test (Tronick 2011) nennt und der genau diesen Umstand der Bindungsabhängigkeit auf schreckliche und zugleich beeindruckende Weise verdeutlicht: Kinder, die ohne ihre Eltern in Heimen aufwuchsen und die zwar Kleidung und Essen, aber kein Lächeln, keine emotionale Zuwendung, kein Ansprechen erfuhren, gerieten seelisch und physisch in einen bedrohlichen Zustand der Deprivation. Die Kinder zogen sich in sich selbst zurück und verschwanden aus der Welt. Sie verkümmerten. Es kam zu rigidem und abwehrendem Verhalten, zu Stereotypien, Nahrungsverweigerung, Apathie und zu einem Dahindämmern mit Todesfolge, solange dieser Zustand nicht mehr aktiv durchbrochen wurde.

René Spitz drehte nach dem 2. Weltkrieg die ersten Filme von Kindern, die in Krankenhäusern schwerste Zeichen von Deprivation und Hospitalisierung zeigten (Spitz 1946). Bleiche, erstarrte und erloschen wirkende Gesichter starrten den Betrachter an. Diese ersten Dokumente der Symptome schwer hospitalisierter Kinder waren der Beginn einer Aufklärungskampagne, die bis heute anhält. Spitz beschrieb die Phasen der kindlichen Deprivation, die auf eine lange Trennung von den Eltern folgen: Nach Protest und Wut, Trauer und Rückzug folgt schließlich Resignation (Spitz 1946, Bowlby 1985).

Es wurde auf grausame Weise deutlich: Menschen sind von emotionaler Fürsorge, Nähe und sicherer Bindung abhängig. Ist solche emotionale Nahrung nicht ansatzweise vorhanden, verkümmert das menschliche Leben und gibt sich selbst auf. Die »Still-Face-Procedure«-Situation zeigt somit, dass auch Passivität (ein Mangel an sozialer Reaktion) eine fatale Wirkung haben kann, nicht nur die Traumatisierung als aktiv ausgeübte Gewalt.

Man stelle sich eine Mutter vor, die unter Drogeneinfluss lethargisch in ihrem Rauschzustand schwebt. Sie ist nicht mehr in der Lage, emotional auf die Bedürfnisse ihres kleinen Kindes zu reagieren. Sie reagiert nicht mehr auf Schreie, auf Betteln oder Wut des Kindes und bleibt unbeteiligt. Das Kind wird resignieren und sich abwenden, weil es die Mutter nicht zu erreichen scheint. Dann taucht die Mutter wieder aus dem Rausch auf und bietet Kontakt an. Der unberechenbare Wechsel von emotionalem Verschwinden und Kontaktwunsch der Mutter ist keine direkte Gewalt im Sinne eines abzufragenden Life-Events, wirkt sich aber auf das Kind traumatisch aus: Es entwickelt eine Deprivation durch Vernachlässigung. Resignation, Rückzug und emotionale wie physische Verkümmerung sind die Folge.

3.2.6 Feinfühligkeit als Bindungsqualität der Eltern

Der Begriff der »Feinfühligkeit« beschreibt die gute intuitive Einfühlung der Eltern in die Bedürfnisse des Kindes und eine zeitnahe Reaktion auf Wünsche und Notlagen. Dabei ist die prompte Reaktion auf die Bedürfnisse des Kindes von großer Bedeutung (Brisch 2009). Feinfühligkeit ist wichtig, damit Kinder das Gefühl einer »sicheren Basis« entwickeln können: Da ist immer jemand da für mich, egal was passiert. Dem gegenüber existiert bis heute die Überzeugung, dass Kinder früh lernen müssten, Frustration zu ertragen – eine Überzeugung, die in den ersten Lebensjahren viel Schaden anrichten kann. In dem bis in die 1980er Jahre in Kliniken verschenkten Buch von Johanna Haarer aus der NS-Zeit (1934) gab es schon den Satz: »Schreien stärkt die Lunge.« Die Kinder sollten keine zu feste Bindung an ihre Eltern haben. Auch dieses Konzept mag die Bereitwilligkeit des Volkes, einem wahnsinnigen Führer folgen zu wollen, gestärkt haben. Dass der Begriff Feinfühligkeit auch für die Interaktion in

3.2 Bindung, Sucht und Trauma: Sicherheit suchen

Suchtsystemen von Bedeutung ist, wird jedem sofort klar, der diese (oft traumatisierenden) Systeme in ihrem häuslichen Umfeld (sozialen Kontext) aufsucht: Rauschzustände mit völliger Gleichgültigkeit gegenüber den Bedürfnissen des Kindes wechseln mit aggressiv-dysphorischen Zuständen des Entzugs und mit emotional-instabilen Zuständen der abhängigen Ich-Struktur. Die Bedürfnisse des Kindes stehen hinter der Abhängigkeit der Eltern zurück. Alles kreist um die Wirklichkeit des Rausches und stellt die regressive Bedürftigkeit der Eltern in den Vordergrund. Die Feinfühligkeit als bindungsförderndes Verhalten der Eltern gerät in solchen familiären Suchtsystemen ins Hintertreffen. Kinder erleben den Rausch und Drogenkonsum der abhängigen Eltern nicht nur als Normalität, sondern wachsen gleichzeitig mit unsicheren oder desorganisierten Bindungsangeboten auf, die sie als eigene Bindungsmuster übernehmen. Zunächst entsteht beim Säugling und bei Kleinkindern ein sog. »inneres Arbeitsmodell« (Bowlby 1982, Main et al. 1985), d.h. eine innere Repräsentation der Bindungserfahrung, die noch wandelbar und flexibel ist (oder entsprechend vulnerabel).

> Merke: Vertrauen in die Verfügbarkeit von Sicherheit wird als Verhaltensprozess gespeichert, als dynamisches Modell von Nähe und Distanz. Später, im Laufe der Kindheit, entwickelt sich daraus eine stabile Bindungsrepräsentation, die auf ein Objekt bezogen ist und ein festes Bindungsmuster zeigt.

3.2.7 Bindungsstörung und die Droge als Übergangsobjekt

Bindungsstörung und Trauma gehen als Risikofaktoren für eine Suchtentwicklung eine unselige Verbindung ein. Damit wird die Grundlage für weitere komorbide Folgestörungen wie Suchterkrankungen, aber auch Depression, Angststörungen oder Persönlichkeitsstörungen gelegt (Brisch 2009, S. 94). Für den Zusammenhang von Bindungsstörung und Sucht liegt folgende dynamische Objekt-

Theorie (z. B. Kernberg 1978, 1999) nahe: Das Suchtmittel bietet sich als Ersatz-Erfahrungsträger für fehlende soziale Belohnungserfahrungen an, es wird zur Bindungsfigur. Wo Bindungsobjekte (Familie, Freunde) aufgrund fehlender Bindungserfahrung oder aufgrund eigener Bindungsunfähigkeit fehlen, bieten sich Handy und Alkohol als »Übergangsobjekte« (Winnicott 1987) an.

> Nur so ist zu erklären, warum eine attraktive und intelligente siebzehnjährige Patientin sagen konnte: »Heroin ist mein Retter.« Der Therapeut stand fassungslos vor dem Phänomen einer Jugendlichen, die von der Natur mit einem Maximum an Ressourcen ausgestattet worden zu sein schien und trotzdem ihr Leben wegwerfen wollte. Warum verließ sie plötzlich mit 15 Jahren das Elternhaus und tauchte in der Berliner Heroinszene ab, wo sie sich auch bald prostituierte? Niemand konnte es verstehen, die Familientherapie lief scheinbar ins Leere. Aus systemischer Sicht war es daher wichtig, die Sucht in ihrer Funktion als Bindungsfigur innerhalb eines ganzen Familiensystems zu erkennen. Bevor eine Offenbarung der familiären Bindungsstrukturen möglich wurde, brach die Patientin die Therapie ab. Eine erneute Aufnahme wurde in Aussicht gestellt, zu der es aber nicht mehr kam. Therapeutisch blieb der Eindruck, dass es einen familiären Grund für die »innere Leere« und die Unfähigkeit, eine sichere Bindung aufbauen zu können, geben musste. Vielleicht zog die Patientin die chemische Dissoziation vor, um das womöglich schreckliche Geheimnis wahren zu können. Vermutlich lag darin ein Ausdruck ihrer Loyalität zur Familie, diese nicht durch eine Offenbarung gefährden zu wollen.

Die Drogen oder der Computer, sie alle sind über das Belohnungssystem vermittelte Bindungsangebote. Sie vermitteln Glücksgefühle und Sicherheit, wo nüchtern keine sozialen Verstärker mehr greifen. Achtet man auf die Bindung in solchen Systemen, wird schnell deutlich, dass die Droge alle Aufmerksamkeit auf sich zieht und die Bedeutung von Übergangsritualen bekommt (Fischer 2017).

3.2 Bindung, Sucht und Trauma: Sicherheit suchen

In der familientherapeutischen Literatur wird adoleszenter Substanzmissbrauch immer wieder mit misslungener Ablösung in Verbindung gebracht. Dabei werden einerseits die »Ausstoßung« des Jugendlichen aus dem Familienverband und andererseits die »Triangulation« und »Verstrickung« des Jugendlichen beschrieben (Minuchin 1974; Haley 1980; Sterlin 1980). Bei beiden Konstellationen ist ein Vergleich mit den Konzepten von abweisender (vermeidender) bzw. anklammernder (enthemmter) Bindung sehr gut möglich (Marvin & Stewart 1990; Byng-Hall 1999). Die Ablösung von den Eltern wird dann dramatisch, wenn die Bindungen bereits zuvor unsicher oder gar nicht vorhanden waren. Dann wird der Bruch sichtbar. In der Aufstellung ist die Droge dann das stumme Symbol, über den die Beziehungslosigkeit eine reale, greifbare Faktizität erreicht. Über die Leere kann niemand sprechen, wohl aber über die Droge und den Konsum. Es ist daher für den Suchttherapeuten notwendig, die Bindungsphänomene zu kennen, die zu solch destruktiven Verhaltensweisen gerade auch in scheinbar gut situierten und funktionierenden Familien führen können. Die Erfahrung der »inneren Leere« in hoch gebildeten Familien und die Beziehungslosigkeit in akademisch hoch angepassten Systemen ist keine Seltenheit, der aktuell zunehmende Konsum von leistungssteigernden Drogen wie Kokain und Amphetaminen ist daher auch kein Wunder.

Auch *Ferris* ging es darum, seine Leistung zu steigern, sei es in der Schule oder im Sport. Und andererseits ging es um den Mangel an Bindung: Das Gefühl, nur noch an Leistung gemessen zu werden und sich ansonsten der Wertschätzung nicht mehr sicher sein zu können, wird durch die Euphorie der stimulierenden Droge überschwemmt. Betäubende Drogen dienen nach der erbrachten Leistung als Methode der Wahl, um wieder »runterzukommen«. Die Entspannung, die sonst durch die Ruhe und Zuversicht einer vertrauensvollen, sicheren Bindung vermittelt wird, muss nach Stimulanzienkonsum ebenfalls selbst in die Hand genommen werden. Es geht am Ende schließlich um die Kontrolle innerer Zustände durch »Selbstmedikation« (Khantzian 1985), eine Kontrolle, die durch soziale Verbindlichkeiten als viel zu unsicher, unbeständig und nicht dauerhaft erlebt wird.

Welche Bindungsmuster und Störungen dorthin führen, soll im Folgenden geklärt werden. Dazu ist es notwendig, sich mit den verschiedenen Varianten des Bindungsverhaltens vertraut zu machen und graduelle Abstufungen zwischen sicherer und unsicherer Bindung als Muster nachzuvollziehen. Bindungsmuster sind für die Arbeit mit abhängigen Kindern und Jugendlichen besonders interessant, da sich die Muster im Suchtverhalten der Patienten wiedererkennen lassen. Es gibt sogar Versuche, bestimmten Bindungsmustern bestimmte typische Suchtmittel zuzuordnen (Brisch et al. 2015). Bindungsverhalten und Suchtverhalten, so zeigt die Forschung, stehen in einem kausalen und diagnostischen Zusammenhang. Für die Therapie der Sucht ist die Arbeit mit dem Bindungsverhalten des Patienten von großer Bedeutung, wird aber meistens nicht fokussiert, da Bindungsstörungen nach dem 12. Lebensjahr kaum mehr diagnostiziert werden. Plötzlich sind die Bindungsmuster verschwunden, obwohl die Forschung längst gezeigt hat, dass es sich um ein lebenslanges Schicksal handelt (Grossmann 2002). Wir wiederholen Bindungsmuster ein Leben lang, wenn wir nicht aktiv nach neuen Bindungserfahrungen suchen. Dieses Buch wirbt für einen klareren Blick auf Bindungsthemen in der Suchtarbeit und fokussiert auch therapeutisch die korrigierende Bindungserfahrung (▶ Kap. 5.12.1).

3.2.8 Sichere und unsichere Bindungsmuster

Suchtverhalten und Bindungsverhalten hängen eng zusammen. Bindungsmuster wirken sich auf die gesamte Lebensentwicklung aus: Sie bestimmen die Richtung, wie Kinder Informationen aufnehmen und prozessieren (Greenberg 1999; Adshead et al. 2000). Um die Dynamik zu erkennen und die Genese zu verstehen, ist es zunächst wichtig, die verschiedenen Bindungsmuster zu kennen.

Eine unsichere Bindung ist noch keine Bindungsstörung. Ein unsicheres Bindungsverhalten wird bei bis zu 30% der Kinder vermutet. 55–65% der Kinder verfügen über eine sichere Bindung. Sichere

3.2 Bindung, Sucht und Trauma: Sicherheit suchen

Kinder sind in der Lage, sich auf ihre Gefühle und ihre Gedanken zu verlassen. Sie haben durch feinfühlige Spiegelung der Eltern gelernt, Gefühle und Kognitionen zu regulieren, Stress zu meistern und Übererregungen (Ärger, Wut, Angst) mit kognitiven bzw. narrativen Schemata zu verbinden (Crittenden 1995; Crittenden & McKinsey 1997). Ärger und Wut sind wichtige kommunikative Signale für die Bindungsfigur (Bowlby 1982), da sie ein Weg sind, die Intensität der Kommunikation zu verstärken. Sicher gebundene Kinder können ihre Wut oder ihre Angst äußern, können sich aber auch schnell wieder regulieren, die Erregung im Kontakt mit der Mutter abreagieren. Wenn aber die wichtige primäre Bindungsperson abwesend bleibt oder sie die Kommunikation (bzw. das Kind) ablehnt, bleiben die Erregungszustände unreguliert und finden kein Schema der Regulation. Gefühl und Kognition bleiben unverbunden und dysfunktionale Muster entstehen.

Wie kann man Bindungsmuster unterscheiden?

Mary Ainsworth ging es zunächst nur um die Beobachtung eines bestimmten Verhaltens in einer Standardsituation, die nach Mary Ainsworth als »fremde Situation« (»strange situation«) definiert wurde (Ainsworth 1978, Bowlby 1995, Brisch 2005). In dieser Situation geht es darum, dass eine Primärbindungsperson (z. B. die Mutter) ihr ein- bis zweijähriges Kind kurz in einem fremden Raum alleine lässt und nach wenigen Minuten zurückkehrt. In der Zwischenzeit wird beobachtet, wie sich das Kind verhält. Im Regelfall sucht es aktiv nach der Mutter und zeigt sich gestresst. Das Bindungssystem wird aktiviert. Das Wichtigste ist aber die »reunion scene«, die Rückkehr der Mutter und die Reaktion des Kindes auf den Trost der Mutter.

Folgende Bindungsmuster werden definiert:

a) **sicher gebunden: 55–65 %**
Das Kind lässt sich bei Rückkehr der Mutter trösten, auf den Arm nehmen, geht in Kontakt, nimmt Trost an und kann wenige Minuten später wieder explorieren, d. h. sich dem Spielen zuwenden.

Es kann eine kurze Erregungsphase schnell regulieren und Trost annehmen. Das Vertrauen ist nicht nachhaltig gestört.
b) **unsicher-vermeidend gebunden: 20–25 %**
Das Kind reagiert nur zögerlich auf die Abwesenheit der Mutter, es bleibt eher desinteressiert. Bei Rückkehr der Mutter lässt es sich nicht auf den Arm nehmen, ignoriert und vermeidet die Mutter und zeigt kein Interesse. Vermeidend gebundene Kinder ignorieren ihre Wünsche und richten ihre Bedürfnisse extrem nach den Bedingungen der Umgebung. Sie neigen dazu, sich nach außen hin falsch positiv zu geben, ohne zu zeigen, was innerlich in ihnen wirklich los ist. Sie haben kaum Sprache, um Gefühle zu beschreiben, und bleiben unverbunden mit dem, was sie fühlen (Crittenden 1995). Sie wissen nicht, wer sie sind. Oberflächlich wirken sie unabhängiger als andere Kinder, aber sie können kaum Freundschaften entwickeln (Streeck-Fischer 2006).
c) **ängstlich-ambivalent gebunden: 10–15 %**
Das Kind zeigt in der fremden Situation wenig Exploration. Es sucht viel Kontakt zur Mutter, leistet aber auch immer wieder Widerstand. Es reagiert suchend und weinerlich auf die Abwesenheit der Mutter, lässt sich bei deren Rückkehr aber nur gegen Widerstand auf den Arm nehmen. Es dreht sich weg, schlägt nach der Mutter oder schlägt Trostangebote aus, während es zugleich aber Signale der Trostsuche aussendet. Die Exploration gelingt lange nicht, das Kind kann sich längere Zeit nicht beruhigen. Ambivalent gebundene Kinder suchen anhaltend nach sozialer Unterstützung, fühlen sich aber gleichzeitig unverstanden und schlecht behandelt. Sie bleiben sozial isoliert.
d) **desorganisierte Bindung: 15–20 %**
Kinder mit desorganisierter Bindung haben oftmals traumatisierende Erfahrungen gemacht. 80 % der traumatisierten Kinder zeigen ein desorganisiertes Bindungsverhalten (Carlson et al. 1989, 1998). Bei Trennung erscheinen die Kinder nervös, schreien, fallen auf den Boden und kauern dort, stecken die Hand in den Mund, ziehen die Schultern ein (Maine & Solomon 1986, 1990). Bei der Rückkehr der Mutter drehen sie sich im Kreis oder

rennen auf die Mutter zu, verharren auf halbem Weg (Freezing) und kehren wieder um. Einen kurzen Augenblick wirkt das verharrende Kind wie »eingefroren«, als befände sich das Kind im Freezing-Modus der traumatischen Zange und erlebe (flashbackartig) einen Zustand der Ohnmacht. Das desorganisierte Bindungsverhalten, dass auch chaotisch verläuft und sich keinem der oben genannten Schemata zuordnen lässt, ist oft mit Traumaerlebnissen in der Kindheit assoziiert. Die primäre Bindungsperson ist Notanker und bedrohlich zugleich. Daher ist die Reaktion auf diese Person widersprüchlich: Flucht (flight) und Annäherung kämpfen miteinander. Das Bild passt auch zu der von Spitz und Bowlby beschriebenen anaklitischen Depression, Deprivation oder Hospitalisierung (Spitz 1946).

In der »fremden Situation« (Ainsworth 1978) wird ein Verhalten sichtbar, das später auf der Suchtstation oder in der ambulanten Suchtsprechstunde wiederholt und reinszeniert wird: plötzlicher Kontaktabbruch bei Nichterfüllung von Wünschen (»Ich brauche Valium, sonst breche ich ab«), Abwehr des Kontakts bei Trost oder Verständnis (paradoxe Reaktion auf Kontaktangebote), Bagatellisierung und Abbruch der Therapie (Vermeidung von Zuwendung) oder Distanzlosigkeit und sexuelle Promiskuität (enthemmtes regressives Kontaktverhalten).

> Merke: Wird man wachsam für Bindungsmuster im Alltag der Suchtpatienten, begegnet man ihnen überall wieder. Sie bestimmen das Spiel von Nähe und Distanz, in dem die Droge eine regulierende Funktion übernommen hat. Diese Funktion sichtbar zu machen ist Aufgabe der Therapie.

3.2.9 Bindungsverhalten, Regression und Suchtverhalten

Eine unsichere Bindung entsteht oft aus einem Mangel an sicherer Bindungserfahrung in den Primärbindungen mit den Eltern. Umgekehrt sind Kinder von Müttern, die bereits im ersten Lebensjahr des Kindes dessen Affektzustände empathisch nachvollziehbar in Worte fassten, mit einem Jahr überzufällig häufig sicher gebunden (Meins 1997). Aus einem Mangel an Empathie, Feinfühligkeit und Sicherheit in der Primärbindung des ersten Jahres entsteht im Laufe der Entwicklung nicht selten eine emotionale Fixierung eines kindlichen Ich-Anteils, der keine sichere Bindungserfahrung erleben konnte und sich noch immer eine emotionale Ernährung des inneren Kindes wünscht. Bei Bindungstraumatisierungen entstehen regressive Ego-States, die sich weiterhin nach emotionaler Fürsorge und Geborgenheit sehnen und sich nicht weiterentwickeln, weil sie diese Fürsorge nicht bekommen. Diese stark kindlichen, regressiven Ich-Anteile treibt ein unstillbares Verlangen nach Geborgenheit und liebevoller Zuwendung durch Bezugspersonen. Der unstillbare Hunger nach Liebe lässt sich kaum befriedigen, es scheint nie genug zu sein. Es wirkt, als seien die Jugendlichen »süchtig« nach Kontakt und Aufmerksamkeit. Das Belohnungssystem braucht ständig neue bestätigende Impulse durch soziale Verstärkung. Neben der Suche nach Kontakt besteht gleichzeitig aber oft auch die Angst vor Nähe, sodass die Beziehungsversuche widersprüchlich und ambivalent erscheinen (unsicheres ambivalentes Bindungsmuster). Wie kleine Kinder wünschen sich die Jugendlichen Aufmerksamkeit, können aber dann die Aufmerksamkeit nicht aushalten und vermeiden das Entstehen einer vertrauensvollen Beziehung. Viele können erst viel später, am Ende der Therapie, über die Angst vor der Wiederholung von Verlusterlebnissen sprechen. Verlustängste treiben die Abwehr von Bindungsangeboten voran. Die Droge ist hier oft die regulierende dritte Macht, mit deren Hilfe Nähe aushaltbarer erscheint und Verlustängste gedämpft werden können. Die Betroffenen bleiben auch nach der Therapie in einer starken Abhängigkeit zur Droge, wenn sie nicht lernen, die Angst vor dem Verlassenwerden selbständig (autonom)

3.2 Bindung, Sucht und Trauma: Sicherheit suchen

und selbstwirksam zu regulieren. Die Autonomieentwicklung ist aber bei Suchtpatienten aufgrund der stark regressiven Züge und des Kontrollverlusts erheblich eingeschränkt. Ein Teufelskreis, aus dem es ohne korrigierende Bindungserfahrung kaum ein Entrinnen gibt. Viele Jugendliche, die früh in eine Suchtstörung geraten sind, haben mit Verlustängsten zu kämpfen. Auch bei Jugendlichen mit Borderline-Störungen kennt man das massive Agieren mit Selbstverletzung, Suizidalität und Spaltung aufgrund »innerer Leere« und tief empfundener Angst vor dem Verlassenwerden (Kernberg 1999).

Jede sichere Bindung ist durch eine sichere Objekt- und Bindungsrepräsentation gewährleistet. Die Bindung bezieht sich auf ein Objekt (die Mutter), das imaginiert auch zur Verfügung steht, wenn das Objekt real nicht anwesend ist. Das Kind lernt im ersten Jahr, die Abwesenheit der Mutter durch ein inneres Bild von ihr zu kompensieren. Diesen Vorgang nennt man Objektpermanenz (Piaget & Inhelder 1972), d. h. das Kind weiß nach einer Übergangszeit, dass die Mutter wiederkommt, auch wenn sie gerade den Raum verlassen hat. Das gehaltene innere Bild (die Objektpermanenz) der Mutter gibt dem Kind die Sicherheit, dass die Mutter sich nicht »aufgelöst« hat, sondern als reale Figur weiter verfügbar bleiben wird. Diese Mentalisierungsleistung kann durch Übergangsobjekte (Winnicott 1979) unterstützt werden. Die Objekttheorie geht davon aus, dass es z. B. Borderline-Patienten sehr schwer fällt, die inneren Objekte zu »halten« (Kernberg 1978). Die inneren Objekte, so die Theorie, verblassen sehr schnell, sie verschwimmen und die Bindung zum (inneren) Objekt geht verloren. Auf mentaler Ebene vollzieht sich ein ständiges Verlusterlebnis, ein Verlorengehen imaginärer Objekte auf der inneren Bühne. Die Anwesenheit von Bezugspersonen muss ständig neu bestätigt werden, um Sicherheit in der Bindung und die Verstärkung des sozialen dopaminergen Belohnungssystems zu erzeugen. Sicherheit ist nur für kurze Zeit im Hier und Jetzt erlebbar, es fehlt eine dauerhafte imaginierbare und verkörperlichte Wirklichkeit von Bindung als Objektpermanenz. Die Objekttheorie (Anna Freud, Melanie Klein, Otto Kernberg u. a.) hat diese Problematik anhand der Borderline-Störung aufgezeigt (Kernberg 1999), um die Panik des

Verlassenwerdens zu erklären. Wir wissen inzwischen, dass Bindung und Trauma für die Pathogenese der Borderline-Störung eine große Rolle spielen. Das Agieren mit Spaltung, Suizidalität, Selbstverletzung und Stimmungsschwankungen hat meist extrem bindenden und kontrollierenden Charakter.

3.2.10 Bindungsstörungen und Abhängigkeit

Bindungsstörungen werden nach dem 12. Lebensjahr kaum noch thematisiert und »verschwinden« diagnostisch zumeist in anderen Störungsbildern, die mit Beginn der Pubertät im Vordergrund stehen. In der Arbeit mit früh und schwer abhängig gewordenen Jugendlichen begegnen wir vielen, die eine ausgeprägte Komorbidität zeigen, diagnostisch aber im Verlauf nur schwer festlegbar sind. Die jugendlichen Patienten wechseln im Lauf der Therapie ihre Symptome und ihre Diagnosen. Die Symptome wirken dennoch authentisch und lassen sich auch testdiagnostisch signifikant erfassen. Meist durchlaufen diese Patienten verschiedene Krisen und Phasen, oft erleben sie einen »Verhaltensrückfall« in einen starken Suchtdruck, Kontrollverlust und fehlende Absprachefähigkeit.

> Eine Patientin, die zunächst depressiv und überangepasst erschien, zeigt einen Monat später (nach einer Krise mit Suchtdruck und starken Abbruchgedanken) Symptome einer Anorexie. Sie isst nicht mehr und nimmt ab. Das Team steht vor der Entscheidung, restriktive Maßnahmen zu ergreifen oder dieses neue Essverhalten besser nicht durch Aufmerksamkeit negativ zu verstärken. Das Team entscheidet sich für letzteres. Einige Wochen später kommt es erneut zu einer Krise mit starkem Suchtverhalten und Abbruchwünschen. Danach verschwindet die Essstörung und es steht ein Borderline-ähnliches Beziehungsverhalten mit Aggression, Selbstverletzung und Spaltung im Vordergrund. Was vom klinischen Verlauf verwirrend erscheint, macht Sinn, sobald die Bindungsebene diagnostisch ins Spiel kommt: Im Sinne einer emo-

3.2 Bindung, Sucht und Trauma: Sicherheit suchen

tionalen Nachreifung spielt die Patientin verschiedene Bindungsmuster durch und wechselt damit auch die Symptome. Insgesamt wird eine reaktive Bindungsstörung (ICD-10: F94.1) sichtbar, die aber durch Resilienzen der Patientin so funktional gehalten wird, dass die wechselnden Störungsbilder wie Abwehrstrategien gegen eine tiefere Ich-Struktur-Störung wirken. Am Ende lässt die Patientin auch das Borderline-ähnliche Muster los und es gelingt über mehrere Konfliktkonfrontationen, in denen die Patientin jetzt aber stabiler bleibt, eine »korrigierende Bindungserfahrung« (Brisch 2009). Sie schafft es, Sicherheit für sich herzustellen und erlebt Nähe und Konflikt nicht mehr als hauptsächlich bedrohlich. Sie kann Bindungsangebote besser zulassen und muss diese (trotz bestehender und z. T. regressiver Bindungswünsche) nicht reflexhaft abwehren bzw. zurückweisen.

Der ICD-10 (ebenso der DSM-V) kennt nur zwei verschiedene Bindungsstörungen (BST):

- die reaktive Bindungsstörung des Kindesalters (Typ I, F94.1) und
- die Bindungsstörung des Kindesalters mit Enthemmung (Typ II, F94.2).

Eine gelungene Definition von BST lautet: »Bindungsstörungen sind klinische Syndrome, die durch Abweichung im kindlichen Bindungsverhalten charakterisiert sind. Hierbei ist entweder die Entstehung oder das Funktionieren der primären Bindungsbeziehung gestört. Diese Auffälligkeiten entwickeln sich als Resultat von ungünstigen Erfahrungen (oder einem kompletten Mangel an diesen) des Kindes mit der primären Bezugsperson« (Shaw et al. 2001). Da das Bindungssystem des Kindes niemals isoliert für sich allein betrachtet werden kann, weil es immer auf ein Gegenüber bezogen bleibt, ist diese Definition schlüssig. Und gleichzeitig wird das Problem der Therapie von Bindungsstörungen sichtbar: Es geht nicht ohne die Eltern, die den Pol ausmachen, auf den sich das kindliche Bindungsverhalten ständig bezieht. Kinder sind sehr oft Symptomträger des Familiensystems (Bateson 1965). Die transgenerationale Vererbung von Bindungsthemen sorgt für eine zwingende Loyalität.

Allerdings muss auch vor kausalen Deutungen und voreiligen Systemdiagnosen gewarnt werden. Ein einfacher eindimensionaler Rückschluss vom Bindungsverhalten des Kindes auf das Familiensystem ist nicht zulässig.

F94.1 Reaktive Bindungsstörung des Kindesalters (Typ I)

- Beginn vor dem 5. Lebensjahr
- Widersprüchliche soziale Reaktionen in verschiedenen sozialen Situationen
- Emotionale Störungen (Rückzug, Aggression, Traurigkeit etc.)
- Zeitweise soziale Ansprechbarkeit in Interaktion mit gesunden Erwachsenen, mit Phasen der fehlenden Ansprechbarkeit wechselnd
- Keine tiefgreifende Entwicklungsstörung (z.B. Autismus)
- Furchtsamkeit und Übervorsichtigkeit
- Eingeschränkte soziale Interaktion mit Gleichaltrigen
- Gegen sich selbst und andere gerichtete Aggression
- Wachstumsstörung möglich
- Oft Folge schwerer elterlicher Vernachlässigung, Missbrauch, Misshandlung

F94.2 Bindungsstörung mit Enthemmung (Typ II)

- Anhaltende diffuse Bindung in den ersten fünf Lebensjahren
- Fehlende selektive Bindung (keine oder fehlende Trostsuche)
- Wenig modulierte soziale Interaktion, bleibt im Verhalten sehr konstant
- Anklammerndes, Aufmerksamkeit heischendes oder unterschiedslos freundliches (distanzloses) Verhalten, wahlloses (promiskuitives) Bindungsverhalten
- Kontakt- und Bindungsverhalten besteht situationsübergreifend und konstant

3.2 Bindung, Sucht und Trauma: Sicherheit suchen

Beide Formen von Bindungsstörungen wird man bei schwer und früh abhängig gewordenen Jugendlichen oft finden. Die **reaktive Bindungsstörung** erschwert den therapeutischen und pädagogischen Zugang zu jugendlichen Patienten erheblich, da sie ressourcenorientiertes und wertschätzendes Arbeiten abwehren. Sie haben Angst vor der Nähe. Verwirrend ist, dass sie gleichzeitig durch dramatisierendes, dissoziales oder bizarres Verhalten alles dafür tun, um doch Aufmerksamkeit zu erhalten. Therapeutisch liegt die Herausforderung darin, eine Antwort zu finden, die das abwehrende Bindungsverhalten bis zu einem gewissen Grad »mitgeht«, es wertschätzend begleitet, es gleichzeitig aber auch spiegelt und schrittweise thematisiert. Gerade diese Patienten profitieren nicht unbedingt von extrem niedrigschwelligen Angeboten, sondern brauchen klare, starke, diskussionsunabhängige Regeln, die auch durchgesetzt werden müssen. Die Patienten brauchen systemischen Druck von außen. Zu viel Nähe macht ihnen Angst, eher profitieren sie von knappen, aber unmissverständlichen Ansagen, weil das ihnen Sicherheit vermittelt. Klarheit, Eindeutigkeit und Distanz sind besser einschätzbar.

So ging es auch *Ferris*. Er hatte große Schwierigkeiten, sich an die Stationsregeln zu halten. Er protestierte und kämpfte immer wieder in Runden gegen die Erwachsenen, wobei er die Mitpatienten auf seine Seite zu ziehen versuchte. Er stellte den Sinn der Therapie in Frage, gleichzeitig zielte sein Verhalten auf maximale Aufmerksamkeit und Akzeptanz. Schließlich begrenzten wir seine Anwesenheit in der Gruppe. Er durfte nur an Gruppenaktivitäten teilnehmen, wenn Betreuer anwesend waren. Den Rest der Zeit verbrachte er im Ruheraum. Er wurde in seiner Rede und in seinem Einfluss auf Mitpatienten begrenzt. Er beruhigte sich und wurde eher traurig und still. Das Thema Verlustängste und Adoptiertsein konnte jetzt emotional eingebracht werden.

Die **Bindungsstörung mit Enthemmung** ist ebenfalls häufig zu beobachten, besonders bei abhängigen Jugendlichen mit wahllosem bzw. polytoxikomanem Konsumverhalten (F19.1, F19.2). Es fällt auf, dass Jugendliche mit wahllosem Bindungsverhalten und sexueller

Promiskuität auch wenig selektiv entscheiden, welche Drogen sie konsumieren wollen. Es scheint, dass ihnen jede Droge, jedes Mittel recht ist, alles wird ausprobiert, je nachdem, mit wem sie gerade zusammen konsumieren. Es findet keine Reflexion darüber statt, welche Droge besser passen könnte oder ob es vielleicht besser wäre, bestimmte Drogen wegzulassen. Polytoxikomanie ist oft ein Zeichen für ein promiskuitives Bindungsverhalten: Jede Droge ist ok, Hauptsache, der »Kick« kommt. Diese Patienten konsumieren Crystal Meth, Kokain, Ecstasy, THC, Speed, Pepp und Alkohol hintereinander oder gleichzeitig. Meist gelingt es diesen Jugendlichen nicht, eigene Bedürfnisse von denen anderer Menschen abzugrenzen und zu formulieren.

So erging es zum Beispiel auch *Heiko:* Er richtete seine Bedürfnisse immer nach denen der anderen aus, nur um ihnen zu gefallen oder ihnen nahe zu sein. Er erlebte dann, dass andere dies als unauthentisch empfanden und Abstand zu ihm hielten, was ihn subjektiv in seinem Gefühl des Ungeliebtseins (Pflegefamilie) zu bestätigen schien. Somit hielt er durch sein enthemmtes Bindungsverhalten die Bestätigung seines Selbstbildnisses aufrecht. Die Therapie versuchte, ihm im Sinne einer korrigierenden Bindungserfahrung zu spiegeln, dass er in seinen Kontaktversuchen oft nicht spürbar war und man »innerlich abschaltete«, wenn er sprach. Dies weckte in ihm große Verzweiflung und er geriet in eine Krise, die sich nach einiger Zeit massiv entlud. Danach begann die Gruppe mehr zu spüren, was Heiko wollte und worin wirklich seine Wünsche bestanden. Er wurde vorsichtiger im Kontaktverhalten, umso mehr war die Gruppe plötzlich bereit, ihn zu integrieren.

3.2.11 Bindungsstörung mit Suchtverhalten

Es gibt weitere Konzepte für Bindungsstörungen, die der Tatsache gerecht werden wollen, dass nach der ICD bisher nur zwei Bindungsstörungen diagnostizierbar sind, es aber laut Forschung in-

3.2 Bindung, Sucht und Trauma: Sicherheit suchen

zwischen möglich ist, viel differenziertere Unterscheidungen zwischen mehreren Bindungsstörungen auszumachen. So gibt es z. b. bei Brisch (2009, 2015) den Vorschlag der Definition einer »**Bindungsstörung mit Suchtverhalten**«. Es ist denkbar, dass das Suchtverhalten der Jugendlichen auch ein spezifisches Bindungsverhalten darstellen könnte. Dies gilt vor allem für Jugendliche und Kinder, die nicht gelernt haben, sich selbst zu regulieren und aufgrund traumatischer Erfahrungen kein kohärentes Selbst entwickeln konnten. Der soziale Verstärker ist kompliziert und vielschichtig. Wenn Nähe Angst macht und als bedrohlich erlebt wird, weil Nähe als Trigger implizite (unbewusste) Erinnerungen an negative, traumatische und destruktive Bindungserfahrungen weckt, wird der soziale Kontakt mit anderen eher vermieden. Oder es entwickelt sich eine Art Wiederholungszwang, bei dem der Jugendliche in einen Sog zu geraten scheint und immer wieder dasselbe destruktive Bindungsverhalten wiederholt, entweder aufgrund der Macht der Gewohnheit oder aus dem Wunsch heraus, eine Korrektur zu erreichen. Diesen Wiederholungszwang kennt man auch von Traumafolgestörungen (Huber 2003). Viele Jugendliche mit Gewalterfahrungen in der Familie suchen sich in der Adoleszenz wiederum einen gewalttätigen Partner. Transgenerational wiederholt sich ein Muster gewaltvoller Abhängigkeitsbeziehung. Das Gleiche gilt für Bindungsmuster. Man stellte fest, dass die Verhaltensstrategie, welche bereits im Säuglingsalter vorlag, auch bei 70 % der Erwachsenen vorzufinden war und an die nächste Generation weitergegeben wird (Rygaard 2006). Soziale Geborgenheit mit Beteiligung des Belohnungssystems ist schwerer herstellbar, wenn man sie nicht selbst erlebt hat: Das Vertrauen in Sicherheit, Geborgenheit und soziale Belohnung existiert dann nicht als gespeicherte und abrufbare Bindungserfahrung.

Auf molekularer neurophysiologischer Ebene entsteht eine Mangelsituation: Dem Belohnungs- und Bindungssystem fehlen neben Oxytocin als Vermittler der sicheren Bindung und Dopamin als Belohnungstransmitter auch Endorphine. Findet keine soziale Verstärkung auf Bindungsebene statt, fehlt, einfach gesagt, auch der Kick durch Opiate. Die Stimulation von Endorphinrezeptoren im ventralen Tegmentum des Gehirns desinhibiert das dopaminerge Belohnungssystem (BS). Die Wirkung von Dopamin im BS wir also verstärkt. Gleichzeitig haben Endorphine auch einen besonderen Bezug zum Bindungssystem. Das Erleben der »sicheren Basis« ist an eine Endorphinausschüttung gekoppelt und hat einen ähnlichen emotionalen Effekt wie der Konsum exogener Opiate (Panksepp 1998). Ein Artikel im Lancet provozierte vor einiger Zeit mit der ironischen Frage, ob Bindung nicht eine Art Suchtstörung sei (Insel 2003). Heroin, Opium oder Morphium sind für ihr hohes Abhängigkeitspotential bekannt. Der Grund: Heroin, direkt i.v. in die Vene injiziert, führt zu einem Rausch, der sehr schnell im Hirn anflutet und daher extrem »kickt« (Backmund 2007). Aber wohl noch bedeutsamer ist: Heroin löst ein physisches Gefühl vollkommener Geborgenheit aus. Diese Geborgenheit ist verbunden mit einem Erleben von Aufgehobensein und Einssein mit Körper, Geist und Welt. Das Ergebnis ist ein extremer regressiver Verschmelzungszustand, in dem sich die Gespaltenheit des Ichs auflöst und alle kognitiven Maßstäbe von Wirklichkeit und Bewusstsein zurücktreten. Abhängige sprechen von einem Uterus-Gefühl, von dem Erleben eines Ur-Zustandes, vielleicht vergleichbar mit dem pränatalen dyadischen Aufgehobensein in der Verbindung mit der Mutter. Somit ist auch verständlich, warum die bereits oben erwähnte Patientin sagte: »Heroin ist mein Retter«. Nur so ist zu verstehen, warum sich ein kluges und verständiges Mädchen, das sich der Destruktivität der Droge durchaus bewusst ist, einer solch verkennenden Verherrlichung hingibt. Ihre Verlorenheit auf der Bindungsebene muss unermesslich gewesen sein.

Zusammenhang von Bindungsmuster und Konsumverhalten am Beispiel der Opiate

Damit stellt sich die Frage der speziellen Beziehung zwischen Bindungsmuster (Bindungsverhalten) und Art der Droge (dem Konsumverhalten). Tatsächlich gibt es Studien, die diesen Zusammenhang untersucht haben (Khantzian 1985, Schindler 2013). Bisher gibt

3.2 Bindung, Sucht und Trauma: Sicherheit suchen

es aber zu wenig Vergleichsstudien, die eindeutige Musterzuordnungen erlauben würden. Über den Zusammenhang von enthemmtem, promiskuitivem Bindungsverhalten und polytoxikomanem Suchtverhalten wurde bereits gesprochen. Hier zeigt sich die enge Verflechtung des motivationalen Belohnungs- und des Bindungssystems auf destruktive Weise.

In einer Studie mit Heroinabhängigen (mit polytoxem Beikonsum; N = 71) im Alter von 14 bis 25 Jahren zeigte sich, dass diese vorwiegend ängstlich-vermeidend gebunden waren. Die drogenfreie Kontrollgruppe aus Geschwistern (N = 37) war vorwiegend sicher gebunden (Schindler et al. 2005). Darüber hinaus korrelierte das Ausmaß der ängstlich-vermeidenden Bindung mit der Schwere der Abhängigkeit. Unabhängig von der Schwere der Abhängigkeit korrelierte das Ausmaß der ängstlich-vermeidenden Bindung auch mit dem Vorliegen komorbider psychischer Störungen. Nach dieser Studie wurde argumentiert, dass Menschen »mit ängstlich-vermeidender Bindung nicht über bindungsbezogene Bewältigungsstrategien« verfügen (Schindler et al. 2005, Brisch 2013, S. 20). Es wurde auf eine Ersatzfunktion des Heroins für fehlende Bindungsstrategien geschlossen.

Die Frage bleibt, ob Opiate einen Sonderfall darstellen oder ob bei anderen Drogen, die ebenfalls auf das Belohnungssystem wirken, eine ähnliche Korrelation von typischem Bindungsverhalten und Drogenart sichtbar wäre. Durch Tierversuche weiß man über die Opiate bisher am meisten: Endorphinmangel verstärkt bei Tieren das Bedürfnis nach Zuwendung. Die Gabe von Opiaten verringert dagegen dieses Bedürfnis ebenso wie den »Trennungsschmerz« von Jungtieren bei Trennung von der Mutter. Wird Tiermüttern ein Opiat verabreicht, so reduzieren diese die Pflege ihres Nachwuchses. Außerdem lässt sich die analgetische Wirkung durch die Anwesenheit verwandter Tiere steigern (Panksepp et al. 1998, 2013). Es ließe sich daraus ein »Opiatdefizithypothese« zur Erklärung von Sucht überhaupt ableiten (Trigo et al. 2010). Man könnte auch weiter vermuten, dass ein Opiatdefizit ein biochemisches Korrelat für eine unsichere Bindung darstellen könnte (Zeifman & Hazan 1997). Eine unsichere

Bindung würde demnach »mit einer unvollständigen Konditionierung, einer mangelhaften Verfügbarkeit von Endorphinen und einer erschwerten Stimulation des Belohnungssystems einhergehen« (Schindler 2013, S. 22).

3.2.12 Bindungstrauma, desorganisierte Bindung und Ego-States

Wenn wir (wie im Kapitel 3.1.13 beschrieben) davon ausgehen, dass die Entwicklung vom Säugling zum Jugendlichen und Adoleszenten darin besteht, dass sich Ich-Zustände (Ego-States) ausdifferenzieren, ist dies natürlich auch auf der Bindungsebene höchst relevant. Es stellt sich die Frage, was mit der Organisation des Bindungssystems geschieht, wenn es durch sequentielle Traumatisierung zu einer strukturellen Dissoziation zweiten oder dritten Grades kommt (strukturelle Dissoziation nach Nijenhuis 1998, 2003). Das Bindungsverhalten, das Kinder mit desorganisierter Bindung in der fremden Situation zeigen (Main & Solomon 1990), macht einen Konflikt zwischen zwei verschiedenen Systemen deutlich: Das Bindungssystem sucht den sicheren »Hafen« der Primärbindungsperson, das Abwehrsystem sucht den Rückzug von ihr, da weitere Übergriffe erwartet werden. Peichl sagt dazu: »Dieses Bindungsdilemma scheint mir die Mutter aller destruktiven traumatischen Beziehungen zu sein« (Peichl 2017). Der Hinweis, dass sich nach Carlson et al. (1989) dieses Bindungsmuster bei über 80 % aller misshandelten Kinder wiederfindet, unterstreicht die Tatsache, dass es sich um ein besonderes, traumaassoziiertes Bindungsverhalten handelt, in dem Dissoziation und Trauma gleichermaßen eine Rolle spielen.

Schon früh wurde beschrieben, dass Menschen seltsam loyal gegenüber ihren deprivierenden, zurückweisenden frühen Bindungsfiguren seien (Fairbairn 1952). Diese Loyalität wird durch das Bedürfnis erklärt, überhaupt ein inneres Objekt für eine Bindung zu haben, auch wenn es sich um ein schädigendes handelt. Ein Besetzungsabzug oder ein Verlust solcher Objekte würde zu einer leeren inneren Welt

3.2 Bindung, Sucht und Trauma: Sicherheit suchen

führen. Eine objektlose Welt, die ohne Möglichkeit von Identifizierung bliebe, ist für Kinder eine ultimative psychische Gefahr. Für die Therapie von früh komplex traumatisierten Kindern und Jugendlichen ist dies ein sehr wichtiger Aspekt: Welcher Teil der elterlichen Objekte kann Bestand haben, weil er nicht böse, betrügerisch, missbrauchend usw. ist (Streeck-Fischer 2006)? Auch wenn das Kind in einer missbräuchlichen und verletzenden Beziehung aufwächst, muss es die Bindung an den Täter aus Überlebensgründen aufrechterhalten, auch wenn dies eine reale Bedrohung darstellt. Das Ergebnis ist die dissoziative Aufspaltung des eigenen Selbst und die Objektrepräsentanz der primären Bindungsperson in konträre Ego-States. »Gute« Erfahrungen des Versorgt- und Geschätztseins müssen von »bösen« Erfahrungen der Hilflosigkeit und Angst vor Missbrauch getrennt werden. Auf diese Weise kann (Blizard 2001) eine überlebenswichtige dynamische Selbst-Objekt-Einheit (Kernberg 1999) mental stabilisiert werden. Andernfalls droht die totale Deprivation. Geschicht diese Dissoziation sehr früh, ist das Kind nicht in der Lage, ein kohärentes Selbst zu entwickeln. Es bleiben multiple, inkohärente innere Arbeitsmodelle von Bindung und von Selbstmodellen dissoziiert (unverbunden) nebeneinander stehen. Es bilden sich voneinander getrennte Ego-States (Ich-Anteile) mit jeweils unterschiedlicher Motivation und unterschiedlichem Bindungsverhalten: Es gibt States, die fliehen wollen (flight-Modus) und andere, die Schutz suchen müssen (Bindungs-Modus).

Anja war auf ihrer inneren Bühne genau in diesem Dilemma: Ihr Ziel musste sein, die Bindung zum missbrauchenden Familiensystem zu schützen, weil sie existentiell abhängig war. Nur über das Familiensystem konnte sie noch Kontakt zur sehr kranken Großmutter halten, die die wichtigste Primärbindungsperson und Vertraute darstellte. Anja entwickelte einen »ängstlich-abwesenden Bindungsstil« (Blizard 2001) und einen masochistischen, kindlichen Ego-State. Der reaktive Hass, der sich aus dem Wunsch zu kämpfen aufstaute, richtete sie in der Selbstentwertung gegen sich selbst. Hinzu kam ihre Scham und Schuld aus späteren Missbrauchserfahrungen. Die masochistische Abwehr (Peichl 2017) löste bei ihr Impulse der Unterwerfung und Selbstverletzung aus. Sie war schmerzunempfindlich geworden und brauchte die Selbstverletzung, um sich selbst spüren und bestrafen zu können. Auf der inneren Bühne gab es außerdem die »innere Betäuberin« (»Kioskmädchen«), die als Beschützerin zu starke selbstdestruktive Kräfte betäuben konnte. Damit schloss sich also der Kreis von Sucht, Trauma und Bindung als Aufstellung auf der »inneren Bühne«.

Van der Hart (1997) beschreibt eine typische Aufspaltung von vier Ego-States, die ein Kind nach extremer Traumatisierung oftmals zeigt: das traumatisierte Kind, ein Täterintrojekt, einen inneren Beobachter und den ANP (Anscheinend Normale Persönlichkeit). Diese Kinder entdecken womöglich schon mit zehn, elf oder zwölf Jahren, dass sie auf der »inneren Bühne« durch Selbstbetäubung selbst Entlastungspotential schaffen können. Selbstmedikation und chemische Dissoziation bieten die Möglichkeit von subjektiv erlebter, aber nur scheinbarer Selbstwirksamkeit. Dissoziation ist jetzt nicht mehr das Gift in jeder Beziehung, sondern die chemische Dissoziation coupiert (verdeckt) die Aggressivität der Trigger, die Angst und die Brutalität der Welt. »Schlaf ruhig, liebe Ich-Familie«, sagt das »Nebelkind« oder das »Kioskmädchen«, und weiß schon, wie es gehen kann. Es wird schwer, in der Therapie mit dem »Kioskmädchen« ins Geschäft zu kommen, denn es beschützt seine Welt. Für den Dealer ist es weniger ein Problem.

3.3 Theorie und Praxis: Folgerungen für die Therapie

3.3.1 Sucht, Kindheit und Jugend

Die oben beschriebene Psychopathologie von Sucht und Trauma gilt grundsätzlich für Erwachsene wie Kinder, aus Kindern werden Er-

3.3 Theorie und Praxis: Folgerungen für die Therapie

wachsene. Dann ist es allerdings eventuell zu spät. Es gibt Unterschiede hinsichtlich der Zeitfenster, in denen bestimmte Mechanismen greifen: Bei einer frühkindlichen Traumatisierung ist das Bindungssystem unmittelbar betroffen, weil es sich in den ersten Jahren besonders prägen lässt und die Bindungsmuster dann ein Leben lang recht stabil bleiben (▶ Kap. 3.2). Das Gehirn ist bei Jugendlichen in der Pubertät noch nicht ausgereift (Giedd 2015). Die Gehirnaktivität ist bei Kindern ungefähr doppelt so hoch wie bei Erwachsenen, es gibt mehr und flexiblere Verschaltungen, was bedeutet, dass sich das Gehirn besser prägen und umstrukturieren lässt, sowohl zum Schlechten wie zum Guten. Das triggerbare implizite Priming-Gedächtnis, das in dieser Zeit am meisten lernt und Grundlagen für das weitere Leben schafft, ist hier am vulnerabelsten für dysfunktionale Prägungen. Eine Therapie, die schnell und kindgerecht integrativ (trauma- und bindungsfokussiert) handelt, wird die entscheidende Prävention auch bezüglich einer späteren Suchtentwicklung sein. Und gerade die früh süchtig gewordenen Jugendlichen haben oft massive Traumaerfahrungen in sich, die die strukturelle Integrität des Selbst schon angegriffen haben. Die Zeit des noch flexiblen plastischen neuronalen Netzwerks sollte unbedingt genutzt werden. Süchte treten auch bei Kindern auf, die Suchtmittel sind jedoch andere als später bei Jugendlichen. Vor allem das Essverhalten, der Medienkonsum, sexuelle Auffälligkeiten und zwanghaft wirkende Verhaltenssüchte (Stehlen, Lügen, dissoziale Verhaltensweisen aufgrund fehlender Frustrationstoleranz und erhöhter Impulsivität) stehen im Vordergrund. Diese Anzeichen rechtzeitig zu erkennen und ausreichend früh in präventiv-therapeutische Maßnahmen zu investieren, sollte das Ziel sein.

3.3.2 Fünfzehn Regeln für die therapeutische Praxis

1. Belohnungsaufschub durch Bindung fördern: Die Fähigkeit von Kindern, auf eine sofortige Belohnung (dopaminerge Stimulation des Belohnungssystems) zu verzichten, wird durch sichere Bindung vermittelt und verstärkt. Der Erfolg des Aufschubs wird endorphinerg erinnert. Diese sublimierende Leistung ist eine zentrale Fähigkeit, die die Zukunft der Kinder stark beeinflusst. Die korrigierende Bindungserfahrung hat eine Auswirkung auf die Impulsivität, die Nachgiebigkeit und den Belohnungsaufschub.

2. **Narrative ermöglichen:** Das implizite Gedächtnis hat durch die Umgehung des Hippocampus die Kontrolle übernommen, die Narrative haben ihre integrative Wirkung eingebüßt. Psychoedukation ist der erste Schritt einer Reinstallation von Sprache. Imaginäre Stabilisierungstechniken zur Förderung der Selbstkontrolle bauen darauf auf. Schuld, Scham und dysfunktionale Kognitionen werfen sich in den Weg, sie zwingen zur Wiederholung des immer gleichen Erzählens. Nur langsam können alternative Deutungsweisen zugelassen werden. Die Traumaerzählgeschichte ermöglicht Externalisierung, EMDR bietet eine Mitarbeit des Durcharbeitens einer fragmentierten Erzählung ohne Körper. Es geht darum, der Erzählung wieder eine Leiblichkeit zu geben.

3. **Nähe-Distanz-Regulation achten:** Das therapeutisches Bündnis kann für die Jugendlichen ein verwirrendes oder bedrohliches Angebot sein. Die richtige Antwort auf das traumatisierte und durch den Rausch korrumpierte Belohnungs- und Bindungsverhalten zu finden, ist das Gebot der therapeutischen Beziehung. Die Balance von Nähe und Distanz ist *immer* Thema und bestimmt das therapeutische Verhalten. Es kommt der Moment, da die Nähe-Distanz-Regulierung des Patienten selbst thematisiert werden muss, dabei geht es um die fehlende Fähigkeit, selbstschützende Grenzen zu ziehen und sich zugleich auf gesunde Weise verbunden zu fühlen. Die Droge reguliert dieses Defizit.

4. **Chemische Dissoziation bedenken:** Der Entzug der Drogen als chemisches Dissoziationsmittel weckt das Potential posttraumatischer dissoziativer Symptome, die bis dahin durch den Rausch unterdrückt wurden. Da oft das Ausmaß von möglichen Traumatisie-

3.3 Theorie und Praxis: Folgerungen für die Therapie

rungen vor und während des Konsums nicht bekannt ist, brauchen die Jugendlichen initial zunächst Techniken der Stabilisierung, Reorientierung und Ressourcenentwicklung, damit der plötzlich auftretenden Traumasymptomatik Selbstwirksamkeit entgegnet werden kann. Psychoedukation rahmt die Vorbereitung, die am besten schon vor dem Entzug beginnt.

5. Die Droge als Bindungsfigur wahrnehmen: Die Droge ist oft das Ersatzmittel für nicht erfüllte und gescheiterte Bindungswünsche in einem Familiensystem. Nimmt man die Droge weg, so klafft eine schmerzhafte Lücke: Dort, wo wenigstens noch die Illusion von Verbindung durch einen gemeinsamen Rausch erzeugt werden konnte, ist bei Verlust der Droge die innere Leere und die Angst vor Einsamkeit unentrinnbar. An dieser Erfahrung kommen die früh abhängigen bindungstraumatisierten Jugendlichen nicht vorbei.

6. Auf die Sprache des Körpers achten: Die fragmentierte Erinnerung betrifft auch den Körper. Körper-States (Schmerz, Lähmung, Entfremdungserleben) geben oft sprachlose Auskunft über das traumatische Geschehen und wollen gesehen und integriert werden. Taubheit und Betäubung gehen zusammen.

7. Wechsel auf der inneren Bühne erkennen: Viele früh und schwer (polytoxisch) abhängig gewordene Jugendliche lassen nach dem Entzug wechselnde Ich-Zustände mit unterschiedlichen Bindungsmustern, Altersstufen, Affekt- und Kognitionsweisen erkennen. Die Patienten merken dies oft nicht. Sie können sich oft auch nicht mehr an ein frühkindliches komplexes sequentielles Trauma erinnern. Die innere Bühne benennt die Anteile und bringt die innere Dynamik ans Licht. Sie wertschätzt den inneren Betäuber.

8. Schuld und Scham konfrontieren: Schuld und Scham sind *die* Affekte von Sucht und Trauma, die eine Therapie erschweren, die aber auch in der Arbeit von Therapeuten vermieden werden. Ohnmacht wird übertragen. Schuld muss unbedingt inhaltlich fokussiert und systemisch entlastet werden. Scham ist das Gefühl der überwältigten Intimität, des Kontrollverlusts, das durch eine neue Errichtung von Selbstwirksamkeit, durch gefestigte Ich-Grenzen besänftigt werden kann.

9. **Kognitive Defizite framen:** Abhängige und traumatisierte Jugendliche halten sich für »doppelt verblödet« und die IQ-Testung fällt tatsächlich schlecht aus. Angst und Resignation sind verständlich, aber der Rahmen stimmt nicht: Das Denken kreist um nichts als die Sucht, die Konzentration ist gestört, die Zeit zerrissen, Erinnerungen springen und die Emotionen sind korrumpiert von Schrecken und Craving. Die Psychoedukation und die Korrektur der Selbstwahrnehmung sind das Ziel.

10. **Ressourcen und Belohnung installieren:** Die Resilienzen aufdecken: Welche Fähigkeiten existieren bereits? Raus aus der Negativhypnose. Das Problem ist: Selbstabwertung entschuldigt und entlastet von der Angst zu scheitern. Die Entwicklung von Ressourcen muss an Belohnung (soziale Verstärkung, Bindung) gekoppelt sein. Eine Bindungsstörung kann dies erschweren.

11. **Aufklärung über neuronale Entwicklung und Pubertät:** Was ist normal? Was ist krank? Die Verstörung über die eigene »Asozialität« und »Kaputtheit« führt bei abhängigen und traumatisierten Jugendlichen oft zu einem Verlust der Orientierung hinsichtlich Normalität: Wie komme ich richtig in der Gesellschaft an? Was ist pubertär? Wie weit darf ich Grenzen austesten? Es gibt neurobiologische Antworten. Die Basis ist aber Affektvalidierung.

12. **Triggeranalyse und –kontrolle:** Das implizite (unbewusste) konditionierte Gedächtnis koppelt intensiv erlebte Verhaltensweisen an Außenreize, die das Verhalten später auslösen können (Trigger). Es entsteht ein triggerbares, unbewusstes Trauma-, Sucht- und Bindungsgedächtnis. Ziel ist es, die Trigger zu erkennen und Kontrolle über sie zu erreichen. Es kann auch gelingen, sie zu löschen.

3.3 Theorie und Praxis: Folgerungen für die Therapie

13. Rückfallprävention heißt Wiederholungszwänge lösen: Die zwanghafte Rückkehr des Opfers an den Tatort, das blinde, wiederkehrende Hineingeraten in gewaltsame Beziehungen, das stetige Treffen auf Drogen konsumierende Mitmenschen... all das zeigt, wie schwer es ist, Muster zu durchbrechen. Die alten Lösungsmuster durch neue zu ersetzen ist das Ziel.

14. Die Zeit in Ordnung bringen: Das Trauma zerstört den Ablauf der Zeit, Flashbacks und Ego-States machen die einbrechende Vergangenheit übermächtig. Bindungsstörungen lassen die Jugendlichen ihre zerstörte Kindheit ohne Aussicht auf Reifung wiederholen. Die Sucht treibt in die Regression ohne Eigenverantwortung, ein Leben im Rückwärtsgang ohne Zukunft. Die Zeit muss sortiert werden, die Entwicklung und Reifung soll wieder möglich werden. Das Kind muss beim Namen genannt werden, damit es wachsen kann. Erinnerungen mit zu viel Macht über die Gegenwart müssen gelöscht werden (z. B. EMDR).

15. Sicherheit und Belohnung suchen: Wenn man versucht, allen Regeln eine gemeinsame Basis zu geben, kann man folgendes zentrale Bemühen der Therapie ausmachen: Sicherheit und Belohnung finden. Jeder abhängige und traumatisierte Jugendliche braucht einerseits Sicherheit in der Bindung und Sicherheit im Denken und in der Emotion. Er braucht Selbstkontrolle und Selbstwirksamkeit zur Verbesserung der Selbstwertregulation. Andererseits braucht er aber auch eine Motivation: Vermeidung von Triggern und Selbstdisziplinierung sind nicht alles, er braucht eine Verbindung zum Belohnungssystem, soziale Verstärker, Beziehung und Bindung. Die Anstrengung braucht einen Sinn, eine Motivation, ein an eine Belohnung gekoppeltes Ziel. Das durch Drogen und PC-Spielen sozial abgehängte Belohnungssystem muss sich wieder daran gewöhnen, dass der »längere Weg zum Glück« der langfristig bessere ist. Einerseits führt verbesserte Kontrolle zu mehr Entlastung durch Sicherheit, andererseits überzeugt aber langfristig erst der Zugewinn an realen Glücksgefühlen und sozialer Zugehörigkeit bzw. Verbunden-

3 Grundlagen: Neurobiologie und Psychopathologie

heit. Die Verbesserung der Bindungsfähigkeit ist sozusagen das Bindeglied zwischen Sicherheit und Belohnung sowie deren Grundlage.

4 Diagnostik

4.1 Diagnostik von Traumafolgestörungen

Bei der Diagnostik der Traumafolgestörungen ist festzustellen, dass die Forschung bereits Kriterien für die Differenzierung und Abgrenzung von Störungsbildern entwickelt hat, die sich im diagnostischen Katalog (ICD-10, DSM-V) noch nicht finden lassen. Das heißt: Aus Sicht der Traumaforschung gibt es eindeutig abgrenzbare eigenständige Traumafolgestörungen (komplexe PTBS, DESNOS, DDNOS, Ego-State-Disorder ▶ Kap. 3.1.8 ff), die es als offizielle medizinische Diagnose (noch) nicht gibt. Ähnlich verhält es sich mit dem »Bindungstrauma« (Deprivation, Hospitalisierung), das noch keinen Ort im ICD bekommen hat. Dementsprechend flexibel, diskutierend und hinweisend muss die Diagnostik mit diesem Umstand umgehen und sich zu helfen wissen.

Das klassische und am besten erforschte Krankheitsbild ist die PTBS (Posttraumatische Belastungsstörung F43.1). Die Symptome wurden im Grundlagenkapitel beschrieben und lassen sich in Symptomgruppen A bis D aufteilen, die jeweils eigene Kriterien-Cluster beschreiben. Die Symptome müssen mindestens einen Monat bestehen.

Für die **Akute Belastungsstörung F43.0** verlangt der ICD eine ungewöhnliche und plötzlich aufgetretene Belastungssituation. Es gibt zwei Symptomgruppen als Kriterien:

1. Wechselndes Bild von Betäubung, Depression, Wut, Angst etc.
2. Eine rasche Remission innerhalb von zwei Tagen. Hier stimmen ICD und DSM nicht überein.

4 Diagnostik

Die **Anpassungsstörung F43. 2** beschreibt eine depressive Reaktion auf Trennungserlebnisse, Tod und Verlust, bei Kindern auch Symptome von Hospitalisierung nach Trennung von den Eltern.

Weder im DSM noch im ICD sind die **Komplexen Posttraumatischen Störungen** aufgeführt, die man häufiger bei Patienten mit frühen, sequentiellen und chronischen Traumatisierungen findet, ohne dass ein singuläres Trauma als auslösendes Ereignis auszumachen ist. Kriterien wurden unter dem Begriff der **Disorder of Extreme Stress Not Otherwise Specified** (DESNOS, ▶ Kap. 3.1.8) zusammengefasst (Kunze und Güls 2003). Die Symptomatik ist vielfältig und erinnert in mancher Hinsicht an Borderline-Störungen (Schäfer und Krausz 2006).

Es gibt unter den F44-Diagnosen eine Reihe **dissoziativer Störungen** (Konversionsstörungen mit Amnesie, Stupor, Fugue oder Bewegungsstörung), die mit einem Trauma in einen Zusammenhang gestellt werden können. Besonders die **Dissoziative Identitätsstörung (DIS)** F44.81 (früher »Multiple Persönlichkeit«) ist im Dissoziationskontinuum eindeutig am Ende der Skala hochgradig komplexer Traumafolgestörungen einzuordnen.

Um die Traumavorgeschichte zu erfassen, existieren diverse Selbstratingfragebögen wie z.B. das »Stressful Life Events Screening Questionnaire« (SLESQ, fragt nach 13 Gruppen von traumatischen Ereignissen) oder das »Childhood Trauma Questionnaire« (CTQ, 28 Items erfassen die Häufigkeit der Traumatisierung in der Kindheit). Strukturierte Interviews sind das »Childhood Trauma Interview« (CTI, erfasst in max. 20 min körperlichen, emotionalen und sexuellen Missbrauch in Kindheit und Jugend, Vernachlässigung, Trennung und Gewalt) und das »Structured Trauma Interview« (STI, erfasst körperlichen und sexuellen Missbrauch, Gewalt, Verluste oder Trennungen in der Kindheit).

Selbstratingfragebögen zur Diagnostik sind die weit verbreitete »Impact of Event Scale – Revised« (IES-R, deutsche Version liegt vor: Maercker 1998) und die »Posttraumatic Stress Diagnostic Scale« (PDS, erfasst 12 Kategorien traumatischer Ereignisse, danach Häufigkeit der 17 PTBS-Symptome innerhalb des letzten Monats). Von den strukturierten Interviews ist die »Clinician-Administered PTSD Scale« (CAPS, semistrukturiertes Interview, erfasst PTBS-Symptome, deutsche Fassung liegt vor: Nyberg 1998) die am häufigsten genutzte. Das »PTSD Symptom Scale – Interview« (PSS-I, 20–30 min, 17 Items, misst Schweregrad) ist ebenfalls weit verbreitet. Auf Deutsch wird häufig das Strukturierte Klinische Interview (SKID) genutzt, das mit hoher Sensitivität und Spezifität auch PTBS-Symptome misst.

Inzwischen gibt es ein »Interview zur Komplexen Posttraumatischen Belastungsstörung« (IK-PTBS, van der Kolk, Herman, Roth, Spitzer 1999), das die Kriterien der **DESNOS** abfragt und sich auf die letzten drei Monate bezieht.

Erste Hinweise ergeben sich oft aus der **Anamnese:** Man sollte auf Life-events, Brüche und besondere Belastungen achten. Die **Verhaltensbeobachtung** lässt auf wechselnde Ich-Zustände schließen, auf strukturelle Störungen und auf dissoziative Zustände. Eine **Traumalandkarte** kann Hinweise auf frühe Amnesien und dissoziative »Wolken« ohne Vergangenheit liefern. Das Bindungsverhalten bietet weitere Hinweise auf frühe, amnestische und unaussprechliche Traumatisierungen.

4.2 Diagnostik von Bindungsstörungen

Bei den Bindungsstörungen verhält es sich ähnlich wie bei den Traumafolgestörungen, nämlich dass aus Forschungssicht das Phänomen der Bindung und seine komplexen Störungsbilder viel basaler erscheinen als die beiden ICD-Diagnosen der reaktiven Bindungsstörung F94.1 und die Bindungsstörung mit Enthemmung F94.2 ahnen lassen.

4 Diagnostik

> Merke: Es wurde bereits auf die Merkwürdigkeit hingewiesen, dass die BST meist mit Beginn des Jugendalters nicht mehr diagnostiziert wird, obwohl sie nicht einfach verschwindet. Hier wird empfohlen, die BST auch im Jugendalter zu diagnostizieren.

Beobachtung: Die Diagnostik ist bei Bindungsstörungen nicht einfach, dabei braucht man »nur« das Kind und die Interaktion zu beobachten. Bindungsmuster offenbaren sich immer und überall, wir »erkennen« sie nur nicht, weil wir nicht gewohnt sind, Kinder anhand ihres Bindungsverhaltens zu beurteilen. Und bei Jugendlichen verschwindet die Wahrnehmung von Bindungsstörungen völlig, was rätselhaft ist, da die Bindungsforschung eindeutig belegt, dass Bindungsmuster lebenslang bestimmend bleiben (Grossmann 2009).

Die fremde Situation (Ainsworth 1967) und vor allem die »reunion scene« wiederholen sich in Wartezimmern, in Familiengesprächen und im stationären Alltag ständig. Die Aufstellung reinszeniert die Abwehr von Trost (Lob, Anerkennung) trotz Wunsch nach Nähe und Suche nach Aufmerksamkeit (ambivalente Bindung). Oder alle Bindungsangebote werden abgelehnt, obwohl sich das Umfeld bemüht (vermeidende Bindung). Man erlebt überfreundliche, extrem angepasste Jugendliche mit scheinbar hoher Funktionsfähigkeit im Alltag, erst allmählich wird ihre Wahllosigkeit sowohl im Drogenkonsum wie im Bindungsverhalten sichtbar (BST mit Enthemmung). Wieder andere wechseln in ihrem Bindungsverhalten und sind schwer einschätzbar in ihrer Reaktion auf Nähe und Distanz (reaktive Bindungsstörung).

Testverfahren: Neben dem strukturierten klinischen Interview nach Wittchen (**SKID I und II**), das die Kriterien der BST abfragt, ist vor allem das **Adult Attachment Interview (AAI)** besonders geeignet, einer Bindungsstörung oder einer unsicheren Bindung auf die Spur zu kommen: Dieses Testverfahren ist ein recht aufwändiger Katalog von Fragen nach dem Bindungssystem der Eltern. Die Fragen beziehen sich auf Erinnerungen der Eltern an die Beziehungserfahrungen mit ihren Eltern (Großeltern des Kindes) im Kindesalter. Eine inhaltliche und linguistische Analyse der Antworten offenbart das Bindungsverhalten (Bindungsrepräsentanz) der Eltern. Die Auswertung braucht einige Zeit und Erfahrung, die Fragen und Antworten sind aber in jedem Fall aufschlussreich. Bindungsmuster und BST werden transgenerational vererbt. Erkennt man das Bindungsverhalten der Eltern beim Kind wieder und ist das Muster klar erkennbar, so ist die Wahrscheinlichkeit einer systemisch relevanten Bindungsproblematik sehr hoch. Gleichzeitig können Eltern durch die Fragen in ihrem Bindungsverhalten »geweckt« werden und dann eher erkennen, dass sie sich ähnlich verhalten wie das »problematische« Kind. Wichtig ist in jedem Fall die Erkenntnis, dass es um Muster geht und nicht um persönliche Ablehnung.

Es gibt eine Variante für Kinder, das **AAI-C**, das sprachlich und strukturell an die Welt und das Sprach- bzw. Erinnerungsvermögen von Kindern angepasst ist. Auch hier geht es um die Aktivierung des Bindungssystems durch Fragen, die sich auf die Interaktion zwischen Eltern und Kind beziehen. Es geht um Kriterien der Feinfühligkeit und der traumatischen Trennung, um die Verarbeitung von Verlusten und anderen Life-events, die das Bindungsverhalten mitgeprägt haben könnten.

Weitere systemische Instrumente können von großer Bedeutung sein: Im **Genogramm** werden Bindungskräfte und Bindungsstörungen visualisiert und transgenerational sichtbar gemacht (Schlippe 2005): Gibt es viele Trennungen? Gibt es ständig wechselnde Partnerschaften oder extrem viel Patchwork? Wiederholen sich Szenen (fremde Situation), Reenactments (geschlagen werden, Opfer sein) Muster und Vermeidungen? Die Bindungsforschung weiß heute, dass die Transmission von Bindungsstörungen über Generationen hinweg stark sein kann. Es ist daher auch unbedingt sinnvoll, in **systemischen Familienaufstellungen** oder mit dem **Familienbrett** die Bindungskonstellation der Familie nachzubilden (Schlippe 2005). Dies ist nicht nur diagnostisch relevant, sondern führt geradewegs in die

4 Diagnostik

Therapie hinein: Wünsche nach Änderungen der Beziehungskonstellationen können sofort aufgenommen werden.

Die Wahrnehmung von **Übertragung und Gegenübertragung** ist von großer diagnostischer Bedeutung: Aufgrund der problematischen Regulation von Nähe und Distanz z. B. im Sinne abgewehrter (oder ambivalenter) Bindung entstehen beim Therapeuten Gefühle (Wut, Ohnmacht, Verzweiflung, Angst), die stellvertretend für nicht erlebte, abgespaltene, verdrängte oder projizierte Gefühle des Patienten sein können. Es ist wichtig, diese zu erkennen und mit der Situation des Patienten in einen Zusammenhang zu bringen (Mentzos 1997, Hirsch 2006, Freud, A. 1945).

5 Integrative Therapie von Sucht, Trauma und Bindungsstörung bei Kindern und Jugendlichen

Aus dem theoretischen Forschungswissen über die Entstehung von Sucht, Trauma und Bindungsstörungen haben wir bereits Grundregeln für die therapeutische Praxis abgeleitet. Diese Regeln sind die Basis, wenn es im Folgenden darum geht, einzelne Instrumente des integrativen Arbeitens mit abhängigen und komplex traumatisierten, bindungsgestörten Jugendlichen darzustellen.

Grundsätzlich gilt in der Arbeit mit Kindern und Jugendlichen: **Die Bindung zuerst!** Traumatische Belastungen beeinträchtigen die neuropsychobiologische Entwicklung des Kindes. Sie haben einen zerstörerischen Effekt auf Bindungen und gehen mit anhaltenden posttraumatischen Belastungen einher, die durch Selbstbetäubung (Drogen, PC-Spiel) kompensiert werden. Sichere Bindungen werden labilisiert oder gehen verloren, im Extremfall werden früher sicher geglaubte Bindungsfiguren schlagartig negiert (Streeck-Fischer 2006). Es kommt zu Entwicklungsstopps, zu Reinszenierungen des Traumas und zu einer ständigen Wiederholung des Verlusts. Die Bindungsforschung weist darauf hin, dass es hier um den Verlust basalster Funktionen und Resilienzen geht, die für die weitere Entwicklung des Kindes von wichtigster Bedeutung sind. Bei diesen früh bindungstraumatisierten Patienten geht es nicht wie sonst um die klassische Formel »Trauma first« (vgl. Reddemann & Sachsse 1999, Streeck-Fischer 2006), sondern um die Zurückgewinnung einer sicheren Basis (Bindung, Vertrauen, Beziehung, Fürsorge, Lob, soziale Verstärkung), auf der eine Therapie überhaupt stattfinden kann. Wenn eine Reduktion auf eine Formel erlaubt ist, dann diese: »Bindung zuerst«. Das macht den Unterschied zwischen Jugendlichen und Erwachsenen aus. Natürlich braucht es bei komplex traumatisierten und bindungsgestörten, süchtigen Jugendlichen von Anfang an Trauma-Skills, Stabilisierung und Reorientierungsmaßnahmen. Aber diese stehen eher im Dienst des Bindungsverhaltens, des Beziehungsaufbaus, der ständigen Überprüfung von korrigierenden Bindungserfahrung, des Eingriffs in die Reinszenierung von traumatischer Erfahrung als Bindungsverunsicherung.

> Die Veränderung im Bindungsverhalten des Patienten weist den Weg zum therapeutischen Erfolg: Wenn der Jugendliche in der Lage ist, neue Bindungsmuster auszuprobieren, obwohl sie mit mehr Abgrenzung, Eigenverantwortung, Verlustrisiko, Vertrauen, Selbstfürsorge oder Schuldgefühlen verbunden sind, ist eine Entwicklung wieder in Gang gesetzt, die erstarrt zu sein schien.

5.1 Ambulante Strategien der Motivationsförderung

Der Weg in die stationäre Therapie führt über die Ambulanz, zuvor oft über niedergelassene Ärzte, Therapeuten und Beratungsstellen. Es kommen Kinder und Jugendliche, die durch alle Helfersysteme gerutscht sind, die sich nicht anpassen oder sich nur noch anpassen können, kein festes Selbst mehr haben und sich betäuben, um die traumatische Erinnerung ertragen zu können. Niemand darf wissen, wie viel Angst sie haben. Sie haben aus ihrer eigenen Sicht meist »total versagt«, gehen nicht mehr in die Schule, haben alle und sich selbst enttäuscht, sind aggressiv oder depressiv, verletzen sich und andere, suchen Schutz und gehen doch auf volles Risiko. Es wirkt extrem paradox: Sie suchen Sicherheit in einem eher mafiösen Umfeld, in dem Hierarchien, Dealer-Beziehungen, Promiskuität, gekaufte

5.1 Ambulante Strategien der Motivationsförderung

Sicherheit, Unterwerfung oder Täter-Qualitäten die soziale Aufstellung des Milieus bestimmen. Sicherheit besteht hier im Mitmachen, in der Selbstbetäubung, in der Abgabe der Verantwortung an die Droge und an ein System, das ein Gegenmodell zum bürgerlichen Statuskampf darstellen soll. Die Verlorenen, Verratenen, Verkauften, Gequälten und Quälenden bilden eine Schicksalsgemeinschaft. Sich daraus lösen zu wollen, wird ohne ein alternatives Bindungsangebot unmöglich bleiben. Bindungsstörungen sind hier eher die Regel als die Ausnahme und das birgt ein Problem: Ein gesundes Bindungsangebot im ambulanten Kontakt ist für diese Patienten irritierend, da es ungewohnt ist und Unsicherheit oder sogar Angst auslöst. Die richtige Nähe-Distanz-Regulation im Erstkontakt ist daher sehr schwierig. Die Jugendlichen fordern sehr viel (sind grenzenlos) oder sie wehren Angebote ab (errichten überall Grenzen) – oft sogar beides gleichzeitig. **Ressourcenorientierte Angebote** und Lob können sie häufig nicht annehmen: Entweder bleiben sie gleichgültig und kalt oder sie fühlen sich durch zu viel Nähe bedroht und ziehen sich zurück. Die Therapiemotivation bleibt entsprechend (wie die Bindung) ambivalent oder ablehnend. Wie also die Jugendlichen zu einer Entscheidung bringen?

Die für die Anbahnung einer Suchttherapie speziell entwickelte **Motivierende Gesprächsführung** (Miller, Rollnick 2009) ist grundsätzlich eine wichtige Strategie. Bei jungen abhängigen Menschen mit zusätzlicher Traumastörung gilt aber vor allem eines: Sicherheit herstellen. Da nicht immer klar ist, was Sicherheit individuell bedeutet und wie sie hergestellt werden kann, muss sie definiert und thematisiert werden. Gute Voraussetzungen sind: Ehrlichkeit, Klarheit, Transparenz, Eindeutigkeit und Respekt, kein Anbiedern, eher Härte mit Empathie, »hart aber fair«. Das heißt: Im Kontakt mit den Patienten geht es bei aller inhaltlicher Motivationsarbeit von der ersten Sekunde an um ein »**inneres Mitgehen mit der Bindungsfigur**« des Patienten, als säße man gerade in der »fremden Situation« mit dem Kind, das zugleich ein »Nebelkind« ist, das sich entschieden hat, regressiv verschwinden zu wollen. Man muss sich bei komplex und früh traumatisierten Patienten darauf einstellen, dass dieses

5 Integrative Therapie

Kind sein Bindungsverhalten wechselt, seinen Bindungsstil verändert, um (unbewusst) die ganze Palette der Verwundungen zu zeigen, aber auch um der Gefahr eines Sich-Einlassens (der Abhängigkeit von einem anderen Menschen) zu entkommen. Bei Jugendlichen mit Ego-State-Disorder oder anderen strukturell dissoziativen Störungen wird der Wechsel von Bindungsverhaltensweisen den Wechsel von Ich-Anteilen anzeigen. Das innere Mitgehen mit der Bindungsfigur desjenigen Anteils, der sich gerade eben zeigt, ist die enorme Herausforderung und braucht Erfahrung.

Es gibt noch weitere Hürden, die ein therapeutisches Bündnis erschweren: Affekte wie **Scham und Schuld**. Sie stehen der Entwicklung des Kindes im Weg, stellen aber doch auch eine Chance dar, wenn sie nicht vermieden werden, sondern wenn mit ihnen gearbeitet wird (▶ Kap. 5.11). Und das ist schon das Entscheidende: Wer nach Schuld und Scham direkt fragt, ohne zu moralisieren, ist im Vorteil, weil die betroffenen Jugendlichen Angst davor haben, dass jemand dieses Geheimnis entdeckt, gleichzeitig wünschen sie sich aber auch nichts mehr als das. Sie wollen diese Gefühle, die ihre Entwicklung einfrieren und extrem belasten, endlich loswerden. Der Schock einer Konfrontation löst sich irgendwann, Scham und Schuld geraten in Bewegung. So lange sollte das Gespräch am Rahmen bauen. Vor allem das Thema Schuld braucht den Dialog (▶ Kap. 5.11.2), sie braucht Verzeihung, Vergebung und Auflösung. Die Schuld bezieht sich auf ein Gegenüber, egal ob gerechtfertigt oder nicht. Daher ist die Auseinandersetzung mit dem Gegenüber sehr wichtig. Der Therapeut als Stellvertreter oder Objekte im Familiensystem können zu einer Veränderung der Schulddynamik beitragen.

Das **Helfersystem** ist notwendig und sollte aufgestellt werden wie ein schützendes, aber Regeln aufstellendes Dorf. Zwischen Eigen- und Fremdmotivation wird unterschieden. Es muss klar sein, welche Konsequenzen es hat, wenn Regression und Selbstzerstörung fortschreiten, dass dann nämlich andere (Polizei, Gericht, KSD, Psychiatrie...) die Verantwortung übernehmen müssen.

Regeln, verbindliche Strukturen und Rituale müssen vorhanden und transparent sein. Sie geben Sicherheit und fördern Vertrauen, wenn sie beidseitig eingehalten werden (▶ Kap. 5.6).

Sicherheit herstellen ist oberstes Prinzip. Eine therapeutisch Sicherheit herstellende Beziehung kann nur entstehen, wenn kein Täter-Kontakt mehr besteht. Diese Situation muss herbeigeführt werden, damit eine Traumatherapie überhaupt möglich wird.

Psychoedukation fördert das Verstehen der kausalen Zusammenhänge von Trauma, Schuld und Scham. Es gibt neurobiologische und dynamische Gründe für die eigenen Entwicklungsdefizite. Diese zu kennen ist meist ungemein entlastend. Die Trigger zu kennen gibt dem Patienten Selbstwirksamkeit zurück.

Stabilisierung ist die früh einzuführende Methode der Wahl, um PTBS-Symptome wie Flashbacks und Intrusionen mit imaginativen Techniken (innerer Tresor, sicherer innerer Ort etc.) kontrollieren zu lernen (▶ Kap. 5.5). Gleiches gilt für Methoden der Reorientierung.

Kognitive Generalisierung und Katastrophisierung kann durch die Fokussierung der Ausnahme relativiert werden: Wann hast du es einmal geschafft, dass es anders war? Systemisch gesprochen geht es darum, einen Unterschied zu machen: Den Moment finden und vergrößern, in dem es einmal nicht genauso war. Wie hast du das gemacht?

5.2 Stationäre Therapie: Grundvoraussetzungen und Setting

Die **Indikation** für eine stationäre Sucht- und Traumatherapie ist aus medizinisch-psychiatrischer Sicht gegeben, wenn

- die Abhängigkeit eindeutig und schwerwiegend ist
- Komorbidität als gravierender Faktor eine Rolle spielt

5 Integrative Therapie

- Trauma- und Bindungsstörungen vorhanden sind
- ein hoher Grad an Chronifizierungsgefahr erreicht ist
- ambulante Maßnahmen ausgeschöpft und gescheitert sind
- das auffällige Bindungsverhalten destruktiv ist
- das Suchtverhalten polytoxikoman (beliebig, wahllos) ist
- ein hoher Grad an Dissoziation (Störung der Ich-Struktur) erreicht ist.

Meist sind mehrere der oben genannten Kriterien vorhanden, wenn sich Patienten für eine stationäre Therapie entscheiden.

Nicht nur im Entzug, sondern auch im Verlauf der stationären Therapie kommt es immer wieder zu **Suchtdruck** und **Abbruchgedanken**. Es braucht Regeln des Umgangs mit Rückfällen ins Craving und in regressive Fluchtwünsche. Natürlich sollten intensive Bezugs- und Einzelgespräche geführt werden, in denen nachvollzogen werden kann, was aktuell zu Abbruchgedanken und Suchtdruck führt: Welche Trigger? Konflikte? Erinnerungen an vergangene Situationen? Belastungen in der Familientherapie? Entzugs-Verlustangst? Überforderung mit zu viel Nähe? Bindungsunsicherheit? Die Liste der Auslöser und Belastungen kann lang sein.

> Merke: Meist brechen Patienten ab, wenn sie an einen Moment der Therapie gelangen, an dem Sucht und Trauma auf schmerzvolle Weise zusammenlaufen. Meist ist dies ein entscheidender Moment in der Therapie und sollte entsprechend aufgedeckt und benannt werden.

Es sollte von Anfang an darauf hingewiesen werden, dass dieser Moment kommen wird und dass der Patient alle bis dahin erlernten Skills zur Vorbereitung auf diesen Moment eingeübt hat. Zumeist schützt der Appell an die Eigenverantwortung des Jugendlichen nicht vor der Dramatik der Abbruchdynamik. Der Moment der Entscheidung muss kühl vorbereitet sein. Es kann z. B. helfen, wenn Patienten einen Brief an sich selbst schreiben, den sie öffnen, wenn sie abbre-

5.2 Stationäre Therapie: Grundvoraussetzungen und Setting

chen wollen. Patienten sollten dann mit ihrer Familie telefonieren dürfen, die signalisieren kann, dass sie stolz auf ihr Kind sind, weil es die Therapie macht. Es kann eine große Unterstützung für die Patienten sein, wenn vor Beginn der stationären Therapie die Bedingungen eines Abbruchs klar verhandelt wurden, z. B. dass sie nicht mehr nach Hause (oder in die WG) zurückkommen können, wenn sie die Therapie abbrechen. Ein Telefonat kann an diese Absprachen erinnern. Oft kommt es dabei zu einer starken Regression des Jugendlichen mit Schreien, Toben, tränenreicher Wut und Enttäuschung über die Familie. Die Jugendlichen fühlen sich wie abgeschobene, verlorene Kinder. Die Reinszenierung ist wichtig für die weitere Therapie und kann hilfreich sein, um in der stationären Therapie tatsächlich ankommen zu können. Die blockierte emotionale Loslösung von den Eltern und der Beginn der reifen Autonomieentwicklung beginnt oft erst nach einem solchen Abbruchdrama. Die Jugendlichen werden von der Gruppe getrennt, bis Beruhigung und Klarheit eingetreten sind. Sie sollen bei sich selbst sein und die Gruppendynamik nicht als Bühne instrumentalisieren.

Kommt es zu einem Abbruch der Therapie, haben die Jugendlichen fast immer die Möglichkeit, sich wieder in der Ambulanz vorzustellen und sich um eine erneute Aufnahme zu bemühen. Es gibt nicht wenige Patienten, die zwischendurch die Therapie abbrechen, weil ihnen der Leidensdruck und die Motivation verloren gegangen sind. Es ist dann manchmal besser, dass sich der Patient durch Rückfall und Konfrontation mit der komorbiden Symptomatik daran erinnert, warum er eine Therapie machen möchte.

Ein klares **Bezugssystem** gibt Sicherheit und stabilisiert den Alltag durch feste Ansprechpartner. Gleiches gilt für Rituale, Regeln, Tagesstrukturen, Wochenpläne, verlässliche Termine und eine klare Regelung der Eigenverantwortlichkeit. Je stärker am Anfang die Struktur, desto sicherer der Umgang mit regressiven Impulsen. An **Regeln und Regelverletzungen** entzünden sich auch für die Gruppendynamik relevante Konflikte, die in der Gruppentherapie genutzt werden können, um Unterschiede im Hier und Jetzt im Gegensatz zum früheren Konfliktverhalten (Vermeidung, Aggression, Hilflosigkeit, Depressivität, Regression) herauszuarbeiten. Für jede Regel sollte die Konsequenz klar sein, die auf eine Regelverletzung folgt. Vor allem Gewalt, Androhung von Gewalt, sexuelle Distanzlosigkeit und unerwünschter Körperkontakt sollten streng sanktioniert sein. Auf leichtere Regelverstöße (z.B. zu spätes Aufstehen) können Gruppenkonsequenzen folgen (TV fällt abends für alle aus). Somit wird die Verantwortung des einzelnen für die Gruppe betont und als Konflikt in der Gruppe untereinander Thema.

Mit dem Entzug und der ungewohnten Umgebung in einem engen sozialen Umfeld treten diverse Trigger auf, die besonders **aggressive und dissoziale Impulse** verstärken. Täter-Introjekte werden aktiv, destruktive Verhaltensweisen nehmen zu und Abbruchgedanken und Suchtdruck treten auf. All das sollte als Teil einer posttraumatischen Symptomatik erkannt werden können und bereits vorbesprochen sein: In einem solchen Fall findet eine Herausnahme aus der Gruppe zur Entlastung des Patienten und der Gruppe statt. Die Trigger werden somit zunächst minimiert und analysiert. Was war konkret Anlass und Auslöser? Es schließt sich eine Phase von Diagnostik und Psychoedukation an, die dem Patienten das Gefühl geben sollte, ernst genommen, unterstützt, aber auch begrenzt worden zu sein.

Selbstverletzung und emotionale Instabilität sind immer wieder große Herausforderungen. Der Verlust der Bindungsfigur (»Heroin ist mein Retter«) löst nicht selten massive Ängste, Schuldgefühle und Scham aus. Der Druck, sich selbst verletzen (bestrafen, spüren) zu wollen, steigt stark an und sucht Entlastung. Oft geht es auch um Aufmerksamkeitssuche durch Selbstverletzung, was zur einer komplexen Dynamik in der Gruppe beitragen kann. Das oft ambivalente Bindungsverhalten offenbart sich zumeist deutlich. Die Patienten werden von der Gruppe getrennt und müssen ihr Verhalten schriftlich analysieren. Sie lernen Skills für den alternativen Abbau von Selbstverletzungsdruck (▶ Kap. 5.3 und ▶ Kap. 5.5) und formulieren Strategien alternativen Handelns (vor Übermaß an Druck rechtzeitig beim Bezug melden können), womit meist eine korrigierende Bindungserfahrung eingeleitet wird (sich zum ersten Mal Hilfe holen).

5.2 Stationäre Therapie: Grundvoraussetzungen und Setting

Ein **Behandlungsvertrag** kann sehr wichtig werden, wenn es, wie bei Borderline-Patienten, um emotional instabiles, spaltendes und abwertendes bzw. idealisierendes Verhalten geht. Darin sollte klar geregelt sein, welche Erwartungen und Konsequenzen in der Therapie eine Rolle spielen. Der Patient hat durch den Vertrag selbst die Verantwortung und kann nicht behaupten: Das haben Sie mir nicht gesagt! Enge Absprachen zwischen Bezug, Therapeut und Team sind notwendig. Die letzte Konsequenz ist die Entlassung.

Eine **initiale Regression** mit stark kindlichem, wechselnd aggressivem und depressivem Verhalten (▶ Kap. 5.8) ist oftmals eine Reaktion auf die Trennung vom bisherigen sozialen Umfeld und auf den Entzug (▶ Kap. 5.3) vorheriger Bindungsfiguren (Drogen, PC, Alkohol). Bindungsverluste werden reinszeniert. Das Drama der Reinszenierung spiegelt das Bindungsverhalten und die Ego-State-Organisation auf der inneren Bühne wider. Das kindliche Verhalten des Patienten sollte nicht als unauthentisch und altersunangemessen abgewehrt bzw. sanktioniert werden. Vielmehr sollte das regressive Verhalten strukturell beantwortet werden. Das innere Kind sollte in seiner Bedürftigkeit gesehen und das erwachsene Ich in seiner Fürsorgefähigkeit angesprochen werden. Alltagsstrukturen müssen eingehalten werden und dienen der schrittweisen Begrenzung des kindlichen Verhaltens zwecks Rückführung in die Eigenverantwortung.

Alle Patienten lernen von Beginn an **Stabilisierungs- und Reorientierungstechniken**, um diese selbstwirksam anwenden zu können, sollte es durch den Ausfall der chemischen Dissoziation im Entzug zum (womöglich erstmaligen) Auftreten von posttraumatischen Dissoziationen kommen (▶ Kap. 5.5).

Eine in den ersten vier Wochen bestehende **Kontaktsperre** fördert das Ankommen der Patienten auf der Station (keine Ablenkung von außen) und dient zugleich der Sicherheit (kein möglicher Täter-Kontakt). Das Fehlen der Familie wird plötzlich spürbar und die Familiendynamik ändert sich. Das erste familientherapeutische Gespräch sollte am Ende der Kontaktsperre terminiert sein.

5 Integrative Therapie

Ein **stationäres Phasenmodell** ist ideal: Nach einer ersten Entzugsphase kann der Patient seine halboffene Gruppe verlassen und zieht um in die nächste Therapiephase. Das Weiterkommen symbolisiert die geleistete Veränderung und belohnt für die Anstrengung. Eine dritte Verselbstständigungsphase bereitet auf das WG-Leben nach der Therapie vor.

5.3 Regeln für den Entzug

Es gibt eine Faustregel für den Entzug: Entzugssymptome zeigen sich als Spiegelbild der Suchtmittelwirkung im Rauschzustand. Was im Rausch erwünscht ist, kehrt sich während des Entzugs um ins Gegenteil. Dieser Zustand kann einige Wochen bis Monate andauern. Klinisch heißt das: Jeder Patient muss nicht nur mit einer Rückkehr der Ursprungssymptomatik (der Komorbidität) rechnen, sondern sogar mit ihrer Verstärkung. Patienten, die noch kaum echte Dissoziationen kennen, weil diese durch die chemische Dissoziation des Rausches maskiert wurden, werden von dissoziativen Zuständen überrascht, die im Entzug geweckt werden. Jugendliche, die zuvor mit Ängsten zu kämpfen hatten, werden im Entzug noch massiver mit Angst konfrontiert. Sozial phobische Patienten werden noch scheuer und zurückgezogener im Kontakt; das Gruppensetting einer Station verstärkt diese Symptomatik noch zusätzlich, wenn man nicht die Gruppe steuert und klare, sehr deutliche Regeln einführt. Die Gruppendynamik richtet sich schnell Richtung Milieu und Straße aus, denn Sicherheit kann ohne Drogen oft nur noch durch Milieusprache, Geheimnisse und einen gemeinsamen Außenfeind erzeugt werden. Aus dieser dynamischen Konstellation in der Anfangsphase der Therapie lassen sich folgende Notwendigkeiten ableiten:

- **Regeln** müssen klar und konsequent sein. Sie bieten Sicherheit. An ihnen entzünden sich Konflikte, die für die Regulierung der Gruppendynamik und die Bindungsarbeit bedeutungsvoll sind. Es ist die alltägliche Herausforderung, die Regeln gegen Ausnahmen und Dynamiken zu verteidigen.

- Die **Gruppendynamik** ist vom »Krabbeneffekt«, von Opfer-Täter-Dynamik und von Konflikten (Geschwisterrivalität, Alpha- und Omega-Position, Hierarchie) bestimmt (▶ Kap. 5.7). Es geht darum, die Gruppe aus einem hierarchischen Abhängigkeitszusammenhang in ein unterstützendes System aus eigenständigen Individuen zu überführen.
- Die **Kontaktsperre** unterstützt den Entzug durch Ausblendung der Außenkontakte und Suchtdruck erzeugender Trigger.
- Die **Psychoedukation** fördert das Verstehen des Rahmens, in dem regressive Fluchtreaktionen (Abbruchgedanken) auftreten. Traumasymptome werden eingeordnet und stabilisiert, Trigger analysiert und schematisiert.
- **Medikamente** mildern Entzugssymptome (Doxepin) und wirken Aggression und Schlafstörungen entgegen (niederpotente Neuroleptika wie z. B. Chlorprothixen. Das Antidepressivum Mirtazapin wirkt zusätzlich schlafanstoßend und wird oft abends verabreicht. Carbamazepin verhindert bei Jugendlichen mit langem Alkoholkonsum das Auftreten von epileptischen Krämpfen.
- **Ohr-Akupunktur** (NADA Protokoll) ist eine effektvolle Möglichkeit, Entzugssymptome, Suchtdruck und Anspannung positiv zu beeinflussen. Der Einsatz von Medikamenten kann reduziert werden. Die Entspannung findet in der Gruppe statt.
- Bei schwerer Abhängigkeit von Kokain, Crystal oder Heroin wird eine **Substitution** als Übergang ratsam sein. Die Medikamente, die zur Substitution eingesetzt werden (Benzodiazepine wie z. B. Tavor) können idealerweise initial die Droge ersetzen und dann schrittweise reduziert werden. Heroin kann z. B. durch Subutex oder Methadon (BTM-pflichtig) substituiert werden. Auch hier ist bei Jugendlichen eine schnellstmögliche, schrittweise Reduktion das Ziel. Bei jugendlichen Traumapatienten mit Bindungsstörungen schafft die Substitution eine neue Übergangsbindungsfigur, die Droge an sich bleibt aber als problematischer Bindungsersatz be-

stehen. Es ist zu erwarten, dass auch der Entzug vom Substitutionsmittel mit erheblichen regressiven und psychosomatischen Beschwerden einhergehen wird. Der Verlust der Bindungsfigur Droge wird wahrscheinlich ein Trigger für massive Vorwürfe, Abbruchszenarien, Verlustängste, schwer depressive Zustände und Dissoziation sein. Der Vorteil der Substitution liegt höchstens darin, dass langsam schrittweise niedriger dosiert werden kann und der letzte Schritt in die Abstinenz bei sehr niedriger Dosis vorbereitet werden kann. Damit kann die symbolische Verarbeitung fokussiert werden und die Körperreaktion auch als Reinszenierung der traumatischen Trennungsreaktion thematisiert werden.

- Wie oben bereits beschrieben, sollten von Beginn an Techniken der **Stabilisierung, Reorientierung, Achtsamkeit und Nutzung von Ressourcen** eingeübt werden (▶ Kap. 5.5 und ▶ Kap. 5.16). Abgesehen davon, dass Stabilisierungsübungen auch bei Suchtpatienten mit triggerbarem Craving hilfreich sind, brauchen Traumapatienten, die auf das Mittel der chemischen Dissoziation verzichten, alternative Lösungsstrategien: Wenn plötzlich durch Betäubung und Rausch bisher unterdrückte traumatische Erinnerungen, Flashbacks und dissoziative Zustände auftreten, ist der Patient vorbereitet und kann die Wiederkehr des Schreckens selbstwirksam beantworten.

- Viele Sucht- und Traumapatienten kommen mit dem Verzicht auf die Selbstbetäubung massiv unter Druck: Schuld, Scham und dysfunktionale Kognitionen entfalten ungehemmt ihre destruktiven Kräfte. Der Druck, sich selbst verletzen zu müssen oder zu wollen, entsteht oft. Die **Selbstverletzung** schafft Entlastung (Bestrafung, sich selbst im Schmerz spüren) und hat auch eine Suchtqualität (Ausschüttung von Endorphinen). Es gibt viele Skills, die Betroffene einsetzen können, wenn der Druck zunimmt: Gummiband am Handgelenk, in eine Zitrone beißen, Ammoniak riechen und vieles mehr. Es bleibt aber eine Frage der Motivation und der Bindung, ob es den Jugendlichen gelingt, sich bei Erwachsenen im richtigen Augenblick Hilfe zu holen. Meist ist ein Therapievertrag hilfreich,

der die Regeln und die Erwartungen formuliert, die notwendig eingehalten werden müssen.
- **Alpträume** sind typisch für den Entzug, da viele Drogen den REM-Schlaf unterdrücken. Im Entzug wird REM-Schlaf nachgeholt, das Gehirn versucht, die Integrationsleistung durch Träumen anzukurbeln. Es entstehen oft bizarre und ängstigende Szenen mit Trauma-Symbolik. Alpträume sind Teil der PTBS-Symptomatik.
- **Suchtdruck (Craving)** treibt zum Abbruch der Therapie. Gerade im Entzug knickt die Motivation schnell ein und die Droge wird schöngeredet. **Medikamente und Bindungsangebote** helfen, gerade die Gruppe kann stabilisierend wirken. Suchtdruck kann aber im Verlauf der Therapie immer wieder auftreten, vor allem, wenn schmerzhafte (traumatische) Erinnerungen auftauchen.

5.4 Regeln für das Teamwork

Die Arbeit mit Sucht- und Traumapatienten gehört im therapeutischen Bereich zu den anspruchsvollsten Herausforderungen überhaupt. Das ambulante Setting braucht verbündete Partner im Helfersystem, das der ambulante Therapeut immer wieder neu aufstellen und hinsichtlich Sicherheit und Bindung neu organisieren muss. Im stationären Setting gilt es, das multiprofessionelle Team zusammenzuhalten. Es ist einer Dynamik der Spaltung, Ohnmacht, Co-Abhängigkeit und Täter-Opfer-Übertragungen ausgesetzt. Nähe und Distanz sind bei jedem Patient problematisch und aufgrund der unsicheren Bindung wechselnd. Die Suchtarbeit kennt die »emotionale Erpressbarkeit« der Helfenden durch Rückfälle. Der Rückfall der Patienten löst im Helfersystem Ohnmacht aus, was einem co-abhängigen Bindungsmuster entspricht. Die Ohnmacht verbindet Süchtige und Helfer, die Sucht verbindet beide im Gefühl der Insuffizienz. Der Süchtige hat die (unbewusste) Neigung, diese Co-Abhängigkeit zu bedienen. In die gleiche Dynamik gerät ein Helfersystem mit ju-

5 Integrative Therapie

gendlichen, bindungsunsicheren Traumapatienten: Um Sicherheit zu erlangen, versuchen bindungsgestörte Jugendliche ihre innere Objekt-Spaltung auf die Außenwelt zu übertragen (Kernberg 2001). Sie brauchen eine (unbewusste) Wiederholung der Bindungsszenarien, die sie von früher kennen, um sich sicher zu fühlen, auch wenn diese unsicheren Bindungsmustern entsprechen. Borderline-Patienten sind dafür ein bekanntes Beispiel: Sie spalten die Außenwelt in Gut und Böse, sie idealisieren und entwerten, lieben und bestrafen, wobei sie in einem Team sehr unterschiedliche, gegensätzliche Gefühle auslösen können. Das Ergebnis ist ein gespaltenes Team, das mit sich selbst im Konflikt ist. Regelmäßige Supervisionen, Schulungen und selbsterfahrene Mitarbeiter sind eine wichtige Voraussetzung des stationären Arbeitens.

Sucht, Trauma und Bindung bilden zudem ein ständig wechselndes, dynamisches Gefüge von Symptomen: Mal betonen die Patienten ihre Sucht-Seite, mal ihre Trauma-Seite. Die Bindungsmuster können ebenfalls wechseln und oft weichen die Patienten so einer Konfrontation in der Therapie aus. Diese Ausweichmanöver müssen vom Team gesehen und gemeinschaftlich begrenzt und gespiegelt werden. Gleiches gilt für das Ausweichen und den Rückfall in die Regression. Diese gehört zum therapeutischen Verlauf, braucht aber Begrenzung und zeitliche Befristung.

> **Merke:** Das Team ist der Garant für Sicherheit: Es repräsentiert väterliche und mütterliche Anteile, die bei jedem Patienten anders projiziert werden und analysiert werden sollten, um Übertragung und Gegenübertragung zu verstehen.

Gleiches gilt für Opfer- und Täter-Projektionen, die massive Auslöser von Schuld, Ohnmacht und Wut bei Mitarbeitern des Teams sein können. Das Team braucht einen professionellen, selbsterfahrenen Umgang mit solchen Gefühlen, jeder einzelne sollte fähig sein, eine Rückmeldung vom Team auszuhalten, diese nicht persönlich zu nehmen und sie als Teil der Diagnostik abgespaltener Gefühle seitens des Patienten wahrzunehmen. Dieser Prozess ist oft Teil einer Team-Dynamik, einer Zeitspanne, in der das Team sich erst orientieren muss. Es lebt für kurze Zeit »in dem Gefühl«, das der Patient übertragen hat, es setzt die abgespaltenen Teile zu einem Bild zusammen und bewahrt es auf bis zu dem Moment, in dem der Patient es (als Intervention, Rückmeldung, Konsequenz, Spiegelung) zurückbekommt (Containing) (Bion 1997). Typischerweise durchlebt der Patient zeitgleich eine Krise, sein System der inneren Bühne ist destabilisiert, sodass eine Intervention des Teams als »korrigierende Bindungserfahrung« tatsächlich günstig verlaufen kann.

> Merke: Im Verlauf der stationären Therapie wird die anfängliche Regression des Patienten durch eine schrittweise Zurückgabe der Verantwortung und Selbstwirksamkeit aufgehoben. Dieses Ziel eint das Team in seiner Anstrengung.

Dazu gehört auch die gemeinsame Arbeit des Teams mit der inneren Bühne strukturell dissoziativ gestörter Patienten: Welche Anteile des Jugendlichen sehen wir im Alltag, in der Krise, im Außenkontakt, im Konflikt, in der Gruppentherapie? Welche Trigger führen zu einem Wechsel der Ich-Anteile? Wie holen wir als Team die inneren Verfolger, die Täter-Introjekte und die inneren Betäuber in ein Bündnis? Wie ernähren wir das innere Kind? Zwar obliegt die hauptsächliche Bindungsarbeit dem Therapeuten und dem Bezug, dennoch sollte das gesamte Team in Ansätzen in die Aufstellung der inneren Bühne eingeweiht sein, um im Kontakt mit stark wechselnden Ego-States reagieren und stabilisieren zu können.

5.5 Stabilisierung: Die Kraft der Imagination nutzen

Stabilisierungstechniken aus dem Traumabereich sind auch für die Suchttherapie hilfreich (Lüdeke, Sachsse 2010). Situationen, in denen Suchtdruck und Rückfallverhalten entstehen, können durch Reorientierungs- und Stabilisierungsmaßnahmen kontrollierbar werden. Diese Techniken stärken das Erleben von Selbstwirksamkeit und machen stark für eine Veränderung in belastenden Situationen, in denen sonst Trigger das Verhalten bestimmten. Die Trigger zu kennen (Triggeranalyse) ist eine weitere wichtige Maßnahme (▶ Kap. 5.13). Diese z. B. mit EMDR zu löschen, kann den Patienten von der Wirkung unbewusster Schlüsselreize befreien (Hase 2006) (▶ Kap. 5.14.3). Zunächst hat aber die Herstellung von Stabilität und Sicherheit oberste Priorität. Luise Reddemann entwickelte mit ihren Patienten ein Repertoire an imaginativen Techniken der phantasievollen Nutzung von Ressourcen (Reddemann et al. 2003). Es geht darum, die inneren Resilienzen und Selbstheilungskräfte (Salutogenese) über die Imaginationskraft zu aktivieren und zur Stabilisierung zu nutzen. Der Fokus liegt auf Lösungen, Kreativität und Achtsamkeit. Es gibt eine Nähe zur buddhistischen Meditation, zum Schamanismus und zur Katathym-Imaginativen Psychotherapie (KIP). Aus psychoanalytischer Sicht dienen die imaginativen Übungen der Ich-Stärkung und dem Aufbau von Ich-Funktionen, aus objektpsychologischer Sicht dem Aufbau sicherer und guter innerer Objektrepräsentanzen (Kernberg 1999). Damit ist auch die Ebene der Bindung angesprochen: Patienten können über die Imagination sicherer Objekte zu einem inneren Arbeitsmodell für sichere Bindung gelangen (Brisch 2006). Auf der »inneren Bühne« kann die Welt so erschaffen werden, dass sie Rückhalt, Trost und Kraft spendet (Utilisieren, s. Erickson 1981). Es geht hier also um nichts weniger als die Erschließung neuer Kraftquellen aus dem Inneren der Jugendlichen selbst. Dadurch gelangen die Patienten zu einer »inneren Sicherheit«, die gerade bei süchtigen

5.5 Stabilisierung: Die Kraft der Imagination nutzen

Jugendlichen sehr wichtig ist, weil sie später (trotz aller Bemühungen der Therapie) oftmals wieder in das unsichere alte Milieu zurückkehren (Sachsse 2004). Die Jugendlichen werden nach der Therapie ihr »inneres Kind« kennengelernt haben. Hier können sie lernen, wie sie es ernähren und sicher unterbringen können.

Grundsätzlich kann sich jeder seine eigenen imaginativen Übungen ausdenken. Jeder hat eigene Bilder, die ihm besondere Kraft geben. Hier werden einige Übungen vorgestellt, die sich bewährt haben. Sie werden zunächst im Einzelkontakt eingeübt und später in der Gruppe stetig wiederholt. Am Anfang ist der Widerstand gegen die »guten Bilder« oftmals hoch, die Macht der Gewohnheit (sich im Negativen und Destruktiven als Schutz gegen enttäuschte Erwartung einrichten) zeigt sich auch hier. Aber je länger die »guten Bilder« geübt und ausprobiert werden und je mehr sie mit körperlicher Entspannung und Wohlfühlen verbunden werden, desto kraftvoller werden sie. Das Loslassen (der negativen Bilder, Mantras, Prophezeiungen, belastenden Erinnerungen) ist hier unterschwellig Thema.

- Der »innere Garten«: In einem imaginierten Garten werden Blumen und Bäume gepflanzt, die Wurzeln schlagen und wachsen. Es geht darum, sich hier aufzuhalten, Wind, Sonne und Wachstum zu genießen, aufzutanken, hinzuspüren und da zu sein. Jeder kann die Geschwindigkeit des Wachstums selbst bestimmen (Selbstwirksamkeit). Frappierend ist: Wenn man den Garten verlässt und einen Tag später wieder hinschaut, können die Pflanzen in der Zwischenzeit gewachsen sein (lebendige Objektpermanenz). Diese Übung ist für den Anfang gut geeignet.
- Der »innere Tresor« ist eine sehr wichtige Übung, die auch für die Konfrontation mit EMDR komplexer Traumata wichtig ist. Hier stellt sich der Patient einen Tresor vor, in dem belastende Erinnerungen sicher verwahrt werden können. Intrusionen können hier weggepackt und verschlossen werden.
- Der »sichere innere Ort« ist ein Ort, wo keine Monster wohnen können. Hier ist der Patient ganz allein, niemand kennt diesen Ort,

5 Integrative Therapie

der eine Insel, ein Baumhaus, eine Bergspitze etc. ist. Hierhin kann der Patient gehen, wenn die Außenwelt zu bedrohlich erscheint.
- Das »innere Helferteam«: Auf der inneren Bühne werden imaginative Unterstützer (Großvater, Spiderman, Freund, Pippi Langstrumpf) versammelt, deren erwünschte Eigenschaften angeeignet und vertieft werden. Das Team kann für eine Aufgabe (Bewerbungsgespräch, Schule) vorbereitet und instruiert werden. Auch die Verlorenen und Verstorbenen stehen hier wieder auf und zeigen ihre Macht (Houston 1992).
- Krafttiere: Von den Mayas »Ulay« genannte und im Roman »Goldener Kompass« (Pullman 2004) wieder rezipierte Phantomtiere, deren Kraft in der Vorstellung auf Geist und Körper des Patienten übergeht. Alle Kinder und Jugendlichen haben eine stille Affinität zu einem Tier, das sie fasziniert und deren Ausstrahlung sie anziehend finden. Es geht darum, sich in das Tier hineinzuversetzen, indem man es »bei sich« wähnt.
- Lichtübung: Hiervon gibt es viele Varianten. Im Prinzip geht es um eine Körperwahrnehmungsübung. Man stellt sich vor, wie Licht durch den Körper wandert und die einzelnen Glieder erwärmt (Krystal 1989). Diese Übung wird mit Ergänzungen wichtig für die »Ernährung des inneren Kindes« (▶ Kap. 5.9.3).
- Glück und Dankbarkeit: Es gibt Glücks- und Dankbarkeitsübungen, in denen Szenen und Bilder imaginiert werden, in denen das Glück stark gefühlt wurde. Auf einer Lebenslinie wird dieser Glückspunkt ausgedehnt, bis er die ganze Lebensspanne umfasst (Grochowiak 1996).

Bei schwer traumatisierten Patienten sollten sehr körperfokussierte Übungen zunächst hinten anstehen.

Übungen, bei denen das Regenerieren im Vordergrund steht, sind unkomplizierter. Süchtige, traumatisierte Jugendliche haben oft durch die ständige Vernebelung (»globale Reizabschirmung«) verlernt, positive Wahrnehmungen an sich heranzulassen.

5.6 Das Herstellen von Sicherheit

Das Herstellen von Sicherheit steht als Leitsatz über allen Bemühungen und kann nicht überbetont werden. Auf der Bindungsebene geht es um die Herstellung sicherer Bindungen, auf der Trauma-Ebene geht es um Stabilisierung, Reorientierung und Triggerbewältigung und auf der Sucht-Ebene geht es um Rückfallprävention und Wiedergewinnung von Kontrolle über Craving und Belohnung. Es wird zwischen innerer und äußerer Sicherheit unterschieden. Zur äußeren gehört die Kontaktsperre bis vier Wochen nach Aufnahme und das Ausschließen von Täterkontakt. Zeigen traumatisierte Jugendliche nach Ende der Kontaktsperre plötzlich wieder mehr Symptome, ist dies oft ein Hinweis für die Beteiligung des Familiensystems an der Traumageschichte. Es kann schwierig sein, die Jugendlichen erkennen zu lassen, dass die Loyalität zum traumatisierenden Familiensystem auf tragische Weise einer zerstörerischen Abhängigkeit gleicht. Das Kind hat gelernt, »gut« und »böse« zu spalten. Aufgrund der Abhängigkeit vom Täter (Ernährer, Fürsorger) und der zum Überleben notwendigen Identifizierung mit dem Aggressor kommt es zu einer Introjekt-Bildung: Die »bösen« Anteile des Täters werden in das Selbst hineingenommen und dort integriert, die »guten« idealisierten Anteile werden nach außen projiziert, um z.B. den »guten Vater« real erscheinen zu lassen. Der jugendliche Patient (und sein inneres Kind) wird sich dagegen wehren, die Idealisierung aufzugeben, weil die Bildung des Introjekts zum Überlebensmechanismus gehört. Das Kind wird also auf dem Kontakt zur Täter-Familie bestehen, was für die Sucht- und Traumatherapie ein großes Problem bedeuten kann: Bei Fortbestehen des Täterkontakts ist eine Stabilisierung und somit eine Traumatherapie nicht möglich.

Die Jugendlichen sollen in der Therapie lernen, auch außerhalb der Therapie in jeder Situation Sicherheit herstellen zu können. Dies setzt voraus, dass sie überhaupt wahrnehmen, wenn sie sich unsicher fühlen. Den meisten Jugendlichen ist die Fähigkeit, auf das Gefühl von Unsicherheit angemessen und prompt zu reagieren, völlig verloren gegangen, weil sie Nähe-Distanz-Probleme durch den Drogenrausch reguliert haben. Sie haben nichts mehr gespürt. Wenn plötzlich Gefühle der Unsicherheit und Angst auftreten, müssen diese zunächst validiert, das heißt für gültig und angemessen erklärt werden (Affektvalidierung). Der traumatische Wiederholungszwang mischt sich zudem ungünstig mit dem starken Drang der Süchtigen, ins gewohnte (vermeintlich sicherere) Milieu zurückkehren zu wollen. Eine Veränderung des Umfelds anzustreben gehört zu den großen sozialpsychiatrischen Herausforderungen am Ende der Sucht- und Traumatherapie und sollte von Beginn an immer wieder Thema sein.

Vertrauenswürdigkeit, Verlässlichkeit und Ehrlichkeit zu sich selbst und anderen wird zum Mittel der Suche nach Sicherheit: In der bindungsfokussierten Konfrontation mit dem Vermeidungsverhalten der Sucht- und Traumapatienten liegt dieses zentrale Anliegen der Wahrhaftigkeit und Ehrlichkeit mit sich selbst und anderen. Wenn die Jugendlichen lernen, sich ihren Bedürfnissen entsprechend zu verhalten und sich nicht aus Loyalität zu anderen (aufgrund einer Abhängigkeit) zu opfern, haben sie eine Chance zu lernen, sich abzugrenzen und traumatische Verlustängste auszuhalten.

Stabilisierung, korrigierende Bindungserfahrungen, die imaginative Bildung stabiler Objekte, Psychoedukation, Konfliktmanagement, soziales Kompetenztraining und Triggerarbeit tragen weiter zu einer inneren Sicherheit bei, die sich in einer Verbesserung von Selbstwirksamkeit, Bedürfnisorientierung und Glück durch Bindungssicherheit niederschlagen soll.

5.7 Gruppentherapie: Probleme und Möglichkeiten

Bei den meist früh süchtig gewordenen und schwer bindungstraumatisierten Jugendlichen ist die Gruppe nicht nur das natürliche al-

5.7 Gruppentherapie: Probleme und Möglichkeiten

tersadäquate Umfeld, sondern auch die zweite Bindungschance nach dem Scheitern der Primärbindungen in der Familie. Die Gruppentherapie stellt somit das natürliche soziale Medium des Alters dar und entspricht der Entwicklungsaufgabe der Jugendlichen, nämlich zur Autonomie heranzureifen und sich vom Familiensystem zu lösen. Beides ist aber bei den betroffenen Patienten hochproblematisch: Aufgrund der »Notreifung« (Streeck-Fischer 2006) und der Partnerersatzrolle für süchtige Elternteile verhalten sie sich wie Erwachsene, müssen aber emotional und bindungsmäßig noch nachreifen und sind in der Entwicklung steckengeblieben. Aufgrund traumatischer Loyalitäten bleiben sie trotz unehrenhafter Entlassung aus dem Familiensystem von diesem abhängig (Fischer 2017).

Reifung, Autonomie und Lösung sind Entwicklungsaufgaben, die durch die Kommunikation in der Gruppe als gemeinsame Themen entdeckt und versprachlicht werden können. Daraus ergeben sich gerade im klinischen Setting viele Vorteile, dennoch ist eine traumaspezifische Gruppentherapie wenig verbreitet. Vermutlich besteht die berechtigte Sorge, dass die Interaktionen weniger kontrollierbar sind als im Einzelsetting (Firus und Schleier 2012). Dennoch zeigt die Erfahrung, dass die Wirkfaktoren der Gruppentherapie den Therapieprozess auch hier intensivieren und beschleunigen. Yalom (1995, 2005) nennt als Wirkfaktoren: Hoffnung einflößen, Universalität des Leidens, Mitteilung von Informationen, Altruismus, korrigierende Rekapitulation der primären Familie, Bildung sozialer Kompetenz und Lernen durch Imitation. Ein ganz wichtiger Aspekt ist aber genau derjenige, der auch die Vorsicht in Bezug auf Trauma-Gruppentherapie verstärkt: Das fehlende Vertrauen. Gegenseitiges Vertrauen in der Gruppe zu erfahren kann für gerade diejenigen eine sehr heilsame Erfahrung sein, die besonders in der Gruppe Demütigung, Angst und Unsicherheit erfahren haben. Sie können in der Gruppe angeleitet werden, sich Konflikten zu stellen, denen sie sich sonst durch Vermeidung, Dissoziation und Rausch entziehen würden. Konflikte in der Gruppe stellen meist starke Trigger dar: Die Erinnerung an Mobbing, Ausgrenzung, Gewalt, Missbrauch und die »potentielle Übermacht der Horde« sitzt tief in den meisten Jugendlichen, die sich in einer Gruppe ohne die Ersatz-Bindungsfigur Droge sehr unsicher fühlen. Firus, Schleier, Geigges und Reddemann (2012) empfehlen für traumatisierte Patienten ein standardisiertes Vorgehen und schlagen ein thematisches Arbeiten vor. Wir haben im sucht- und traumatherapeutischen Setting mit Jugendlichen seit vielen Jahren gute Erfahrungen mit der tiefenpsychologisch-interaktionellen Gruppentherapie (Göttinger Modell, Heigl 1978, Pritz 2003, König 2008) gemacht, die Konflikte im Hier und Jetzt bearbeitet und davon ausgeht, dass sich in der Gegenwart Reinszenierungen alter konflikthafter und traumatischer Erfahrungen abspielen. Therapeuten brauchen gleichwohl einige Erfahrung im Umgang mit der Dynamik von Sucht, Trauma und Bindungsstörungen. Die GT wird von weiteren strukturierenden Gruppen (Stabilisierungsgruppe, Themenzentrierte Interaktionsgruppe) flankiert und die Zurückhaltung des Therapeuten wächst von Phase zu Phase.

Am Anfang (A-Phase, Entzug) greift der Therapeut steuernd ein, stabilisiert bei Bedarf, streut psychoedukative Elemente ein und sorgt für eine respektvolle, wertschätzende Kommunikation. Hauptthema ist die Dynamik der Gruppe selbst: Position (Anführer, Gegenspieler, Mitläufer, Beobachter), Milieu-Verhalten, Regelverletzungen, Abbruchgedanken, Suchtdruck und Symptome.

In der B-Phase zieht sich der Therapeut mehr zurück, die Jugendlichen haben inzwischen gelernt, ihre Themen anzusprechen: Täter-Opfer-Erfahrungen, Ängste, Gruppendynamik, Familienprobleme, Einsamkeit, Umgang mit Triggern und Symptomen, Zusammenhang von traumatischen Erfahrungen und Suchtdruck, Selbstverletzung und Suizidalität, Versagensängste, Umgang mit Rückfall etc.

In der C-Phase regelt die Gruppe vieles für sich, die Erfahrungen aus Schule, Praktikum und Ausbildung werden mit den bisher gelernten Strategien verknüpft. Abschied, Verselbstständigung und Neuanfang sind wichtige Themen.

Was in den Gruppentherapien geschieht, ist oftmals sehr eindrucksvoll. Die soziale Verstärkung der Entwicklung durch Offenbarung der Innenwelt und die Überwindung der Angst vor der Gruppe in der Gruppe sind stark emotional und nachhaltig.

> Merke: Es sind solche Erfahrungen des gruppengestärkten Vertrauens, die ein neuronales Gegengewicht gegen die alten eingefrorenen Erinnerungen an das Trauma bilden.

5.8 Regression: Strategien der kindlichen Reifung

Einerseits ist die Regression erwünscht, denn sie ermöglicht eine korrigierende Bindungserfahrung: Der Weg in die Tiefe ursprünglicher frühkindlicher Bindungserfahrung, die in der Regression reinszeniert wird, kann mitgegangen und verstanden werden (▶ Kap. 5.9.3). Andererseits ist der regressive Patient in Gefahr, in einen haltlosen Zustand von Strukturlosigkeit und Wiederholungszwängen zu versinken. Es geht also darum, dem regressiven, in kindliche (dysfunktionale) Muster zurückfallenden Patienten eine Struktur anzubieten, in der er seine Erfahrungen neu bewerten und überprüfen kann, ohne sich dabei völlig zu verlieren. Im therapeutischen Einzelkontakt besteht die Herausforderung oft darin, kindliche Wünsche und Bedürfnisse gelten zu lassen, gleichzeitig aber Nähe und Distanz angemessen zu regulieren und die Frustration der Wünsche so zu thematisieren, dass die damit einhergehende innere Leere und die Beschädigung des Selbstwertgefühls zur Sprache kommen kann. Die innere Leere wird wieder unerträglich, wenn Drogen als Beruhigungsmittel fehlen. Der unstillbare regressive Wunsch nach Geborgenheit, Nähe, Sicherheit und Anerkennung bricht in der Therapie auf und sucht sich ein Objekt, auf das die Hoffnungen des Kindes projiziert werden. Die Aufgabe des Therapeuten besteht darin, diese Projektionen auszuhalten, die Wünsche nicht abzuwehren, das Kind in seiner Bedürftigkeit zu akzeptieren und zu verstehen. Das kann Zeit in Anspruch nehmen und fühlt sich auf Seiten des Therapeuten oft wie eine »Verwechslung« an. Mütterliche und väterliche Übertragungen können stark sein, auch wenn das Kind natürlich weiß, dass der Therapeut nicht Vater oder Mutter sein kann. Dennoch ist es wichtig, die Gegenübertragung auszuhalten, bis die reale Mangelbeziehung mit den echten Eltern angesprochen werden kann.

Häufig sind die regressiven Zustände mit abgespaltenen Ich-Anteilen (Ego-States) verbunden, sodass mit dem Konzept der »inneren Bühne« gearbeitet werden sollte. Dort befindet sich das »innere Kind« meist in einer ohnmächtigen und vergessenen Position. Andere beschützende Anteile mussten für das »innere Kind« einspringen und standen somit im Vordergrund. In der Therapie geht es darum, das bedürftige, verlorene, nicht gesehene innere Kind zu sehen und zur Sprache zu bringen, um seine Bedürfnisse endlich relevant werden lassen zu können. Das Problem ist meist die nachträgliche Erfüllung kindlicher Wünsche, um ein Nachlassen der inneren Leere zu erreichen, die das regressive Verhalten des Patienten antreibt.

Therapeutisches Handwerkszeug lässt sich aus einer Kombination von imaginativen Stabilisierungstechniken (Lichtübung) und der Arbeit auf der inneren Bühne (Ego-State-Therapie) zusammensetzen (▶ Kap. 5.9). Bei massiver, nicht mehr kontrollierbarer Regression (Einnässen, Babysprache, Krabbeln) kann eine klare Begrenzung des Verhaltens und eine Sicherung des inneren Kindes am sicheren inneren Ort sinnvoll sein. Meist können Trigger gefunden werden, die das plötzliche, extrem kindliche Verhalten anstoßen (Täter-Kontakt, familiäres System, Ähnlichkeiten von Mitpatienten mit Tätern, Wörter). Es geht dann darum, die Trigger zu kontrollieren (▶ Kap. 5.13).

Ist allgemein auffällig, dass einem Patienten in seinem ganzen Habitus eine stark regressive Neigung im Sinne einer defizitären emotionalen Nachreifung eigen ist, kann es sinnvoll und hochwirksam sein, ihm einen Zeitraum zur Verfügung zu stellen, in dem er sich wie ein kleines Kind verhalten darf.

Wir haben gute Erfahrungen mit einer »Regressionswoche« gemacht. In dieser zeitlich klar eingegrenzten Zeitspanne gelten die Regeln, die z. B. für ein siebenjähriges Kind gelten würden: Die Teilnahme an der Therapie ist nicht zwingend, es gibt Spielzeiten, eine Bezugsperson ist ständig im Kontakt, Wut, Trauer und Angst dürfen unreflektiert und unmittelbar ausgedrückt werden, Hilfestellungen werden niederschwellig und kindgerecht angeboten, die Schlafzeiten werden angepasst, zum Einschlafen wird vorgelesen, es finden Belohnungen statt, Wünsche werden erfüllt. Ziel ist, einen direkten Zugang zu den Gefühlen des inneren Kindes zu finden und somit eine emotionale Nachreifung anzustoßen. Schöne Erlebnisse und die Erfahrung einer sicheren Bindung können auf dieser Basis nachhaltig erfüllend sein und das Gefühl der inneren Leere (den permanenten Hunger nach emotionaler Sättigung) in vielen Fällen längerfristig mildern.

5.9 Die Innere Bühne: Ego-State-Therapie bei ESD und DIS

Die Arbeit mit dem »inneren Kind« führt in die Arbeit mit Ich-Anteilen auf der inneren Bühne ein. Der Umgang mit dysfunktional gewordenen, dissoziierten Ego-States nach einer frühen und wahrscheinlich sequenziellen Traumaerfahrung wird hier ausführlicher dargestellt, weil es sich bei der Arbeit mit schwer süchtigen und traumatisierten Jugendlichen in vielen Fällen anbietet, die Ego-State-Therapie (Watkins & Watkins 2003) zu nutzen. Auch wenn sich nicht das Vollbild einer strukturellen Dissoziation 3. Grades herausbildet, entstehen doch bei vielen Kindern mit traumatischen Erlebnissen vor dem sechsten Lebensjahr Abspaltungen von Ich-Anteilen, die im

Sinne des Dissoziationskontinuums bereits früh eine strukturelle Störung der Übergänge zwischen den ursprünglich funktionalen Ego-States erkennen lassen.

Die Arbeit mit dissoziierten Ego-States stellt in der Traumatherapie eine große Herausforderung dar: Zuallererst muss man eine strukturelle Dissoziation der Persönlichkeitsanteile überhaupt erkennen. Oft wirken die Patienten kompetent, weil sie ihre Anscheinend Normale Persönlichkeit (ANP) auf der inneren Bühne »nach vorne gestellt« haben, d. h. sie zeigen den Anteil, der gelernt hat, sich (über-)angepasst, hochfunktional und sozial erwünscht zu verhalten. Erst in Stresssituationen (unter Triggereinfluss) fällt der abrupte Wechsel der Verhaltensweisen, der Affekte, der Sprache und des Bindungsverhaltens auf. Gerade zu Beginn einer stationären Therapie ist man geneigt, starke Stimmungsschwankungen und impulsive Affektausbrüche der Entzugssymptomatik zuzuschreiben. Hat man die Wechsel auf der inneren Bühne als Symptome einer Ego-State-Dissoziation erkannt und will man sich den Ich-Anteilen nähern, wird diese therapeutische Zuwendung oft als bedrohlich erlebt. Viele Ich-Anteile wollen nicht gesehen werden und haben Angst, abgewertet, abgelehnt und »wegtherapiert« zu werden. Am meisten stören »innere Täter« und »innere Verfolger« diesen Prozess, weil sie sich durch neue Bündnisse am meisten bedroht fühlen und über ein erheblich destruktives Potential verfügen. Sie stellen die Machtfrage, sind oft ausgesprochen impulsiv und fördern selbstverletzendes sowie fremdaggressives bzw. dissoziales Verhalten. Daher müssen wir uns mit dem Täter-Introjekt beschäftigen, das häufig sichtbar wird, wenn früh drogenabhängig gewordene Jugendliche mit Traumafolgestörung und Bindungsstörung plötzlich ausgeprägt dissoziale bzw. gewalttätige Verhaltensweisen zeigen. Es soll hier ein Ansatz gezeigt werden, wie die Ego-State-Therapie in die Sucht- und Trauma-Therapie integriert werden kann (Peichl 2017). Gerade bei Jugendlichen sehen wir dieses Konzept als sehr hilfreich an. Außerdem entspricht es dem neurophysiologischen Korrelat der Ich-Kohärenz-Bildung (Bündel-Ich-Konzept, Roth 2015).

5.9 Die Innere Bühne: Ego-State-Therapie bei ESD und DIS

5.9.1 Eine innere Bühne entwickeln

Die Abwehr des Konzepts der inneren Anteile durch die Patienten steht häufig am Anfang der Auseinandersetzung mit Ego-States: Nicht nur die Idee, das Ich könnte nicht kohärent, sondern gespalten sein, provoziert eine Abwehr. Es sind die dissoziierten Ego-States selbst, die ihre Aufdeckung vermeiden wollen. Sie alle existieren nur aus einem Grund: Sicherheit herzustellen und das Überleben zu sichern. Jeder Versuch, sich der inneren Bühne zu nähern und Licht ins Dunkel zu bringen, wirkt zunächst für einige Ich-Anteile bedrohlich. Die Sicherheit wird durch den Blick des Therapeuten in Frage gestellt. Jede Veränderung birgt Risiken und könnte destabilisieren. Die Entwicklung und Aufdeckung der inneren Bühne braucht daher Behutsamkeit und Wertschätzung für alle Ich-Anteile, die in ihrer schützenden Funktion gesehen werden wollen, was besonders bei Täter-Introjekten kompliziert werden kann, weil diese Anteile sadistisch und grausam sein können, wenn sie meinen, sich wehren zu müssen. Diese Seiten trotzdem in ihrer schützenden Funktion wertzuschätzen oder zumindest zu akzeptieren, ist nicht einfach, weder für den Patienten noch für den Therapeuten. Ziel ist es erstens, auch den destruktiven und quälenden Ich-Anteilen eine neue Aufgabe zu geben, damit sie die Therapie nicht permanent zu stören versuchen. Zweitens soll durch den distanzierten Blick auf die innere Dynamik der Ego-States eine Beobachter-Perspektive eingeführt werden, die eine allmähliche Entwicklung eines übergeordneten Erzählers ermöglichen soll. Die übergeordnete, beobachtende und beschreibende Instanz schafft drittens nicht nur Distanz zum Geschehen, sondern ermöglicht auch neue Deutungen, Kontexte, Rahmungen und Umleitung von Energien.

> Merke: Insgesamt soll durch Verständnis für die Motivationen, Fähigkeiten und Befürchtungen der einzelnen Ich-Anteile Ruhe, Akzeptanz und Entängstigung hergestellt werden. Dadurch entstehen mehr Kontrolle und Kohärenz im Sinne eines funktionale-

> ren Miteinanders aller Ego-States, die gelernt haben, sich einer neuen, nicht mehr traumatischen Situation anzupassen.

In der Tiefe geht es also um die Verankerung einer neuen Erzählung in der Zeit: Es ist vorbei. Eine neue Erzählung, eine neue Gegenwart, eine neue Rahmung, Deutung, Kontextualität und Geschichtlichkeit des Selbst hat begonnen (Narrativ). Was früher einmal dem Überleben diente, ist heute dysfunktional und selbstzerstörerisch. Es geht also, wie so oft im Trauma, um die Wiedereinführung des Unterschieds von Gegenwart und Vergangenheit. Dazu gehört auch die Auseinandersetzung mit Triggern: Bestimmte Schlüsselreize führen zu einer impliziten Erinnerung an die Bedrohung, was zur Folge hat, dass die Ich-Anteile das Verhalten steuern, die in der damaligen Bedrohung (Freezing) entstanden sind. Wechseln die Trigger, wechseln auch die Ego-States, die Verhaltensmuster ändern sich, der Ausdruck der Persönlichkeit (Stimme, Reifung, Kognition), die Art der Bindung und die Symptomatik. Bei einer Dissoziativen Störung 3. Grades (DIS) weiß der Patient nicht einmal, welche Ego-States gerade noch anwesend waren. Ziel ist also viertens, nicht nur ein Bewusstsein für das Wechseln der Anteile zu entwickeln, sondern aller Trigger zum Trotz die Kontrolle über den Wechsel der Anteile zu bekommen, indem diese direkt angesprochen werden und gebeten werden können, nach vorne zu treten bzw. zu übernehmen. Das ist das höchste Ziel: Dem Patienten im Dialog zu zeigen, wie er z. B. einen regressiven, kindlichen Opfer-State dadurch beenden kann, dass er einen erwachsenen Helfer-State selbst dazu bringt, die Führung zu übernehmen und den kindlichen Ich-Anteil zu bergen und zu beruhigen. Bei abhängigen und komplex traumatisierten Jugendlichen ist es oft ein Betäuber-State (= innerer Helfer, Beschützer-State), der mit Suchtdruck zur chemischen Dissoziation drängt, wenn Probleme (Trigger) auftauchen. Auf der inneren Bühne kann diese Schutzfunktion erst gewürdigt und dann umformuliert werden: Welche neue Aufgabe könnte der Beschützer-State übernehmen?

Folgende Fragen tasten sich an die Ego-States heran (Besser 2014):

5.9 Die Innere Bühne: Ego-State-Therapie bei ESD und DIS

- Welche Rollen, Seiten, Stärken, Schwächen, Wesen, Muster kennst du bei dir?
- Welche Seiten, Anteile, Mitglieder gibt es noch? (Vertiefung)
- Fallen dir Namen für diese Seiten (Anteile) ein?
- Wie lautet die zentrale Botschaft (Mantra, Tirade) jedes Anteils? (z. B. Täter-Anteil: »Gewalt ist geil!«; Helfer-Anteil: »Wir müssen zusammenhalten!«)
- Welche Stärken (Qualitäten, Fähigkeiten) hat jeder Anteil (auch Täter-Introjekte!)?
- Welche Funktionen (Aufgaben) hat jeder Anteil im inneren System?
- Welche Schwierigkeiten (Konflikte) im Alltag können einzelne Anteile (Mitspieler) auslösen?

Das Kartographieren (Mapping) der einzelnen Ego-States erfolgt wie bei einer systemischen Aufstellung: Die Anteile erhalten in einem von oben betrachteten virtuellen Kopf eine ihrer Funktion und Beziehung entsprechende Position. Die im Alltag dominierenden, angepassten Anteile stehen vorne, die im Hintergrund verdeckt agierenden, manipulierenden, plötzlich aus der »Tiefe« auftauchenden Anteile (Täter-, Helfer-, Betäuber-, Opfer-States) stehen hinten. Mit Pfeilen können Beziehungen und Wechselwirkungen, Loyalitäten und Abstoßungen markiert werden. Entscheidend ist die Trigger-Situation: Was passiert, wenn von außen das System destabilisiert wird? Wer übernimmt wann die Führung? Wann wird der Täter wach? Wann wird das innere Kind gerettet? Wann schreitet der »innere Betäuber« ein?

5.9.2 Den inneren Betäuber verstehen und wertschätzen

Im Folgenden wird exemplarisch eine (vereinfachte) Karte von *Anjas* Ego-States gezeigt, wie sie sich in einer Phase der Therapie darstellte (▶ Abb. 5.1).

Man darf nicht vergessen, dass solche Karten Momentaufnahmen einer Ego-State-Dynamik sind, die sich verändern kann. Es gibt keine

5 Integrative Therapie

Ego-State-Mapping
Anja's innere Bühne der Ego-States

Vertikale Spaltung:
1. ANP: „Klassensprecherin"
2. Täter-Introjekt: „Quälgeist", „Aufschneiderin", „Schreihals"
3. Opfer-Introjekt: „Schuldkind", „Lostbaby"
4. Helfer-States: **innerer Betäuber = „Kioskmädchen"**, „gute Freundin" „Enkelin" „gute Oma"

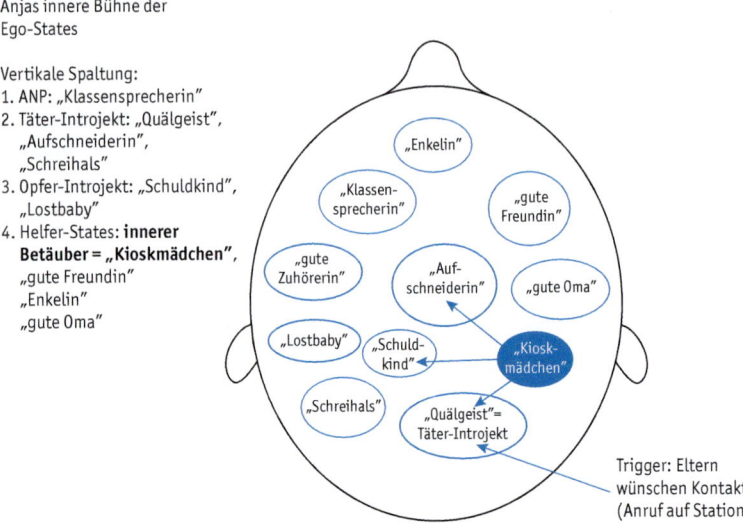

Abb. 5.1: Ego-State-Mapping: Individuelle Karte der Ich-Anteile

starren Schemata, sondern alles ist in Bewegung. Der blaue Kreis markiert den Helfer-State des »Kioskmädchens« (= »innerer Betäuber«), der zwischen »Quäler« (Täter-Introjekt) und »Schuldkind« (kindliches Opfer-Introjekt) durch chemische Dissoziation (Verlangen nach Alkohol) eine schützende Nebelwand aufbaut, wenn Unsicherheit droht. Die Eltern, die real Täter und Mitwisser sind, suchen immer wieder den Kontakt zu Anja und erzeugen damit Schuld, Scham, Qual und Schmerz im »Schuldkind«, das sich daraufhin selbst bestrafen muss (massive Selbstverletzung durch tiefes Schneiden in die Arme). Die Loyalität zu den Eltern, der Wunsch des »Schuldkindes«, zu den Eltern zurückkehren zu können, hat einen hohen Preis. Das »Kioskmädchen« sorgt für Betäubung, bevor es zu einer realen Rückkehr der Täter kommen kann. Die Sehnsucht kann nicht gestillt, aber für kurze Zeit narkotisiert werden. Die »Quäler« können so in Schach gehalten und beruhigt werden. Das »Kioskmädchen« mindert die Massivität der Destruktivität des Täter-Introjekts. Das Problem in

5.9 Die Innere Bühne: Ego-State-Therapie bei ESD und DIS

der Therapie Anjas war, dass mit Entzug und Wegfallen der chemischen Dissoziation die »Quäler« das »Schuldkind« ungehindert attackieren und in den Loyalitätskampf treiben konnten. Die Schuldgefühle wuchsen bedrohlich und der Druck, sich selbst verletzen zu müssen, stieg ebenfalls bis zu suizidalen Impulsen enorm an. Anja erlebte schwer dissoziative Zustände, die sie während der Zeit des Alkoholkonsums durch Selbstbetäubung besser im Griff hatte. Reorientierung, Dissoziationsstopp und Stabilisierungsübungen waren zwar hilfreich, aber der Zwang zur Selbstverletzung wurde durch derartig starke Schuldgefühle getriggert, dass Schuld (und Scham) zum zentralen Thema wurde. Die Kontaktsperre zu den Eltern löste beim loyalen »Schuldkind« ein permanentes Kreisen um die Schuldübernahme (Entlastung der Täter) aus.

Es wurde daher in der Therapie nach anderen Helfer-States (inneren Helfern) gesucht, die dem »Schuldkind« beistehen und es von Schuld entlasten könnten. Es zeigte sich, dass Anja starke Helfer-States hatte, die »gute Zuhörerin«, die »liebende Enkelin« oder die »gute Freundin«. Diese wurden angesprochen und aufgestellt, um sich um das »Schuldkind« zu kümmern. Die Ego-State-Therapie auf der inneren Bühne entwickelte sich wie eine systemische Aufstellung: Das in der zerstörerischen Loyalität mit dem Täter-Introjekt stehende »Schuldkind« wurde in seiner Abhängigkeit und Dynamik zu anderen Introjekten sichtbar, womit sich die Impulse und Energien im Ich-Anteile-System verändern konnten. Das »Kioskmädchen« war symptomatischer Teil dieser Dynamik und seine betäubende Beziehung zum »Schuldkind« war für die Sucht- und Traumatherapie von zentraler Bedeutung. Dabei ging es nicht nur um Schutz, sondern auch um die Ersatzerfüllung einer Sehnsucht nach Familie. Die Sehnsucht des »inneren Kindes« konnte aber auf Anjas Bühne nicht erfüllt, sondern nur betäubt werden. Die Dynamik der Sucht kann verändert werden, wenn das »innere Kind« ernährt und geborgen wird, was auf der inneren Bühne auch nachträglich inszeniert bzw. symbolisiert werden kann. Aber wie?

5.9.3 Das sehn-süchtige Kind: Das innere Kind ernähren

Regressive, vernachlässigte und bedürftige innere Kinder (z.B. das »Schuldkind«) haben eine starke Assoziation zur Sucht: Der unstillbare Hunger nach niemals erlebter sicherer Bindung und die Sehnsucht nach Geborgenheit sind (aufgrund der eigenen Bindungsstörung und der fehlenden Bindungsrepräsentanzen) unerfüllbar, die »innere Leere« bleibt und die tief empfundene innere Verlorenheit lässt sich nur noch betäuben bzw. durch den Rausch vergessen. Alle Drogen wirken auf das Belohnungssystem, die soziale dopaminerge Verstärkung kann so wenigstens imitiert werden. Das Empfinden eines tiefen Mangels an Bindung ist implizit meist mit einem umfassenden Minderwertigkeitsgefühl, mit Schuld und Scham verbunden. Die Kognition verabsolutiert entsprechend selbstdestruktive und selbstabwertende Glaubenssätze (»ich bin wertlos«, »ich habe es nicht verdient«, »ich bin hässlich«).

> Das Risiko, durch Drogenkonsum Schaden zu nehmen oder sogar früh zu sterben, wird konsequent in Kauf genommen, das eigene Leben hat kaum noch Schutz verdient. Auf der inneren Bühne von früh und schwer abhängig gewordenen Jugendlichen wird man diesen vernachlässigten Kindern oft begegnen.

Das Problem ist (wie bei *Anja*) eine hohe Loyalität gegenüber den Mitgliedern der deprivierenden Familie bzw. gegenüber den Tätern: Die frühe Objekt-Spaltung und die Täter-Introjekt-Bildung führen zu einer Entlastung des Täters, zu dessen Idealisierung und zur Schuldübernahme auf Seiten des Opfers. Wie aber kann man das innere Kind nachträglich ernähren? Wie die fatale Abhängigkeit vom Täter, der womöglich sogar der Ernährer war, lösen?

Die imaginäre Arbeit mit dem inneren Kind besteht zunächst darin, dass man mit dem Kind Kontakt aufnimmt, was oft schwer genug ist, selbst wenn Jugendliche sehr regressiv und kindlich erscheinen. Regression muss nicht bedeuten, dass die Patienten auch

5.9 Die Innere Bühne: Ego-State-Therapie bei ESD und DIS

bewussten Zugang zu ihren kindlichen frühen Ego-States haben, im Gegenteil. Gerade die stark abgespaltenen Opfer-States sind nur schwer erreichbar. Zunächst wird durch vorsichtiges Befragen und Entwickeln das innere Kind selbst, aber auch seine Co-Existenz mit anderen Ego-States sichtbar gemacht. Erst wenn das innere Kind (z. B. als »Schuldkind«, »Traumkind« oder »Schreikind«) ansprechbar wird, lässt es sich im Systemzusammenhang der Bühne (▶ Kap. 5.9.1) »nach vorne« und zur aktiven Teilnahme bewegen. Lässt sich das innere Kind auf die Ansprache und eine Kooperation ein, können innere Helfer und »Versorger« installiert werden, wie zum Beispiel das gute Introjekt der Ersatzmutter-Oma. Und es können imaginative Techniken eingesetzt werden, von denen hier zwei vorgestellt werden. Ziel der imaginativen Ansätze ist, dass die Patienten lernen, ihr inneres Kind nachträglich selbst emotional zu ernähren, was das Erleben von Selbstwirksamkeit stärken und die Abhängigkeit von instabilen Primärbindungen vermindern kann.

1. Glücks-Übung: Eine Lebenslinie wird zuvor entwickelt. Verschiedene Ereignisse werden auf der Linie eingetragen. Wo sind glückliche Lebensmomente? *Stell dir vor, dass der schönste Glücksmoment auf dieser Linie aufleuchtet. Lass ihn immer stärker leuchten, wie ein Faden in einer Glühbirne, der immer wärmer wird. Spürst du das Leuchten und die Wärme? Jetzt stell dir vor, dass sich dieser Lichtpunkt über den ganzen Lebensfaden hinweg ausbreitet.* Das Licht dehnt sich aus bis zur Kindheit und erwärmt den ganzen leuchtenden Lebensfaden mit all seinen Erinnerungen.
2. Licht-Übung mit innerem Kind: Ein starker Lichtstrahl wärmt den Kopf von oben. Zuerst wird die Schädeldecke warm. Der Patient lässt das Licht durch den Körper wandern und ist achtsam für alle Gliedmaßen und Organe, die durch das Licht, das langsam durch den Körper wandert, erwärmt und erleuchtet werden. Wie bei einer Körper-Achtsamkeitsübung wird jeder Körperteil wahrgenommen und mit Wärme und Licht gefüllt. Das Wohlfühlen wird betont. Das Licht wandert schließlich in die Füße, wo es austritt und einen Lichtkreis (Lichthof) um die Füße bildet. Dann bittet

man das innere Kind, sich in den Lichtkreis zu stellen und das Licht und die Wärme zu spüren. Das Kind nimmt so viel Wärme in sich auf, wie es kann. Es ist genug Licht für beide da. Die Betonung liegt auf dem Versorgen, Teilen, Abgeben, der Fürsorge und Hingabe. Es wird auch die Fähigkeit zur Empathie geübt.

5.9.4 Umgang mit Täter-Introjekten und inneren Verfolgern

Besonders sadistische Täter-Introjekte lösen in der Gegenübertragung Abscheu und Abgestoßensein aus. Die erste Reaktion des Therapeuten ist daher meist Ablehnung und die Neigung zum Exorzismus: Man möchte die »Quälgeister« loswerden und den Patienten befreien. Leider wird man damit keinen Erfolg haben, im Gegenteil: Der Patient fühlt sich insgesamt abgelehnt und wird sich nicht einlassen können. Das Täter-Introjekt wehrt sich gegen seine Abschaffung und reagiert destruktiv, wütend oder sadistisch. Es kommt zu genau der Eskalation, die man eigentlich vermeiden wollte. Grundsätzlich gilt daher im Umgang mit inneren Tätern: Der Therapeut muss seine Abscheu überwinden und sich auf der inneren Bühne zumindest neutral annähern. Besser aber noch würdigt er die Schutz-Funktion des Introjekts: Auch die Täter-Anteile haben eine wichtige Funktion gehabt, sie haben zum Überleben beigetragen. Ihr Entstehen ist einer Situation geschuldet, in der die Introjekt-Bildung und Abspaltung überlebenswichtig schien. Dieser Teil ihrer Geschichte darf nicht vergessen werden. Das heißt nicht, dass man den Aufruf zu Gewalt als Lösung für gut befindet, sondern nur, dass man versteht, welche Bedeutung dieser Aufruf hat. Daraus resultiert eine bestimmte Kommunikationsweise, wie man Täter-Introjekte ansprechen und locken kann, wie man ihre narzisstische Seite füttert, um sie in eine Richtung steuern zu können, die weniger Schaden und mehr Funktionalität für das Gesamtsystem bedeutet.

> Merke: Eine Löschung der abgespaltenen neuronalen Netzwerke, die das neurophysiologische Korrelat der Täter-Introjekte bilden, ist nicht möglich. Die Jugendlichen müssen lernen, mit der strukturellen Dissoziation zu leben. Das geht nur, wenn nicht einzelne innere Teammitglieder bekämpft oder unterdrückt werden, sondern wenn alle gleichberechtigt Anteil an der Aufgabenverteilung haben.

Und das Zentrum dieser Dynamik heißt bei schwer traumatisierten Jugendlichen: Schutz und Sicherheit. Der Therapeut versteht also, dass dies kein Widerspruch ist zur selbstdestruktiven Kraft, Wut, Impulsivität und Hässlichkeit, die ihm (sadistisch oder nicht sadistisch) entgegenblickt, wenn ihm Einblick in die innere Bühne gewährt wird.

5.10 Kognitive Traumatherapie: Arbeit am Narrativ

Die »Traumafokussierte kognitive Verhaltenstherapie« (Tf-KVT) (Cohen, Mannarino, Deblinger 2006, 2009) ist die bisher am besten empirisch begründete Traumatherapie für Kinder und Jugendliche und wurde durch viele Studien evaluiert. Grundsätzlich folgt der Aufbau aber der gängigen Linie von Psychoedukation, Stabilisierung, Entspannung, Exposition, Integration, Sicherheit und Rückfallprävention. Hilfreich sind verhaltenstherapeutische Strategien des Umgangs mit den typischen posttraumatischen Verzerrungen im Bereich der Kognition: Negative Überzeugungen, Übertreibungen, Generalisierung, Katastrophisierung, ein Mangel an Kohärenz, kognitive Dissonanz und Schulddeutungen sind das Feld möglicher kognitiver Umstrukturierungen, die allerdings in der Traumatherapie einer guten Vorbereitung und Einbettung im Sinne des Stufenmodells bedürfen. Dieses Konzept kontrastiert etwas mit der Haltung der achtsamkeitsbasierten Verhaltenstherapie, die zuerst die Akzeptanz aller Gedanken und Gefühle favorisiert (▶ Kap. 5.16).

Bei der kognitiven Verhaltenstherapie dominiert dagegen der Wille zur Veränderung: Man kann zwischen traumabezogenen Gedanken und dissoziativen Denkmustern unterscheiden. Wichtig ist die Feststellung, dass dissoziative Denkmuster aus Freezing und Fragmentierung entstehen. Das heißt, diese stark gepolten, einseitigen, extremen, negativen Intrusionen stehen abgespalten, dissoziativ und ohne integrierbaren Kontext da. Und das macht zugleich ihre Unkontrollierbarkeit aus, ihre fehlende Steuerbarkeit und damit ihre destruktive Macht.

Zunächst wird zwischen Gedanken, Gefühlen und Verhalten unterschieden. Die Patienten lernen, ihre inneren Dialoge und automatischen Gedanken zu erkennen und zu verbalisieren. Richtige und falsche, hilfreiche und nicht hilfreiche Gedanken werden unterschieden. Das Prinzip des Hinterfragens und Ersetzens dysfunktionaler Gedanken wird eingeführt und auf Alltagssituationen angewendet. Es soll hier aber darauf hingewiesen werden, dass die dissoziativen Denkmuster sich oft gegen Umdeutung »wehren«, man braucht Geduld. Um diese Gedanken unter Kontrolle zu bringen, muss man ihnen einen Kontext zurückgeben, einen Rahmen, der die Integration ermöglicht. Es geht also nicht nur darum, neue Deutungen zu entwickeln, sondern auch Narrative zu finden, wo keine möglich zu sein scheinen. Alte Denkmuster aufzugeben heißt für den Traumatisierten, Sicherheit aufzugeben. Daher muss sich der Therapeut um die Sicherheit kümmern und den Rahmen für »gewagte Experimente« bauen. Es braucht viel Vertrauen zwischen Patient und Therapeut, eine gute Nähe-Distanz-Regulation und Erklärungsmodelle zur Distanzierung von sich selbst. Hier sind auch Achtsamkeitsübungen und imaginative Übungen hilfreich, die symbolisch das Thema der Kognition aufnehmen können. Dabei geht es auch darum, Distanz zu sich selbst zu schaffen: Ich bin nicht meine Gedanken! Yoga und Meditation können diese Lösung von eingefrorenen Denkmustern erleichtern (▶ Kap. 5.16).

Das Traumanarrativ dient der Kontextualisierung und der schrittweisen Exposition mit der traumatischen Erinnerung, um eine Habituation im Sinne einer angstfreien Erinnerung zu erreichen. Durch das wiederholte Schreiben, Vorlesen und Ergänzen der Traumaerzählung werden die emotionale und kognitive Bewältigung sowie ein kohärentes Verständnis des erlebten Traumas gefördert. Die Kontrolle über die triggerbare intrusive Erinnerung nimmt zu und Schuldzuweisungen können korrigiert werden. Sicherheitsgefühl und Vertrauen in eigene Fähigkeiten sollen gestärkt werden. Der Aufbau der Erzählung folgt einer schrittweisen Annäherung an den »schlimmsten Moment« und achtet dabei auf eine gute Dosierung von Expositionsdauer und -intensität (Sachser, Rassenhofer 2016). Zum Abschluss kann das erarbeitete Narrativ Bindungspersonen (Eltern) vorgelesen werden, damit diese das Kind besser verstehen und seine Bewältigung wertschätzen können.

5.11 Arbeit am Affekt: Scham, Schuld und Angst

Scham und Schuld sind die fast obligat herrschenden Affekte sowohl bei Sucht- als auch bei Traumafolgestörungen. Diese Affekte schweißen die beiden Störungen emotional stark zusammen. Sie verstärken sich gegenseitig, weil sie ständig das Versagen in Erinnerung bringen, den Übergriff auf die Intimität, die eigene Unfähigkeit, die Grenzen zu verteidigen, die angenommene Schwäche durch Demütigung. Die Selbstbetäubung möchte diese beiden quälenden Gefühle zum Verschwinden bringen. Die Angst, von Beschämung und Schuldgefühlen gequält zu werden, kommt noch hinzu. Gleichgültigkeit lässt sich chemisch erzeugen, Drogen betäuben diese Affekte und bringen den Betroffenen körperlich in den Bereich der »Gefühllosigkeit« und Schmerzlosigkeit. Die Auseinandersetzung mit diesen Affekten ist zentral und es ist wichtig, sich daran zu erinnern.

> Scham und Schuld werden in der Therapie oft vermieden, nicht nur seitens des Patienten, sondern auch seitens des Therapeuten, der genau spürt, wie unangenehm diese Gefühle werden können. Gerade deswegen müssen sie zur Sprache kommen, d.h. sie brauchen eine Validierung, eine Deutung, einen sprachlich formulierbaren Kontext, um eingeordnet werden zu können.

5.11.1 Scham

Bei der Scham geht es um den Übergriff, um den Angriff auf die Intimität und den Verlust der geschützten Grenzen. Im Wiedererleben dieser Scham während der Therapie (im Gespräch) ist die Scham meist sehr intensiv spürbar. Sie überträgt sich auf den Therapeuten, der das Gefühl haben kann, er selbst habe den Patienten beschämt, ihn durch sein Fragen zur Scham gezwungen. Dadurch können auch »Täter-Gefühle« transportiert werden, die sich für den Therapeuten sehr unangenehm anfühlen können. Es ist dann wichtig, schnell zu analysieren, woher diese Gefühle kommen, um aus der Täter-Opfer-Dynamik affektiv aussteigen bzw. diese angemessen spiegeln zu können. Es ist vor allem wichtig, nicht in die abwehrenden Affekte zu geraten und nicht zu versuchen, dieses unangenehme Gefühl (welches Patient und Therapeut in diesem Moment eigentlich verbindet) schnellstmöglich loswerden zu wollen. Der Patient hat sonst wiederum den Eindruck, er selbst werde aufgrund seiner Scham abgelehnt und er dürfe diese Scham eigentlich nicht zeigen.

Daraus ergibt sich für die Dynamik der therapeutischen Beziehung: Es geht aus tiefenpsychologischer Sicht darum, die Scham gemeinsam auszuhalten und eben nicht sofort zu reagieren, abzulenken, zu überspringen oder Erklärungen zu bieten. Der Therapeut steht dem Jugendlichen in seiner traumatischen Abhängigkeit bei, indem er

5.11 Arbeit am Affekt: Scham, Schuld und Angst

seiner Scham (»ich bin ein kaputter Junkie«) Raum und Akzeptanz gibt. Die isolierende Macht der Scham wird gebrochen, indem sich diese durch das gemeinsame Aushalten relativiert. Dies ist auch ein Vorgang der Habituation durch Exposition: Die Scham wird ausgehalten, sie wird benannt und kann in ein Narrativ eingebettet werden. Die Schamkurve fällt durch Gewöhnung ab und es ist im Hier und Jetzt »nichts Schlimmes« passiert. Der Teufelskreis der Schamvermeidung kann so geschwächt werden.

Sucht- und Trauma-Patienten haben einen doppelten Grund sich zu schämen, ihre Intimität wurde verletzt und sie sind Junkies. Die doppelte Scham trennt den Sucht- und Trauma-Patienten massiv von der sozialen Wirklichkeit: Scham ist (im Gegensatz zur Schuld) nicht dialogisch (Hirsch 2006), d.h. die Jugendlichen fühlen sich durch die Scham nicht mehr als Teil der normalen sozialen Sphäre. Dieser Aspekt des Getrenntseins durch das Gefühl der Scham wird häufig nicht gesehen. Die Affektüberflutung in Momenten der Beschämung ist enorm und hat massive Auswirkungen auf die Selbstwertregulation.

Der Drogenkonsum hat oft das Ziel, genau diese ständig bohrende Scham nicht mehr spüren zu müssen. Die traumatischen Momente heftiger Beschämung lösen sich aber in der Habituation während der Exposition. Ein einsetzbares Verfahren ist die Screentechnik (Bildschirmtechnik, z.B. Reddemann 2003): Der traumatische Augenblick wird als innere Szene auf eine gedachte Leinwand projiziert und als Film laufen gelassen. Der Patient hält eine Fernbedienung in der Hand und lernt, den inneren Film zu beeinflussen: Er kann ihn in Zeitlupe oder beschleunigt abspulen, ohne Ton oder in Schwarz-Weiß. Die Verfremdung macht das Gesehene aushaltbarer und gibt dem Betrachter Selbstwirksamkeit zurück. Exposition der Scham und Konfrontation mit den vernichtenden Gefühlen sind wichtig für das Durchbrechen der Vermeidung als einfachste Lösung.

Auf der inneren Bühne gibt es nicht selten Opfer-States, die das Gefühl von Scham aufgenommen haben und die Aufgabe haben, die Scham für die anderen zu tragen und zu bergen. Innerer Betäuber (»Kioskmädchen«) und schamvoller Opfer-State (»Schleimkind«)

können sehr eng verbunden sein. Scham ist ein starker Trigger für Suchtdruck und für Flashbacks. In der Ego-State-Therapie geht es um den Schutz der Intimität der States: Wie kann die Intimität wiederhergestellt bzw. gesichert werden?

5.11.2 Schuld

Schuld ist dialogisch (Hirsch 2006) und das ist die Chance für die Therapie: Es geht um Vergebung und Loslassen der Schuld in der Interaktion mit einem Gegenüber. Schuld ist gepolt, sie bezieht sich auf jemanden, demgegenüber die Schuld eingestanden oder gefühlt wird. In Sucht- und Trauma-Systemen geht es immer auch um Schuld und Aufgabe der Therapie ist es, die systemische Verteilung der Schuld und die Schuldkommunikation aufzudecken und in Frage zu stellen. Die Opfer-Täter-Dynamik führt über den Vorgang der Introjektion zu einer Schuldübernahme beim Opfer und einer Schuldentlastung beim Täter. Es geht in der Therapie darum, diesen Prozess durch einen Perspektivwechsel umzukehren.

Am Beispiel *Anjas* heißt das, die Schuld direkt anzusprechen und zu hinterfragen: *Schau das sechsjährige Kind an, schau den großen Mann an, meinst du wirklich, dass sich das Kind wehren kann? Ist das realistisch? Was hätte das Kind denn tun sollen?* Die Übernahme der Täter-Schuld als Prinzip der Entlastung des Täters darf und soll in Zweifel gezogen werden. Das System der Schuldübernahme ist natürlich ein Überlebensmechanismus des Kindes und der einsetzende Zweifel an der Richtigkeit des Schuldgefühls hat Anja entsprechend verunsichert. Diese Phase der Irritation ging mit einem verstärkten Auftreten von Dissoziationen einher und Anja musste auf der inneren Bühne immer wieder stabilisiert werden. Nach einer gewissen Latenzzeit konnte sie sich jedoch an den Gedanken gewöhnen, dass es nicht richtig sein könnte, dem kleinen Mädchen alle Schuld anzulasten.

Die Schuldübernahme hat auch noch in einem anderen Sinne eine Schutzfunktion: Sie sichert das letztmögliche Gefühl von Selbstwirksamkeit: *Ich hätte doch noch etwas tun können.* Dieser Satz schützt vor völliger Ohnmacht und Hilflosigkeit, er erzeugt die Illusion von Handlungsmacht.

> Merke: In der Therapie destabilisiert sich der Patient, wenn die Einsicht kommt, dass es definitiv keine Möglichkeit des Entkommens gab. Darauf sollten Therapeut und Patient vorbereitet sein.

Das Schuldgefühl blieb in Anjas Fall aber auch auf der systemischen Ebene aktiv: Die Schuld war die letzte Verbindung zum Elternsystem. Anja lebte in einem Trauma-Abhängigkeits-Bindungssystem: Besser Schuld und Scham als gar keine Bindung mehr. Es wurde zu einer Aufgabe der Familiengespräche, diese Abhängigkeitsbeziehung aufzudecken und anzusprechen. Es wurde sondiert, inwiefern der Wunsch nach Schuldeingeständnis, Verzeihung und Vergebung bei den Eltern bestand und somit eine dialogische Neuverteilung der Schuldübernahme möglich war. Hier kam das Familiensystem leider schnell an seine Grenzen.

Es soll noch darauf hingewiesen werden, dass Schuld auch als Transmissionsgefühl (Hirsch 2006) existieren kann: Wenn sich Vater und Großvater schuldig gemacht haben, kann die Schuld (unbewusst) an die Kinder »vererbt« werden. Die systemische Arbeit an der Schuld überprüft solche transgenerationalen und transmissiven Muster.

5.11.3 Angst

Therapeuten sind es gewohnt, mit ängstlichen Kindern und Jugendlichen zu arbeiten. Die Angst ist bisher in allen Kapiteln direkt oder indirekt thematisiert worden, dabei ging es vor allem um traumatische Angst und Todesangst, verbunden mit Ohnmacht und Ausweglosigkeit im Sinne der traumatischen Zange (Huber 2005). Fast alle hier genannten therapeutischen Bemühungen beziehen sich im Grunde auf die Angst als Affekt der traumatischen Angst-Stress-Achse, deren Dysregulation Freezing und Dissoziation erzeugt. Es

5 Integrative Therapie

kann hier nicht alles noch einmal wiederholt werden, nur einige wesentliche Aspekte der Arbeit mit der Angst sollen noch einmal verdeutlicht werden:

Kinder und Jugendliche, bei denen die Angst aus unsicheren Bindungserfahrungen und traumatischen Situationen resultiert, brauchen eine neue Affektvalidierung der Angst. Sie können nicht mehr sortieren, wann die Angst wichtig ist (als Warnung vor einer Rückfallsituation) und wann sie dysfunktional und dissoziativ getriggert ist. Angst triggert Angst und generalisiert schnell. Bald ist für die Jugendlichen nicht mehr zu erkennen, wann die Angst noch einer Funktion folgt und wann sie als Symptom der Traumatisierung erscheint. Stabilisierung, Entspannungsverfahren und Achtsamkeitsübungen sind hilfreich, der triggerbaren Übererregung mit Beruhigung entgegentreten zu können. Ein erhöhtes Sicherheitsgefühl führt zu einer stabileren Affektregulation. Damit ist eine Basis geschaffen, auf der Ängste sortiert und validiert werden können.

Verlust- und Versagensängste können in der Familientherapie angesprochen werden, wo sie meist ihre dynamischen Wurzeln haben.

Sozial phobische Ängste und Versagensängste können auch im Sinne einer Angsthierarchie schrittweise konfrontiert werden. Dafür braucht es ein vertrauensvolles Bündnis zwischen Therapeut und Patient. Es ist wichtig, mit dem Patienten die Schutzzone der Station zu verlassen, um eine reale Angstkonfrontation mit Habituation herstellen zu können.

Traumabezogene Ängste brauchen eine sichere Bindung und Traumakonfrontation (▶ Kap. 5.14). Diese Ängste sind eingefroren bzw. abgespalten und werden sich erst mit der Integration der Traumaerinnerung verändern lassen.

5.12 Bindungsorientierte Therapie

5.12.1 Korrigierende Bindungserfahrungen herstellen

Für die bindungsorientierte Sucht- und Traumatherapie ist folgende Haltung entscheidend: Bindung ist die Basis für alle therapeutischen Bemühungen (Bowlby 1995, Brisch 2005, Grawe 2006). Anhand der Überprüfung des Bindungsverhaltens und der Bindungsmuster lässt sich diese Basis einschätzen und in den Mittelpunkt der Therapie stellen. Voraussetzung für eine korrigierende Bindungserfahrung ist also, dass unsichere Bindungsmuster und Bindungsstörungen überhaupt erkannt und in den therapeutischen Prozess einbezogen werden.

Dabei liegt genau hier die zentrale Verunsicherung: Die Droge springt als Bindungsfigur für unsicher gewordene und traumatisch erlebte Bindungen ein. Die Botschaft fast aller bei uns in Therapie befindlichen Jugendlichen lautet: *Ich will die Drogen aufgeben, habe aber Angst vor dem Preis, den ich dafür zahlen muss. Ich habe Angst vor der Einsamkeit und der inneren Leere, die im Entzug spürbar werden.* Sie sind sich nicht sicher, ob sichere Bindungen für sie ein erreichbares Ziel darstellen. Die Angst vor dem Rückfall drückt letztlich das Eingeständnis dieser Unsicherheit aus: Die Angst zu versagen ist die Angst davor, keinen Menschen zu finden, bei dem sie in Sicherheit sein können. Lieber durch Drogen mit anderen verbunden sein und gemeinsam untergehen, als sich ohne Drogen einsam und ungeliebt zu fühlen.

Die »selbstkongruente, offene, wertschätzende Haltung des Therapeuten hat für die Herstellung der therapeutischen Bindung eine besondere Bedeutung« (Finke 1994, Rogers 1973). Der seelische Transformationsprozess in der Therapie ist ein interaktives Geschehen, eine Co-Kreativität (Fonagy et al. 2002). Emotional belastendes Material heilt, indem Patient und Therapeut auf kontrollierte Weise ihre jeweiligen mentalen Transformationssysteme aktivieren und auf kontrollierte Weise miteinander kommunizieren lassen, ein Vorgang, der als Containing (Bion 1997) bezeichnet wird. Das Ziel der bindungsbasierten Therapie beruht auf einer Prämisse: »Das bindungsrelevante Arbeitsmodell des Kindes bzw. die Bindungsrepräsentation des Erwachsenen kann sich durch eine neue Bindungserfahrung verändern.« (Brisch 2012) Wenn es also einem bindungsgestörten abhängigen Jugendlichen gelingt, in der Therapie zum ersten Mal eine sichere Bindung zu erleben, entwickelt er ein neues Arbeitsmodell, das der bisherigen (traumatischen) Bindungserfahrung widersprechen kann (Buchheim et al. 1998, Köhler 1998). Bowlby (1995) wies darauf hin, dass damit auch neue Konzepte des Selbst aus der Interaktion hervorgehen. Grawe (2006) weist auf den Wert der sicheren Bindung im Rahmen seiner Konsistenztheorie hin: Ziel sollte sein, dass Bindung, Selbstwert, Lustgewinn und Orientierung als die vier Grundmotivationen kongruent (stimmig und einig) sind. Für die Therapie ergeben sich daraus einige Regeln für den Beziehungsaufbau:

- Konzentration auf einen bindungsrelevanten Fokus: Bindung, Trennung, Verlust, Angst vor Nähe, innere Leere, Exploration.
- Sicherheit suchen: Unsicherheit in Bezug auf Vertrauen, Nähe-Distanz-Regulation, Ehrlichkeit, Authentizität oder Offenheit sollten angesprochen werden.
- Der Therapeut muss sich in seinem Fürsorgeverhalten durch das aktivierte Bindungssystem des Patienten ansprechen lassen und ihm emotional zur Verfügung stehen.
- Der Therapeut verhält sich in Kenntnis der unterschiedlichen Bindungsmuster flexibel im Hinblick auf Umgang mit Nähe und Distanz.
- Reflektieren, welche Beziehungsformen in Bezug auf wichtige Bindungspersonen realisiert werden.
- Überprüfung der aktuellen therapeutischen Beziehung, weil sich hier von Selbst- und Eltern-Objekt-Repräsentanzen geprägte Beziehungswahrnehmungen widerspiegeln.
- Der Patient soll aktuelle Wahrnehmungen und Gefühle mit denen aus der Kindheit vergleichen, bis dem Patienten auffällt: Die aus

schmerzlicher Erfahrung stammenden Selbst- und Objektrepräsentanzen sind für die aktuelle Lebensbewältigung von relevanten Beziehungen nicht mehr angemessen.
- Behutsame Lösung des therapeutischen Bündnisses: Vorbild für den Umgang mit Trennung.
- Trennungsängste und Neugier auf Erkundung sollen verbalisiert werden.
- Feinfühligkeit in der Wahrnehmung der oft verzerrten Signale des Patienten; angemessene prompte Reaktion auf Signale.

Im Fall von *Ferris* wurde z.B. deutlich, dass man auf das extreme Risikoverhalten des adoptierten Jugendlichen nicht mit Sorge reagieren durfte, wenn man nicht abgelehnt werden wollte. Auf Trost und Fürsorge reagierte er sofort aggressiv und stark abwehrend. Gleichzeitig suchte er nach Aufmerksamkeit, war BMX-Meister und vielfach auf Youtube mit atemberaubenden Stunts zu sehen. Sein reaktiv bindungsgestörtes Verhalten löste in der Gruppe eine Konfrontation aus: *Du forderst viel Aufmerksamkeit und Nähe, wenn du sie aber bekommst, willst du sie nicht haben oder wirst sogar gewalttätig. Du musst furchtbar einsam sein.* Diese Rückmeldung stürzte Ferris in eine Krise. Er erlebte stark regressive Zustände, durchlebte tieftraurige Phasen und erlebte den unterstützenden Halt der Gruppe und der therapeutischen Bindungsangebote als korrigierende Bindungserfahrung. Am Ende der Therapie konnte er Hilfe annehmen, ohne sie zu zerstören.

5.12.2 Bindung im System: Familientherapie

Die Familientherapie spielt in der bindungsorientierten Behandlung von Kindern und Jugendlichen eine große Rolle, weil

- die Eltern die Veränderung des Kindes akzeptieren und begleiten müssen.

- auch die Eltern eine sichere Basis brauchen, die oft erst noch hergestellt werden muss.
- die Eltern in ihrem Bindungsverhalten die Bindung der Kinder geprägt haben, weshalb die Bindungsarbeit der Eltern die der Kinder positiv beeinflussen kann.
- das Familiensystem oft eine Ressource für alternative Bindungsangebote darstellt.

In **systemischen Aufstellungen** kann die Nähe-Distanz-Regulation in der Familie überprüft werden: Die Aufstellung zeigt, welche Mitglieder eng verbunden und welche außenstehend sind. Es gibt »schwarze Schafe«, »Helden«, Ausgestoßene und Geliebte. Die Abgewiesenen und Schuldigen haben meist die Funktion, das System zu entlasten, und müssen als Ausgestoßene die Projektionen von Schuld und Scham mit sich herumtragen. Die jugendlichen Suchtpatienten leben oft in genau dieser Schuld der Verstoßenen und haben keine Chance mehr, in das System zurückzukehren, auch wenn die Familie dies behauptet. Für traumatisierte Jugendliche geht es vor allem darum, Sicherheit herzustellen, Täter-Kontakt zu verhindern und Schuld-Scham-Affekte in Bindungsqualität umzuwandeln.

Das **Genogramm** zeigt aufschlussreiche Wiederholungen, transgenerationale Vererbungen von Bindungsthemen (Trennung, Verlust, Sucht, Tod, Störungen) und Transmissionen von Bindungsmustern (Schlippe 2005). Mit dem Sichtbarwerden von Strukturen in der Zeit können Schuldfragen anders gestellt werden: Es liegt nicht mehr in der Verantwortung des Einzelnen, sondern es stellt sich die Frage für Generationen, warum sich bestimmte Erfahrungen stets wiederholen. Die Zeit-Bindung zwischen den Generationen gerät in den Fokus und der genetische Blick auf Sucht und Trauma verändert sich.

Der **AAI (Adult Attachment Inventar)** kann eingesetzt werden, um das Bindungsverhalten der Eltern zu überprüfen und reflektierbar zu machen. Die Eltern können ihre eigenen Bindungsmuster in der Prägung durch ihre Eltern erkennen und damit die Weitergabe an ihre Kinder nachvollziehen. Der Therapeut kann in einer Triangulierung auf alternative Möglichkeiten des Bindungsverhaltens aufmerksam machen und darauf einwirken, dass sich die Sicherheit der Bindungen erhöht.

5.12.3 Die Gruppe als zweite Bindungschance

Die Gruppentherapie spiegelt nicht nur das natürliche soziale Milieu der Jugendlichen wider, sondern sie nimmt die bisher kaum erforschte Erfahrung auf, dass die Gruppe das zweite eigenständige Bindungssystem nach der Primärbindung und somit eine zweite Bindungschance darstellt. Die Jugendlichen lernen hier, sich sicher in der Gruppe zu bewegen, ohne die Droge als Bindungsfigur zu brauchen. Sie lernen, ihre Konflikte im Hier und Jetzt zu lösen, Nähe und Distanz zu regulieren und die Angst vor Ablehnung in der Gruppe zu bewältigen und zu kontrollieren. Gerade für Jugendliche, die in der Gruppe lange traumatisiert wurden (rituelle Gewalt, Mobbing, Exkommunikation, Beschämung), ist diese Bewältigung der Angst und der Scham eine große Herausforderung und braucht zu Anfang viel Sicherheit. Die Öffnung in der Gruppe ist für viele Jugendliche eine Exposition und sollte vorsichtig und wohl dosiert erfolgen. Stabilisierung ist auch hier notwendig und wird ebenfalls in der Gruppe geübt. Insgesamt ist der positive Verlauf einer Gruppendynamik sehr heilsam, weil sich Bindungserfahrungen in Gruppen enorm verstärken und Wahrnehmungen effektiv korrigiert und überprüft werden können. Die Rückmeldung und Unterstützung der Gruppe kann eine sehr prägende, nachhaltige Erfahrung sein (Yalom 1995). Die Rolle des Therapeuten ist die eines Vermittlers und Moderators. Sein Ziel sollte sein, sich immer mehr zurücknehmen zu können (Streeck-Fischer 2006).

5.12.4 Imagination und Bindungsrepräsentanz

Bei den Techniken der imaginären Stabilisierung war bereits vom inneren Helferteam, von Krafttieren und der Ernährung des inneren

5 Integrative Therapie

Kindes die Rede (▶ Kap. 5.5 und ▶ Kap. 5.9). Für die therapeutische Arbeit an der Bindung ist der Umgang mit (imaginären) inneren Objekten ebenfalls von Bedeutung: Kinder und Jugendliche können intensive Bindungen zu imaginären Personen, Tieren, Figuren und Objekten aufbauen. Verstorbene Menschen können ins innere Helferteam geholt werden: Der geliebte verstorbene Großvater kann als Helfer auf der inneren Bühne genauso aufgestellt werden wie Spiderman oder Pippi Langstrumpf. Es geht darum, die in der Fantasie sehr intensiv erlebten Bindungen zu erdachten Figuren zu aktivieren und als innere Arbeitsmodelle für sichere Bindungsrepräsentanzen zu nutzen. Gerade abhängige und schwer traumatisierte Jugendliche verfügen oftmals über keine sicheren Bindungspersonen wie Freunde, stabile Eltern oder haltgebende Familien. Die »broken home«-Situation ist typische Normalität und die scheinbar intakten Familien entpuppen sich in der Therapie nicht selten als missbräuchlich oder bindungslos. Die Aufstellung innerer Helfer lässt sich gezielt entwickeln, um in der Fantasie erlebte, gute Bindungsmuster als Sicherheiten zu installieren, um sich gezielt auf bestimmte Situationen, in denen Sicherheit gebraucht wird (Schulversuch, Besuch in einer neuen Klasse), vorzubereiten. Erstaunlich viele Patienten sind spirituellen Bildern zugänglich: Viele Jugendliche, die Schwierigkeiten haben, sich vertrauensvoll auf eindeutige Bindungsangebote einzulassen, können mit dem Motiv des Schutzengels eine machtvolle, aber schützende Bindungsfigur als Begleiter in belastenden Lebensumständen zulassen.

> Die spirituelle Kraft solcher Bindungsfiguren sollte man auch nutzen, wenn Patienten die Therapie abbrechen und in retraumatisierende, unsichere Verhältnisse zurückkehren. Es kann gelingen, ihnen einen schützenden Begleiter an die Seite zu stellen. Dazu kann auch gehören, das innere Kind vorher in Sicherheit zu bringen, indem man Helfer flankiert, die es beschützen.

5.13 Umgang mit Dissoziation: Trigger und Dissoziationsstopp

Das implizite Trauma- und Sucht-Gedächtnis ist der bewussten Kontrolle entzogen. Sprache steht oft nicht zur Verfügung. Das Erinnerungsmaterial ist aber durch Außenreize (Trigger) stimulierbar. Ähnlichkeiten von Affekt, Situation, Täter, Wahrnehmung oder Verhalten lösen plötzliche Flashbacks, Suchtdruck oder Wechsel von Ego-States aus, die eine Therapie erheblich erschweren können. Neben Psychoedukation, Stabilisierung und Reorientierung ist die Kenntnis von und der Umgang mit Triggern eine der wichtigsten Methoden, um mehr Sicherheit und Stabilität zu erlangen. **Triggeranalyse** meint, dass die Patienten die Schlüsselreize entdecken und benennen, die den Rückfall in Traumasymptome (Suchtdruck, Dissoziation, Konsum, Flashbacks, State-Wechsel) einleiten. Auf der Handlungsebene besteht der erste Schritt darin, Kontrolle zu erreichen, indem Situationen und Verhaltensweisen bewusst vermieden werden, die zur Triggerung beitragen. Langfristig soll aber das Vermeidungsverhalten (cave: Angstgeneralisierung!) nicht gefördert werden, sondern nach ausreichender Stabilisierung und Exposition auch eine kontrollierte Konfrontation anstehen. Diese muss aber vorbereitet und sowohl emotional wie kognitiv gerahmt sein. Verfahren der kontrollierten Traumaexposition wie EMDR können dazu genutzt werden, Trigger zu löschen, die Suchtdruck auslösen (▶ Kap. 5.14.3).

Lösen Trigger dissoziative Zustände aus, ist es wichtig, diese beenden zu können. Das subjektive Erleben der Dissoziation ist mit erheblichem Kontrollverlust verbunden. Der Erregungszustand kommt plötzlich und eruptiv. Erstarrung, Freezing, Angst und stereotype Bewegungsmuster gehören ebenso dazu wie der Drang nach Selbstverletzung, Unwirklichkeitsgefühle und als Spannung erlebte Ambivalenz. Die Haltung des Therapeuten ist wichtig, um einen **Dissoziationsstopp** zu erreichen.

> Der Therapeut vertritt den realen Bezugsrahmen und sollte keinesfalls in den dissoziativen Film einsteigen, um die innere Welt des Jugendlichen zu verstehen. Dies käme einer Grenzüberschreitung gleich. Empathie birgt die Gefahr des Übertretens einer Intimität.

Die Haltung muss lauten: Ich verstehe nichts und will es auch nicht. Schluss jetzt, bitte! Das ist nicht leicht, denn dissoziative Zustände sind oft dramatisch, in ihnen aktualisiert sich eine grausame Vergangenheit. Die Übertragungsgefühle sind heftig und lösen starke Gegenübertragungen beim Therapeuten aus. Es gilt, an der Realität und an der Gegenwart festzuhalten, um die Dissoziation zu durchbrechen. Methoden sind (Sachsse 2006):

- Pacing: Sich auf den Körperrhythmus einstellen, spiegeln, Atmung aufnehmen (Stereotypien, Bewegungsmuster)
- Leading: Langsames Verändern der im Pacing imitierten Verhaltensweisen
- Reframing: Eine Bedeutung geben (»Das ist eine gute, beruhigende Bewegung«)
- Symptomverschreibung: Aus der Stereotypie ein Ritual machen, womit sie kein Automatismus mehr ist (»Mach diese Bewegung ganz bewusst«, »Versuche diesen Rhythmus beizubehalten«)
- Rücklauftechnik: Screentechnik und Externalisierung nutzen, um den inneren Film durch Rückspulen auf Distanz zu bringen (▶ Kap. 5.14.2)
- Störmanöver: den Takt aufnehmen, dann aus dem Takt kommen

Langfristig hilft die Einübung von **Achtsamkeit** (▶ Kap. 5.16) als Training gegen Dissoziation. Das Gehirn soll lernen, sich wieder vermehrt in der Gegenwart aufzuhalten.

5.14 Konfrontation und Exposition bei Sucht und Trauma

5.14.1 Trauma, Sucht und Narration: Traumalandkarte

Die traumatische Dissoziation führt zu einem ständigen Orientierungsverlust in der Zeit: Der Schrecken der Vergangenheit wird als real gegenwärtig erlebt. Das Vergangene ist nicht erzählbar, es ist nicht in einen Kontext integriert und nicht historisch markiert. Es ist (noch) nicht vorbei. Das Ringen um die Wiedererzählbarkeit ist ein Ringen um die Wiederherstellung der zeitlichen Ordnung (▶ Kap. 5.10). Die Erinnerung braucht ein zeitliches Kontinuum, Anfang und Ende, damit sie abschließbar ist und auch vergessen werden kann. Unter diesen Voraussetzungen ist es leichter, eine Sinngebung für belastende Ereignisse zu finden. Sinngebung ist eine Voraussetzung, schweres Leid akzeptieren zu können. Die Kohärenz des Bewusstseins hängt davon ab.

Nach der Einführung von Stabilsierung, Psychoedukation, Achtsamkeit und Reorientierung kann die Entwicklung einer **Traumalandkarte** der erste Schritt auf dem Weg zur Auseinandersetzung mit der noch nicht zu Ende erzählten Traumageschichte sein. Es geht um die Visualisierung und Einordnung von traumatischen Erlebnissen auf der X-Achse (Zeit-Achse) und ihren jeweiligen Grad der Belastung auf der Y-Achse (Belastungsskala 1–10). Es entsteht eine biographische Landkarte der Belastungen und ihrer Gewichtung. Nicht selten gibt es diffuse Bereiche in der Karte, Zeiten, aus denen kaum oder nur sehr unscharfe Erinnerungen vorliegen. Oft wissen die Patienten, dass die Zeit »irgendwie nicht gut war«, aber sie können sich an keine konkreten Bilder erinnern, weder negativ noch positiv. Auch die Erinnerung an Affekte aus dieser Zeit bleiben diffus, sie sind wie vernebelt. Solche Bereiche können als Wolken eingetragen werden und markieren eine »Gefahrenzone«: Es ist nicht unwahrscheinlich, dass hier dissoziative Erinnerungen an sequentielle traumatische

5 Integrative Therapie

Erlebnisse »lagern«, deren Aktivierung ein plötzliches Aufbrechen früher dissoziativer Zustände bedeuten könnte. Wir erinnern uns an das Phänomen des »Korkens auf der Flasche« (Huber 2005): Vermutlich ist ein einzelnes erinnerbares Trauma, das in der Traumalandkarte verzeichnet wurde, das näher an die Gegenwart heranreicht und scheinbar die Symptome erzeugt, nur eine Art Verschluss für viel frühere und komplexere Traumata. Diese Erkenntnis ist wichtig, weil der Therapeut dann damit rechnen kann, dass er, wenn er versucht, das einzelne aktuelle Trauma zu konfrontieren, eine Kaskade von plötzlichen dissoziativen Erinnerungen auslöst, die den Patienten völlig überfluten und extrem stressen. Die **Traumakonfrontation** birgt also immer die Gefahr, dass »hinter« einem einzelnen Trauma mehr traumatisches, unbearbeitetes Material verborgen ist, als man auf den ersten Blick erkennen kann. Natürlich weist bereits der Grad der Dissoziation (Symptome einer komplexen PTBS oder eines DESNOS) darauf hin, dass es sich nicht nur um ein einfaches Mono-Trauma handeln kann. Aber eine annähernde Übersicht über mögliche »blinde Trauma-Flecken« oder amnestische »sprachlose« Erinnerungsfelder entsteht erst durch ein genaues Befragen der biographischen Geschichte in Bezug auf Erinnerung an belastende Ereignisse.

Die Traumalandkarte ist somit auch eine wichtige Vorarbeit für die **Traumakonfrontation mit EMDR** (▶ Kap. 5.14.3): Das Löschen einer traumatischen Erinnerung (Traumakanal) kann sich durch das Springen der Assoziation über Affektbrücken während des Durcharbeitens verkomplizieren. Es werden plötzlich mehrere assoziierte Kanäle geöffnet, die vorher in ihren Zusammenhängen nicht erkennbar waren. Der Patient selbst wusste nicht, dass etwas, woran er sich nicht erinnern kann, doch mehr traumatische Erfahrung in sich verbirgt. Es ist die Aufgabe des Therapeuten, dies zu klären, bevor die Konfrontation und Exposition beginnen kann.

5.14.2 Screentechnik

Die Bildschirmtechnik wurde bereits anhand der Arbeit mit Schamgefühlen dargestellt (▶ Kap. 5.11.1): Die kontrollierte Exposition und Konfrontation mit der Scham soll eine Habituation ermöglichen, d. h. ein allmähliches Abflachen der Scham-Belastungs-Kurve durch eine kontrollierte Gewöhnung. Das gleiche gilt für die Trauma-Exposition: Das Gefühl der Kontrollierbarkeit der Exposition ist für die Patienten enorm wichtig, damit sie nicht von Flashbacks und Dissoziationen überrascht und affektiv überflutet werden, wodurch sich das Gefühl der Ohnmacht wiederum verstärken würde. Die kontrollierte Exposition soll also auch das Gefühl der Selbstwirksamkeit erhöhen. Die Screentechnik schlägt dem Patienten folgende Imagination vor: Der belastende innere Film wird als ein am Bildschirm ablaufender Horrorfilm vorgestellt. Der Patient erhält eine Fernbedienung, mit der er den Film beschleunigen, entfärben, rücklaufen lassen oder anhalten kann. Das Bild kann verkleinert und der Ton abgestellt werden. Durch Distanzierung, Verfremdung und Ausschaltung bestimmter Sinneskanäle wird der Film aushaltbar und eine Gewöhnung wird möglich. Die Bilder werden reflektierbar. Durch das Anhalten, Rücklaufen oder Verlangsamen des Filmes kann das Allgemeine konkretisiert und umgedeutet werden. Die Schuld kann durch konkrete Betrachtung umgedeutet und realistisch betrachtet werden. Schuld und Scham sind blockierende traumatische Affekte der Abhängigkeitserfahrung und ihre Auflösung ist in der Therapie von großer Wichtigkeit.

5.14.3 Traumakonfrontation mit EMDR: Standard- und Suchtprotokoll

Die unbehandelte Traumastörung stellt in ihrer Symptomatik eine fortwährende Quelle der Belastung dar, die für süchtige Jugendliche das Risiko eines Rückfalls in den Drogenkonsum und somit die Abhängigkeit erhöht. Hier fügt sich die EMDR (Eye Movement Desen-

5 Integrative Therapie

sitization and Reprocessing) als eine Methode der speziellen Psychotraumatherapie ein (Hase, Hoffmann 2006). EMDR ist aber auch darüber hinaus für die Suchttherapie interessant, weil die Anwendung auch auf Sucht-Trigger möglich ist, d.h. eine Veränderung des Suchtdrucks (Verlangen, Craving) ist durch Löschung von Triggern erreichbar (Shapiro 1994, Vogelmann-Sine et al. 1998).

Die Entdeckung von Francine Shapiro, dass sich belastende, traumatische Erinnerungen durch kontrollierte Augenbewegungen beeinflussen lassen (Shapiro 1994), bildet die Grundlage dieser Methode, die inzwischen als eine der am besten untersuchten gelten kann (Hofmann 1999, Shapiro 2001). EMDR ist eine komplexe Methode, die mehrere wirksame Elemente enthält, insofern darf sie nicht auf die Augenbewegung reduziert werden. Die Methode muss gelernt werden und es braucht Erfahrung und Supervision, um wirklich sicher hinsichtlich der Möglichkeiten und Grenzen (Gefahren) gerade auch in der Behandlung komplex traumatisierter Menschen zu werden. Bei Kindern und Jugendlichen gilt es zudem einige Besonderheiten zu beachten. Bindung und Beziehung sind bei ihnen besonders wichtig, um ein vertrauensvolles Setting herstellen zu können, ohne das auch eine Traumatherapie mit EMDR nicht stattfinden kann und darf. Das wird schon in der Selbsterfahrung mit EMDR deutlich: Auf das Durcharbeiten einer reaktivierten traumatischen Erfahrung kann sich nur einlassen, wer Vertrauen in die Professionalität und das Wohlwollen des Therapeuten herstellen kann.

Beim EMDR kommt es zu einer beschleunigten Nachverarbeitung der maladaptiven, fragmentierten Erinnerung. Diese verliert ihren intrusiven und emotionsgeladenen Charakter und kann eine normale Erinnerung an ein gravierendes Ereignis werden (Hase, Hoffmann 2006).

> Merke: Der Veränderung der Affekte kommt dabei eine besondere Bedeutung zu. Meist kann es erst nach Verarbeitung der primären Affekte zu einer Integration in Netzwerke mit positivem Inhalt

5.14 Konfrontation und Exposition bei Sucht und Trauma

> kommen. Die Arbeit an Schuld und Scham ist also auch für die Arbeit mit EMDR zentral.

Außerdem gilt ebenfalls: Es muss Sicherheit hergestellt werden. Geht es im Prozessieren von Traumamaterial nicht voran, kann es zum Beispiel daran liegen, dass noch Täter-Kontakte bestehen. Solange nicht geklärt ist, ob sich ein Kind in Sicherheit befindet, sollte keine Konfrontation stattfinden.

Bei Kindern bietet sich eine **Traumaerzählgeschichte** an, das Reprozessieren einer Geschichte des Traumas in der dritten Person wie am Beispiel eines Bärenkindes, dem das Furchtbare zustößt. Durch das Externalisieren kann das Erinnerte besser ausgehalten und miterlebt werden. Am Ende der Geschichte steht eine Lösung bzw. eine Auflösung der Ohnmacht.

Das **Standardprotokoll** beinhaltet immer die Arbeit an:

- Vergangenheit (Reprozessieren traumatischer Erinnerung)
- Gegenwart (Alpträume, Verhaltensstörung, Trigger) und
- Zukunft (Vermeidung, Verhaltensalternativen).

In der Phase des Reprozessierens dienen bilaterale Stimuli (Augenbewegungen) und der Wechsel zwischen Vergangenheit und Gegenwart sowohl der Stressmodulation wie der Verarbeitung. Gelingt die Stressmodulation nicht, kann es zur Überflutung und zur Retraumatisierung kommen (LeDoux 2001). Daher sind eine gute Vorbereitung mit Stabilisierung, hergestellter Sicherheit, Psychoedukation und einem guten Überblick in der Traumalandkarte sehr wichtig.

Acht Phasen werden für das **Standardprotokoll** beschrieben (Hase, Hofmann 2006):

Phase 1: *Vorgeschichte und Behandlungsplanung.* Ich-Stärke, Affekttoleranz, Indikation, Motivation und Auftrag klären.

Phase 2: *Vorbereitung des Patienten.* Methode aufklären, Stabilisierung durch Entspannung und imaginative Verfahren

Phase 3: *Bewertung des Traumas.* Das Trauma sensorisch, affektiv und kognitiv ansprechen. Eine positive Kognition als Ziel installieren. Belastung skalieren (1–10) und sie im Körper lokalisieren (Fokussierung).

Phase 4: *Durcharbeiten.* Die Auswahl des am meisten belastenden Bildes im Traumafilm ist Ausgangspunkt. Cave: Das offensichtlich Schreckliche ist nicht unbedingt das am meisten Belastende = oft ist es eine Deutung am Rand, ein Satz, eine Geste, an die sich Scham und Ohnmacht festmachen. Die bilaterale Stimulation (Augenbewegung) beginnt mit Bild, Affekt, Sensorik und negativer Kognition der belastenden Erinnerung. Die Eigendynamik übernimmt, der innere Film läuft ab (Vergangenheit) und wird nach ca. 20–25 Augenbewegungen unterbrochen: »Was ist jetzt?« Der Patient beschreibt, was er gerade erlebt (Gegenwart). Dann geht es weiter: »Bitte bleibe da dran.« So lange Zyklen fortsetzen, bis das Bild positiv oder neutral ist bzw. spürbare Entlastung und keine Veränderung mehr eintritt.

Phase 5: *Verankerung.* Positive Kognition wird erinnert. Verstärkung durch bilaterale Stimulation (langsame Augenbewegung), körperliche Vertiefung.

Phase 6: *Körper-Test.* Es wird nach möglichen persistierenden fragmentierten Körpererinnerungen gesucht, wenn nötig bilateral reprozessiert.

Phase 7: *Abschluss.* In der Nachbesprechung können belastende Erinnerungen wieder auftreten, Vorbereitung auf »Nachwehen« der Sitzung als Alpträume, neues Material?

Phase 8: *Nachbefragung.* Nächster Termin: Gab es Alpträume? Assoziierte Erinnerungen? Belastungsreste? Eventuell Reprozessieren der Belastungsreste.

5.14 Konfrontation und Exposition bei Sucht und Trauma

Das **Suchtprotokoll** hat eine Beeinflussung des Suchtgedächtnisses zum Ziel, analog zum Reprozessieren des Traumagedächtnisses. Es gibt Manuale zur EMDR-Behandlung der stoffgebundenen Abhängigkeit wie z. B. »Cravex« (Vogelmann-Sine et al. 1998, Hase 2006). Es sollen die Trigger prozessiert werden, die als Auslöser von Suchtdruck identifiziert wurden und als situative Muster typischerweise zur Destabilisierung und zum Rückfall führen. Es gibt bereits Studien, die zeigen, dass die Belastung Alkoholabhängiger bereits nach zwei EMDR-Sitzungen signifikant stärker abnimmt und weniger Rückfälle zu verzeichnen sind (Hase 2006). Unsere Erfahrung ist, dass die Trigger für Suchtdruck oft auch zugleich mit traumatischen Erfahrungen verbunden sind. Und umgekehrt sind traumatische Erinnerungen bei abhängigen Patienten oft »vernebelt« oder »verrauscht«, d. h. chemische und traumatische Dissoziation überlagern sich. Entsprechend schwierig ist das Prozessieren, wenn sich der Jugendliche währenddessen »wie auf Droge« fühlt und das eigentlich belastende Material durch die Betäubung abgeschottet bleibt. Grundsätzlich lohnt sich aber der Versuch, Suchtdrucktrigger mit EMDR zu löschen, besonders wenn es eindeutige und typisch eskalierende Auslöser gibt.

> Merke: Die suchtspezifische Stabilisierung hat aber unbedingt Vorrang. Soziale Stabilität und Sicherheit sind Grundbedingungen für die EMDR-Behandlung des komorbiden Abhängigen.

Ist eine ausreichende Sicherheit gegeben, kann EMDR das Spektrum suchtspezifischer Therapie deutlich erweitern. Ohne Konfrontation und Durcharbeiten der Trigger haben viele keine Chance auf eine Rückkehr in ein Leben ohne Drogen. Man sollte für den Einsatz von EMDR auch Neues ausprobieren, vorausgesetzt, man hat bereits Erfahrung und ist sicher im Umgang mit den Standards: Es braucht Einfallsreichtum und Flexibilität im Setting, um im Sucht- und Traumabereich EMDR zu etablieren.

5.14.4 EMDR bei komplexer PTBS, DESNOS, DDNOS und DIS

EMDR kann nicht nur zum Reprozessieren von Traumamaterial, sondern auch zur Ressourcenaktivierung eingesetzt werden. In belastenden EMDR-Behandlungen ist es wichtig, Möglichkeiten der »psychosomatischen Erholung« zu geben (Ebner und Rost 2014). Beispiele sind: Einsatz von (lösungsorientierten) Geschichten, Position of Power, Absorptionstechnik, Körper als Ressource, Arbeit am »inneren Kind«, Ego-State-Therapie mit EMDR, CIPOS-Technik, bipolare Technik, Einsatz von Metaphern und Stabilisierung bei Substanzabusus (Rost et al. 2014). Es können hier nicht alle Verfahren erklärt werden, es soll aber sichtbar werden, dass es im EMDR/Traumabereich viel synergetische Kreativität gibt, die sich damit beschäftigt, wie diverse Verfahren und EMDR kombiniert werden können. Verfahrensintegration und Methodenkombination ist das Gebot der Stunde und gerade in der Arbeit mit traumatisierten und abhängigen Jugendlichen äußerst hilfreich, weil man schonend und ressourcenorientiert eine Traumakonfrontation entwickeln und die Compliance deutlich verbessern kann.

Ressourcenaktivierung mit EMDR: Grundsätzlich können schöne und angenehme Körperwahrnehmungen mit EMDR verstärkt und mit positiven Kognitionen und einem positiven Bild verknüpft werden. Der Fokus liegt auf der Wahrnehmung für das gute Körpergefühl (Kognition und Bild können wahlweise hinzugenommen werden), das mit langsamen Augenbewegungen prozessiert wird. Es kommt zu einer Intensivierung des guten Gefühls.

CIPOS (Constant Installation of Present Orientation and Safety) ist ein abgewandeltes EMDR-Protokoll (Forgash und Knipe 2001, Rost 2008) mit dem Ziel, einen fraktionierten Kontakt zum Trauma herzustellen mit Reorientierung im Hier und Jetzt. Die Methode stellt einen Übergang von der Stabilisierungsphase zur Bearbeitung des Traumas dar und kann bei komplex traumatisierten Jugendlichen, die für eine EMDR-Konfrontation noch nicht ausreichend stabil sind,

5.14 Konfrontation und Exposition bei Sucht und Trauma

angewendet werden. Die Patienten sollten aber zumindest soweit stabil sein, dass Ressourcen mit bilateraler Stimulation aktiviert werden können, ohne dass negatives Material auftaucht. Erst wenn dies gelingt, ist der Übergang zur Traumakonfrontation möglich. Mit CIPOS üben die Patienten, willentlich Kontakt zum Trauma herzustellen und diesen dann auch wieder abbrechen zu können, mit völliger Reorientierung (Rost 2014). So soll die Angst reduziert werden, bei Traumakonfrontation in ein Freezing oder eine Übererregung zu geraten. Das Gefühl der Selbstwirksamkeit wird erhöht, das Erleben von Ohnmacht reduziert. Es gibt drei Durchgänge, die Patienten wählen selbst (zwischen 1–10 Sekunden) wie lange der Kontakt zum Trauma dauern soll. Der Patient konzentriert sich auf das Trauma, es werden die Sekunden rückwärts bis Null gezählt, dann atmet er tief durch und blendet das Trauma aus. Der Patient wird danach gefragt, wie er das Loslassen bzw. Ausblenden des traumatischen Bildes erlebt hat. Das Lösen gelingt oft nicht vollständig (Angabe in % oder BHS-Scale = Back of the Head Scale, Hand am Hinterkopf oder an der Stirn, wenn nicht oder vollständig orientiert). Dann werden Dissoziationsstopp-Techniken genutzt, bis volle Orientierung da ist. Das Gefühl in der Gegenwart wird durch bilaterale Stimulation (EMDR) mit (ca. fünf) langsamen Augenbewegungen verstärkt (auch Tapping oder Schmetterling).

Rost (2014) schlägt vor, beim dritten Durchgang auf der subjektiven Belastungsskala von 0–10 keinen Wert abzufragen, sondern ein positives Gegenbild zu installieren und dieses durch Stimulation zu verstärken.

Vier-Felder-Technik: Jarero et al. (1997) erfanden die Technik in Mexiko nach einer Hurrikankatastrophe als Gruppenverfahren, die spezielle EMDR-Methode wurde später für Einzelanwendung modifiziert (Lansch 2006). Durch Malen von vier einzelnen Bildern soll der Ablauf des »inneren Traumafilms« kontrolliert und moderat konfrontierbar werden. Es gilt die gleiche Indikation wie beim CIPOS-Verfahren und stellt eine Alternative dar. Ein DIN A4 Blatt wird zweimal gefaltet (vier Felder). Im linken oberen Feld wird ein Ressourcenbild gemalt, das emotional fokussiert und durch Tappen (Schmetterling?) verankert und vertieft wird. Ins rechte obere Feld wird der »schlimmste Moment« gemalt (nicht visualisiert = Distanz). Wie hoch ist die Belastung (SUD 1–10)? Der Patient soll in Kontakt gehen mit dem gemalten Bild (Emotion, Körper) und solange bilateral stimulieren, bis ein anderes Bild, eine Idee, ein Gedanke auftaucht. Im dritten linken unteren Feld wird das veränderte Bild gemalt und prozessiert, bis sich eine erneute Veränderung zeigt, die im vierten rechten unteren Feld gemalt wird. Eventuell muss ein weiteres Blatt gefaltet und weiter prozessiert und gemalt werden, bis ein positives Bild auftaucht. Dann folgt das Ende und die Frage nach dem SUD.

Stabilisierung bei Abhängigkeit : Wie kann man den Suchtdruck kontrollieren? Die Triggeranalyse hat Grenzen, nicht jedem Trigger kann man aus dem Weg gehen. Bei Sucht- und Traumapatienten sind Trigger zudem nicht selten doppelt besetzt: zugleich traumatisch und süchtig. Techniken der imaginativen Stabilisierung können und müssen entsprechend früh für beide Seiten genutzt werden. Durch Visualisierung des Körpergefühls (Suchtdruck) kann der Patient diesem eine Gestalt geben und sich somit von ihm distanzieren (Hase 2010). Der Suchtdruck kann z.B. als Flaschengeist an einem besonderen Ort verwahrt werden. Er kann in der verkorkten Flasche beobachtet werden, ohne dass er gefährlich werden kann (Hase 2010). Der Suchtdruck wird am Anfang und Ende als »Level of Urge« (LoU, 1–10) abgefragt. Mit der Tresor-Übung kann die Flasche sicher verwahrt werden und mit der Lichtstrom-Übung können körperliche Belastungsreste aufgelöst werden. Das »Ressourcenblatt CravEx« (Franke, Rogers, Hofmann, Hase 2006) kann als EMDR-Protokoll für die bilateral stimulierte Verstärkung von Ressourcen dienen, die als Alternative zum Suchtdruck erarbeitet werden könnten: Es geht darum, das ersehnte Rauschgefühl durch andere gute Gefühle zu ersetzen, indem letztere durch EMDR verstärkt und kognitiv positiv verankert werden (3–10 langsame Bewegungen).

Ego-State-Therapie mit EMDR: Grundsätzlich gilt, dass alle Ego-States (Ich-Anteile) mit der Trauma-Konfrontation (z. B. CIPOS) einverstanden sein müssen. Die EP's (Emotionalen Anteile) müssen in der Gegenwart orientiert sein und eine gültige Absprache und Kooperation zwischen den Anteilen muss vorhanden sein (Huber 2006). Nicht betroffene Anteile müssen sich von der Konfrontation distanzieren können, indem sie z. b. an den »sicheren Ort« (▶ Kap. 5.5) gehen. Verfahren wie CIPOS (EMDR) dienen nicht dazu, diese Kooperation herzustellen, sondern sie muss bereits bestehen. Es braucht also bei einer strukturellen dissoziativen Störung eine gute Vorarbeit, um eine Traumakonfrontation angehen zu können. Ein wichtiger EP ist das »innere Kind«, das zunächst an einem »sicheren Ort« (Stabilisierung) untergebracht und versorgt wird (Lichtstrom-Übung, innere Helfer). Wenn sich das »innere Kind« am »sicheren Ort« wohlfühlt, kann man mit langsamer bilateraler EMDR-Stimulation das positive Empfinden verstärken und verankern. Es besteht dabei immer das Risiko, dass Assoziationen zu negativen Erinnerungen auftreten (Rost 2010). Daher besteht das Set aus sehr langsamen Bewegungen mit geringer Dosierung (8–10 Mal). Die Schmetterlingsumarmung ist hier von Vorteil (sich selbst auf die Schultern tappen), da hier die Eigenfürsorge zum Ausdruck kommt. Diese fördert Fürsorge und zugleich Unabhängigkeit in der Arbeit mit dem inneren Kind (▶ Kap. 5.9.3), die gerade in Bezug auf Bindung bei Abhängigkeitsstörungen eine große Rolle spielt.

5.15 Körperlichkeit: Umgang mit verkörpertem Schrecken

Psychosomatische Symptome sind sowohl im Sucht- wie im Traumabereich sehr häufig. Besonders der Entzug geht mit einer Vielzahl von körperlichen Beschwerden einher, die eine erneute

Betäubung verlangen. Traumatisierte Menschen erleben fragmentierte Körper-States, die mit Schmerz, Lähmung oder sensorischen Empfindungen wie Angefasstwerden einhergehen. Bei Bindungstraumatisierung kann es zu Entwicklungsverzögerungen der Kinder und Jugendlichen kommen (Deprivation, Hospitalisierung). Der ganze Körper drückt das Unaussprechliche in seiner Ur-Symbolik aus und speichert den Schrecken. Die Selbstbetäubung des Körpers als Lösungsversuch wird Teil der Körpererinnerung und des Bindungssystems, die auf den Verlust (Entzug des Bindungsersatzmittels) panisch reagieren. EMDR-Techniken und Entspannungsverfahren (Meditation, **Progressive Muskelentspannung**, ▶ Kap. 5.5) bieten Möglichkeiten, eine allgemeine Stressreduktion des Körpers zu erreichen. Allerdings ist die Anspannung des Körpers, die nicht abschließbare Schleife aus Fight, Flight und Freezing, die Gefangenschaft zwischen Über- und Untererregung, oft nur schwer zu durchbrechen. Es scheint, als müsse dem Körper selbst mitgeteilt werden, dass die Gefahr vorbei ist. Mit der körperorientierten Intervention des **Neurogenen Zitterns (Trauma Releasing Exercises, TRE)** wird eine neue Methode vorgestellt, die auch in der Massentrauma-Behandlung z. B. im Krieg und nach Katastrophen Anwendung findet (Berceli 2007, 2008). Zittern als Folge eines Traumas wurde schon lange als Symptom beobachtet, allerdings bisher nie in seiner Funktion gesehen. Man weiß inzwischen, dass Tiere in der Wildnis nach einem traumatischen Ereignis einen angeborenen Mechanismus des neurogenen Zitterns nutzen, um eine spontane Erholung zu fördern (Samaga 2003, Levine 2002). Menschen unterdrücken diesen Mechanismus meist willentlich. Die Trauma-Entspannungsübungen (TRE) sind eine Reihe einfacher Übungen, bei denen bestimmte Muskelgruppen im ganzen Körper gedehnt und angespannt (in Stress versetzt) werden und dabei auf eine kontrollierte und anhaltende Weise neurogenes Zittern hervorrufen. Ziel ist es, Muster von tiefer chronischer Spannung zu lösen, die im Körper gehalten werden. TRE kann auch bei Entwicklungstraumata aus der Kindheit angewendet werden (Berceli 2010). Das ist besonders relevant, wenn man bedenkt, dass frühe

Bindungstraumata nicht zur Sprache kommen und nicht semantisch erinnert werden können. (Berceli 2010, www.tre-deutschland.de).

5.16 Achtsamkeit: Vom Umgang mit der gegenwärtigen Zeit

Die Zeit des Traumatisierten ist voller Löcher, durch die Vergangenheit ins Gegenwärtige stürzt und das erinnerte Trauma sich wie ein aktuell abspielendes Ereignis aufdrängt. Die Vergangenheit erlangt Macht über die Gegenwart. »Traumatischer Stress ist eine Krankheit, die Menschen unfähig macht, in der Gegenwart völlig lebendig zu sein« (Janets 1889, van der Kolk 2016). Neurophysiologisch ist klar abbildbar (EEG, fMRT), dass die Fähigkeit zur Informationsverarbeitung (Konzentration, Aufmerksamkeit) im Gehirn nach chronischem Stress reduziert ist (McFarlane 2000, van der Kolk 2016).

Auch Suchtpatienten erleben das plötzlich einsetzende Verlangen nach dem Suchtmittel wie einen Sog, der die gesamte Aufmerksamkeit absorbiert und vom Hier und Jetzt abzieht. Achtsamkeitstraining fördert die Konzentration auf die Gegenwart und schwächt die Macht des Suchtdrucks und der Vergangenheit, die über Trigger immer wieder ins Gegenwärtige einzubrechen versucht.

Achtsamkeitsbasierte Prinzipien, die seit langem aus der Praxis der Meditation bekannt sind, werden in den letzten Jahren zunehmend in der Psychotherapie eingesetzt. Grawe et al. (2004) berichten bereits über 15 Studien, die eine hohe Wirksamkeit der Meditation in der Behandlung von Angst und Abhängigkeit belegen. Kabat-Zinn (1990) fasst das Charakterisierende der Achtsamkeit wie folgt zusammen: »present moment, on purpose and non-judgemental«. Die Achtsamkeitsübung ist also absichtsvoll gelenkt, nicht wertend und nur auf das Hier-Sein fokussiert. Dabei ist die besondere Schwierigkeit vor allem das Nicht-Bewerten: Das im Bewusstsein Erscheinende soll nicht kategorisiert, sondern einfach nur wahrgenommen werden. Selbst die Tendenz des Bewertens an sich (der unvermeidliche Akt) soll nicht bewertet werden (Kabat-Zinn 1990). Es soll ein Umschalten vom »doing mode« in den »being mode« möglich werden (Segal et al. 2002). Man kennt diese Haltung des Beobachtens, Beschreibens und Nicht-Bewertens z. B. auch aus der **Dialektisch Behaviorale Therapie der Borderlinestörung (DBT)** nach Linehan (1993). Im Skill Training Manual wird die Implementierung der Achtsamkeit ausführlich dargestellt. Hier wurde das Bild vom Fließband entwickelt, auf dem die Gedanken und Gefühle vorbeiziehen. Dem Prinzip »Gedanken als Gedanken erkennen« wird beim DBT eine hohe Bedeutung beigemessen. Das Schwierige sei eben, sich nicht mit seinen Gedanken und Gefühlen zu identifizieren – vor allem, wenn diese dysfunktional sind. Die Achtsamkeit liegt also auch darin, Gefühle und Gedanken als »vorübergehende mentale Ereignisse« wahrzunehmen. Teasdale et al. (2002) bezeichnet diese Haltung als »decentering« oder »disidentification«. Es könnte sein, so der Hinweis, dass die Wirkung der klassischen kognitiven Therapie nicht auf Veränderung der dysfunktionalen Kognition beruhe, sondern auf einer Veränderung der Haltung gegenüber Gedanken und Gefühlen, die als »metacognitive awareness« bezeichnet werden kann (Teasdale 2002). Gedanken werden hier nicht mehr als Aspekte des Selbst, sondern als mentale Ereignisse erfahren. Der Unterschied zwischen kognitiven und achtsamkeitsbasierten Ansätzen liegt also in der Dialektik von Veränderung und Akzeptanz: Hayes et al. (1999) und Linehan (1994) weisen auf die Notwendigkeit hin, zwischen Dingen zu unterscheiden, die verändert werden können (äußere Umstände) oder eben akzeptiert werden sollten (Gedanken, Gefühle).

Ein populärer achtsamkeitsbasierter Ansatz ist die **Mindfulness-Based Stress Reduction (MBSR**, Kabat-Zinn 1990). Die MBSR ist nicht auf spezifische Störungsbilder zugeschnitten. Die buddhistische Tradition wird betont, es geht aber explizit um verhaltensmedizinische Interventionen. Neben der Gruppensitzung ist die Hausaufgabe ebenfalls bedeutsam. Der »Body-Scan« wird geübt, alltägliche

5.16 Achtsamkeit: Vom Umgang mit der gegenwärtigen Zeit

Handlungen werden als Achtsamkeitsübungen verschrieben, Hatha-Yoga wird praktiziert, angenehme und unangenehme Ereignisse werden eingeführt und die Atemmeditation spielt eine wichtige Rolle. Zudem werden die Grundlagen der Stressforschung vermittelt und zu jeder Sitzung Therapieschwerpunkte gebildet (z. B. »kreatives Reagieren auf Lebenssituationen«).

Van der Kolk (2016) weist darauf hin, dass sich durch **Yoga (Körpergewahrsein)** auch das Zeitempfinden verändere: Die Gefangenschaft des Körpers im Schrecken (Stillstand der Zeit im Freezing) wird aufgelöst durch das Yoga-Erlebnis, dass Empfindungen stärker werden, bis sie einen Gipfelpunkt erreichen, und dann wieder schwächer werden. Das Gewahrsein dessen, dass alles Erleben vorübergehend ist, verändert die Selbstsicht, löst aber auch die »eingefrorene Zeit« in einen Fluss von wechselnden Erlebnissen auf.

Im Hinblick auf **Achtsamkeit in der Behandlung der Abhängigkeit** schlägt Marlatt ebenfalls vor, achtsamkeitsbasierte Prinzipien einzuführen (Marlatt und Gordon 1985). Das abhängige Verhalten sei damit verbunden, den aktuellen Zustand nicht akzeptieren zu können. Im nüchternen Zustand erlebt der Abhängige das Hier und Jetzt als weniger wünschenswert und sein Geist bleibt auf die Zukunft fixiert (Craving), unfähig, das Hier und Jetzt zu akzeptieren. Marlatt schlägt vor, eben keine Versuche zu unternehmen, innere Abläufe wie Craving zu kontrollieren. Das Prinzip, die spontane Veränderlichkeit von Empfindungen wie Craving oder Spannung zu erleben, nennt Marlatt »urge surfing« (Marlatt 1994, S. 175 ff). Achtsames Gewahrsein des Dranges könne ohne die Notwendigkeit bestehen, dem Drang nachgeben zu müssen. Das dringliche Gefühl geht vorüber wie eine konditionierte Reaktion.

> Merke: Bei Rückfällen ist Achtsamkeit ebenfalls wichtig, um selbstprophezeiende, negative Versagensgedanken auf Abstand zu halten und sich nicht mit ihnen zu identifizieren: Ich bin nicht, was ich über mich denke. Ich bin nicht die Sucht.

Eine neue, besondere Strategie der Achtsamkeit ist das **Neurofeedback** (van der Kolk 2016): Der Patient sieht auf dem Monitor seine eigenen Hirnströme und lernt, diese durch Veränderung mentaler Zustände zu beeinflussen. Damit wird das Gehirn angeregt, bestimmte Gehirnwellenfrequenzen zu verstärken und andere zu verringern. Dadurch entstehen neue Muster, welche die natürliche Komplexität des Gehirns und die Tendenz zur Selbstregulation verstärken. Es fehlt noch Forschung in diesem Bereich, aber man hofft nichts Geringeres, als diejenigen Gehirnschaltkreise beeinflussen zu können, die Zustände von Angst, Scham und Wut begünstigen. Es gibt inzwischen auch Studien, welche die positive Wirkung von Neurofeedback auf Substanzabhängigkeit belegen (van der Kolk 2016).

5.17 Rückfallprävention: Sicherheit suchen und finden

Es gibt spezifische Gruppentherapieprogramme für Suchtpatienten mit posttraumatischen Störungen wie z. B. »Seeking Safety« (Najavits 2002), das eine hervorragende praktische Hilfe für Patienten mit Sucht und Trauma bietet. Man findet in dem Manual viele der hier besprochenen Aspekte wieder. Das Zentrum der Bemühungen bildet die Suche nach Sicherheit als Prävention eines Rückfalls. Damit sind Veränderungen in verschiedenen Bereichen gemeint: Exzessiver Konsum, Beziehungen, Exposition gegenüber Gewalt, Neigung zu Retraumatisierung, sexuelles und anderes Risikoverhalten, Suizidalität, Dissoziation und Selbstverletzung. Im Vordergrund stehen psychoedukative Elemente und die Vermittlung von »sicheren Copingstrategien«. Ein Schwerpunkt liegt auch auf Idealen und Zielen. Es gibt 25 Themenbereiche (z. B. »Gut auf sich achten« oder »Die innere Spaltung überwinden«), die aufeinander aufbauen. Als Grup-

5.17 Rückfallprävention: Sicherheit suchen und finden

penprogramm ist »Seeking Safety« inzwischen gut untersucht (Studien: »www.seekingsafety.org«).

Sicherheit zu finden ist auch das Hauptanliegen der bindungsorientierten Sucht- und Traumatherapie von Kindern und Jugendlichen. Der Fokus liegt auch aus diesem Grund immer wieder auf der Bindung und der Entwicklung als Basis des therapeutischen Erfolges: Ein sicheres Bindungsverhalten zu erreichen ist sowohl für Trauma- wie auch für Suchtrückfälle die beste Prävention. Allerdings ist dies auch ein hehres Ziel: Die Symptome einer Traumafolgestörung stehen der Nachhaltigkeit einer korrigierenden Bindungserfahrung und damit der Reinstallation von basalem Vertrauen oft im Weg. Bei strukturell-dissoziativen Ego-State-Störungen ist dieses Ziel in noch weiterer Ferne und man ist gehalten, kleine Schritte aufeinander aufzubauen. Letztendlich wirken alle Maßnahmen, die die Sicherheit erhöhen, präventiv. Man spricht daher auch gerne von einem »**Notfallkoffer**«, den man sich als Vorbereitung für den Ernstfall (des sich ankündigenden Rückfalls) packen soll (▶ Abb. 5.2). Es versteht sich von selbst, dass ein solches Sammelsurium an Skills, Techniken, Erkenntnissen, Leitsätzen, positiven Erinnerungen, neuen Narrativen, eingeübten Coping-Strategien und alternativen Kommunikationsweisen höchst individuell ausfallen muss. Und doch geht es nur um eines: Die Sicherheit erhöhen. Alle im Notfallkoffer gesammelten Maßnahmen und Ressourcen dienen dem nackten Überleben nach der Rückkehr ins wahre Leben. Die Handwerkszeuge in Abb. 5.2 können sich anbieten (Fischer 2017).

Ziel ist es, die Techniken und Ressourcen aus dem Koffer so gezielt einsetzen zu können, dass eine sichere Bindung möglich wird. Es geht darum, den Patienten beizubringen, dass sie sich auf soziale Situationen vorbereiten müssen, dass sie aber gut gerüstet sind, wenn sie täglich üben und ihren Notfallkoffer flexibel erweitern. Die Teilnahme an einer Ehemaligen-Gruppentherapie nach Entlassung verfolgt dieses Ziel: eine ständige Überprüfung und ein Update des Handwerkszeugs im Koffer der in die Welt entlassenen, gereiften Jugendlichen im Übergang zum Erwachsenwerden. Der in die Hand gegebene Koffer symbolisiert ein Übergangsobjekt und die Bindungsfigur des Übergangsrituals. Die eingesetzten Ressourcen, die als Ersatz für das Suchtmittel dienen können, sollten so lustbetont wie möglich sein.

Abb. 5.2: Schema der Suchtprävention nach dem integrativen Prinzip von Sucht, Trauma und Bindung

6 Fazit und Ausblick

Theoretisch wie praktisch ist deutlich geworden, wie eng Sucht, Trauma und Bindung bei Kindern und Jugendlichen assoziiert sind. Die Zusammenhänge sind vielschichtig: Ob neurophysiologisch, genetisch, dynamisch, systemisch oder lerntheoretisch, jede Ebene offenbart sowohl ein differenzierteres Verständnis als auch neue Interventionsmöglichkeiten.

Deutlich wird, dass gerade früh und schwer abhängig gewordene Jugendliche durch Drogen versuchen, traumatische Folgestörungen unter Kontrolle zu bringen. Zusätzlich blockieren oft komplexe Bindungsstörungen die soziale Verstärkbarkeit des Belohnungssystems und verhindern alternative, sozial belohnende Bindungserfahrungen. Da Bindung die Fähigkeit zum Aufschub von Belohnung vermittelt, gelingt es gerade diesen Kindern und Jugendlichen nicht, Impulse der sofortigen Bedürfnisbefriedigung zu kontrollieren. Einsamkeit, innere Leere, Frustration, Verlust- und Versagensängste sowie Scham und Schuld triggern als Schlüsselreize das implizite Sucht- und Traumagedächtnis. Symptome wie Suchtdruck, Flashbacks, Dissoziationen und Ego-State-Wechsel werden unkontrollierbar. Es kommt nicht nur zum Stillstand der Entwicklung, sondern zur schweren Regression. Entwicklung und Reifung wiederherzustellen ist die primäre Aufgabe einer bindungsorientierten Sucht- und Traumatherapie bei Kindern und Jugendlichen. Das Handwerkszeug für diese Arbeit wurde hier in Ansätzen dargestellt und ist aktuell zum Glück vielschichtig, komplex und bunt. Die Botschaft soll eine Aufforderung zur Kreativität sein: Man darf und kann aus dem Vollen schöpfen. Das Gebot der Stunde heißt Verfahrensintegration und Methodenkombination – dies aber immer unter dem vorrangigen Aspekt der Sicherheit: Sicherheit und Bindung zuerst!

Es darf also Mut gemacht werden angesichts einer Vielzahl von traurigen und schwierigen Verläufen früh abhängig gewordener Ju-

6 Fazit und Ausblick

gendlicher, deren Prognose bisher nicht günstig war. Und sicherlich muss man sich noch immer mit kleinen Schritten zufriedengeben. Der Faktor Zeit ist nach wie vor von entscheidender Bedeutung: Um sichere korrigierte Bindungsmuster und nachhaltige Copingstrategien bei jugendlichen Sucht- und Traumapatienten aufbauen zu können, braucht es zeitliche, therapeutische und ökonomische Ressourcen. Das ist auch eine gesellschaftliche, ökologische und ökonomische Herausforderung. Was möchten wir in diese hoffnungslosen Kinder investieren? Wir hoffen, dass dieses Buch neben der Verbreitung von Wissen und Erfahrung auch dazu beitragen kann, die Investitionsbereitschaft in die Zukunft dieser Kinder und Jugendlichen zu fördern. Es lohnt sich.

Danksagung

Unser Dank geht an die Mitarbeiter der Suchttherapiestation »Teen Spirit Island« Hannover und an alle Patienten, mit denen wir gegenseitig gelernt haben.

Frank Fischer: Ich danke meinem Vater Michael, Christin, Camilla, Lisa, Christian und Dirk für die Korrektur, Unterstützung und Überzeugungskraft. Ich danke meinen Lehrern Gerd Kuznik, Lutz Besser, Roswitha Lesch & Elke Gimm, Hinderk Emrich, Erich Wulf und Peter Petersen.

Literaturverzeichnis

Adshead GD, Brooke D (2000): Maternal Behaviors Associated with Smothering. Child Abuse and Neglect 24, 1175–83.
Ainsworth MDS, Blehar MC, Waters E, Wall S (1978): Patterns of Attachment. A psychologiscal study of the strange situation. Hillsdale NJ: Erlbaum.
Amati S (1990): Die Rückgewinnung des Schamgefühls. Psyche 44: 724–40.
Arlow JR (1996): The concept of psychic reality – how useful? Int J Psychoanal 77: 659–66.
Atkinson L, Zucker KJ (eds.) (1997): Attachment and Psychopathology. NY, London: Guilford Press.
Backmund M (2007): Suchttherapie. 11. Landshut: Ecco med.
Bateson G (1981) Ökologie des Geistes. Frankfurt a. M.: Suhrkamp.
Besser L (2006): Screentechnik – Traumasynthese und Integration nach dem »KreST-Modell«. Weiterbildungsscript, www.zptn.de
Besser L (2013): zptn Trauma-Institut Hannover/Isernhagen, Handout-Folien »Ego-State-Disorder«, Trauma Curriculum.
Berceli D (2007): Körperübungen für die Traumaheilung. Forum der Bioenergetischen Analyse Spezial. Elsfleth: NIBA
Berceli D (2008): The Revolutionary Realease Process: Transcend your Toughest Times. Vancouver: Namaste Publishing.
Berceli D (2010): Neurogenes Zittern. Trauma & Gewalt. 2/2010. 148–157.
Bion WR (1962/1990): Lernen durch Erfahrung. Frankfurt a. M.: Suhrkamp.
Blizard RA (2001): Masochistic and sadistic ego states. Journal of Trauma & Dissociation. Vol. 2 (4). 3–58.
Blos P (1964): Die Funktion des Agierens im Adoleszenzprozess. Psyche 18. 120–38.
Bohn C (2008): Die soziale Dimension der Einsamkeit. Hamburg: Verlag Kovac.
Bohus M, Wolf-Arehult M (2013): Interaktives Skillstraining für Borderline-Patienten. Das Therapiemanual. Stuttgart: Schattauer.
Bowlby J (1995): Bindung: Historische Wurzeln, theoretische Konzepte und klinische Relevanz. In: Sprangler G, Zimmermann P (Hrsg.): Die Bindungstheorie. Stuttgart: Klett-Cotta, S. 115–136.
Bowlby J (1982): Attachment and Loss. Vol. 1: Attachment. NY: Basic Books.
Buchheim A, Brisch KH (1998): Einführung in die Bindungstheorie. Psychotherapie, Psychosomatik, Medizinische Psychologie 48. 128–138.

Busch F (1995): Do action speak louder than words? J Am Psychoanal Ass 43. 61–83

Braun BG (1988): The BASK Model of Dissociation. Dissociation 1 (1). 4–23.

Bradshaw J (1992): Das Kind in uns. Wie ich zu mir selbst finde. München: Knauer.

Brisch HD (2005): Bindungsstörungen. Stuttgart: Klett-Cotta.

Brisch HD (Hsg.) (2009): Bindung und Trauma. Stuttgart: Klett-Cotta.

Brisch HD (Hsg.) (2015): Bindung und Sucht. Stuttgart: Klett-Cotta.

Byng-Hall J (1999): Family and couple therapy. In: Cassidy J, Shaver PR (Hrsg.): Handbook of Attachment. NY: Guilford Press. 625–645.

Carlson EA (1998): A prospective longitudinal study of attachment disorganisation/disorientation. Child Development 69. 1107–28.

Carrey NJ, Butter HJ, Persinger MA (1995): Physiological and cognitive correlates of child abuse. J Amer Acad Child Adolesc Psychiatry 34. 1067–75.

Ciompi L (1997): Affektlogik. Göttingen: Vandenhoeck.

Cohen JA, Mannarino AP, Deblinger E (2006): Treating Trauma and Traumatic Grief in Children and Adolsecents. NY: Guilford.

Cohen JA, Mannarino AP, Deblinger E (2009): Traumafokussierte kognitive Verhaltenstherapie bei Kindern und Jugendlichen. Heidelberg: Springer Medizin Verlag.

Crittenden PM (1995): Attachment and Psychopathology. In: Goldberg F, Muir F, Kerr J (eds.): Attachment Theory. NY: The Analytic Press. 367–406.

Damasio A (eds.) (1999): The feeling of what happens. Body and emotion in the making of consciousness. NY: Hartcourt Brace.

Dithrich CW (1991): Pseudologia Fantastica. Dissociation and Potential Space in Child Treatment. Int J Psychoanal 72: 657–667.

Dohrenwend BP (1998): Adversity, stress and psychopathology. Oxford: Oxford University Press.

Dopart T (1983): The cognitive Arrest Hypothesis of Denial. Int J Psychoanal 64: 47–58.

Dornes M (1993): Der kompetente Säugling. Frankfurt a.M.: Fischer.

Driessen M, Schulte S, Lüdecke C (2008): Trauma und PTSD in Patients with Alcohol, Drug or Dual Dependence: A Multi-Center-Study Alcoholism. Clin Exp Res 32(3): 481–8.

Duncan RD, Saunders BE, Kilpatrick DG (1996): Childhood physical assualtas a risk factor for PTSD, depression and substance abuse. Am J Orthopsychiatry 66. 437–448.

Ehlers A (1999): Posttraumatische Belastungsstörung. Göttingen: Hogrefe.

Ehlers A, Clark DM (2000): A cognitive model of posttraumatic stress disorder. Behavior Research and Therapy 38. 319–345.

Erickson EH (1981): Identität und Lebenszyklus. Frankfurt a.M.: Suhrkamp.
Fairbairn WRD (2000): Das Selbst und die inneren Objektbeziehungen. Gießen: Psychosozial-Verlag.
Ferenczi S (1984): Sprachverwirrung zwischen den Erwachsenen mit dem Kind. In: Ferenczi S (Hrsg.): Bausteine der Psychoanalyse. Bd 3. Frankfurt: Fischer. 511–25.
Fergusson DM, Lynskey MT (1996): Physical punishment/maltreatment during childhood and adjustment in young adulthood. Child Abuse Negl. 21. 617–630.
Fiedler P (2002): Zur Psychologie der Persönlichkeitsentwicklung. Persönlichkeitsstörungen Theorie Therapie 6: 141–54.
Filetti VJ (2002): The relationship of adverse childhood experience to adult health. Z Psychosom Med Psychother 48 (4). 359–369.
Fischer FM (2005): Von Kunst und Heilung. Aachen: Shaker Verlag.
Fischer FM (2017): Systemische Therapie der Sucht. 34–37. In: PID 1/2017. Stuttgart: Thieme Verlag.
Fischer FM (2004): Kunsttherapie in der Onkologie. In: Henn W, Gruber H (Hrsg.): Kunsttherapie in der Onkologie. Claus Richter Verlag. 112–135.
Fischer G, Riedesser P (2003): Lehrbuch der Psychotraumatologie. München, Basel: Reinhardt.
Finke J (1994): Empathie und Interaktion. Stuttgart: Thieme.
Fonagy P (1998): Metakognition und Bindungsfähigkeit des Kindes. Psyche 52. 331–368.
Fonagy P, Target M (2002): Ein interpersonelles Verständnis des Säuglings. S. 11–42. In: Hurry A (Hsg.). Psychoanalyse und Entwicklungsförderung von Kindern. Frankfurt a.M.: Brandes & Apsel.
Fonagy P, Target M (2004): Frühe Interaktion und die Entwicklung der Selbstregulation. 105–35. In: Streeck-Fischer A (Hsg.): Adoleszenz – Bindung – Destruktivität. Stuttgart: Klett-Cotta.
Forgash C, Knipe J (2001): Safety-focused EMDR – ego state treatment of dissociative disorders. Presantation of EMDR Conference Texas. Austin.
Gast U (2004): Die Dissoziative Identitätsstörung. In: Eckhardt-Henn A, Hoffmann SO (Hrsg.): Dissoziative Bewusstseinsstörungen. Stuttgart: Schattauer. 195–225.
Gergeley G, Watson J (1996): The social Biofeedback-Model of Parental Affekt-Mirroring. Int J Psychoanal 77: 1181–212.
Giedd J (2015): Adolescent neuroscience of addiction: A new era. Dev Cogn Neurosci. 2015 Dec; 16:192–3. PMID: 26705161.

Gudzer J, Paris J, Zelkowitz P, Feldman MD (1999): Psychological Riskfactors für Borderline Pathology in School-age-Children: J Amer Acad Child Adolesc Psychiat 38: 206–12.
Grawe K (2004): Neuropsychotherapie. Göttingen: Hogrefe.
Greenberg MT (1999): Attachment and Psychopathology in Childhood. S. 469–96. In: Cassidy J, Shaver PR (eds). Handbook of Attachment. NY, London: The Guilford Press.
Grochowiak K (1996): Vom Glück und anderen Sorgen. Bern: Scherz.
Grossmann KE, Grossmann K, Winter M, Zimmermann P (2002): Attachment relationships and appraisal of partnership. In: Pulkkinen L, Caspi A (Hrsg.): Personality in the life of course: paths to successful development. Cambridge: Cambridge University Press. 73–105.
Hase M (2006): EMDR in der Behandlung der stoffgebundenen Abhängigkeit. In: Lamprecht F (Hrsg.): Praxisbuch EMDR. Stuttgart: Klett-Cotta. 172–94.
Hayes SC, Strohsal KD, Wilson KG (1999): Acceptance and Commitment Therapy. New York: Guilford.
Herman JL (1992): Trauma and Recovery. NY: Basic Books.
Herman JL (2003): Die Narben der Gewalt. Paderborn: Junfermann.
Hilgers M (1996): Scham. Gesichter eines Affekts. Göttingen: Vandenhoeck.
Hirsch M (2004): Psychoanalytische Traumatologie – Das Trauma in der Familie. Stuttgart: Schattauer.
Hirsch M (2006): Schuld und Schuldgefühl. Göttingen: Vandenhoeg & Ruprecht.
Hofmann A (1999): EMDR. Stuttgart: Thieme Verlag.
Houston J (1992): Ganzheitlicher Wertewandel. Seminarkassette. Penzberg: ZIST.
Huber M (2010): Multiple Persönlichkeiten. Überlebende extremer Gewalt. Ein Handbuch. Durchgesehene Neuauflage. Paderborn: Junfermann.
Huber M (2006): Der innere Garten. Paderborn: Junfermann.
Huber M (2003): Trauma und die Folgen. Trauma und Traumabehandlung Teil 1. 4. Auflage. Paderborn: Junfermann.
Hüther G (1997): Biologie der Angst. Göttingen: Vandenhoeck & Ruprecht.
Hüther G, Sachsse U (2007): Angst- und stressbedingte Störungen. Psychotherapeut 52(3): 166–79.
Jaffe J, Beebe B, Feldstein S (2001): Rhythm of dialogue in infancy. Child Development 66 No. 2, Serial No. 265. Boston/Oxford: Blackwell.
Jarero et al. (2006): EMDR Integrative Group Treatment Protocoll. Traumatology 12 (2).
Kabat-Zinn J (1990): Full catastrophe living. New York: Delta.
Kabat-Zinn (1994): Wherever You Go There You Are. Mindfulness Meditation in Everyday Life. NY: Hyperion.

Kaplan S, Pelkovitz PD, Labrunda V (1999): Child and adolescent abuse and neglect research: A review of the past 10 years. Part I. Am Acad Cild Adlesc Psychiatry 38. 1214–1222.

Kaplan S, Klinetob NA (2000): Childhood emotional trauma and chronic posttraumatic stress disorder. J Nerv Ment Dis 188. 596–601.

Khantzian EJ (1985): The self-medication hypothesis of addictive disorders. Am J Psychiatry 142(11), 1259–64.

Kernberg OF (1978): Borderline-Störungen und pathologischer Narzissmus. Frankfurt a.M.: Suhrkamp.

Kernberg OF (1999): Persönlichkeitsentwicklung und Trauma. Persönlichkeitsstörungen Theorie Therapie 1: 5–15.

Kernberg OF; Dulz B, Sachsse U (Hrsg.) (1999): Handbuch der Persönlichkeitsstörungen. Stuttgart, New York: Schattauer.

Kessler RC, Crum RM, Warner LA (1997): Lifetime co-occurance of DSM III-R alcohol abuse and dependance with other psychiatrc disorders. Arch Gen Psychiatry 54. 313–321.

Kohut H (1971): Narzissmus. Frankfurt a.M.: Suhrkamp.

Krystal H (1989): Trauma and affects. Psychoanalytic Study Child 33. 81–116.

Kunze D, Güls F (2003): Diagnostik einfacher und komplexer posttraumatischer Störungen im Erwachsenenalter. Psychotherapeut 48, 40–70.

Lansch D (2010): Die Arbeit mit der Vier-Felder-Technik. EMDRIA-Rundbrief S. 37–58.

LeDoux J (1992): Brain Mechanisms of Emotion and emotional Learning. Curr Op Neurobiol 2: 191–7.

LeDoux (2001): Das Netz der Gefühle. München: dtv.

LeDoux J (2006): Das Netz der Persönlichkeit. München: dtv.

Linehan M (1996): Dialektisch-Behaviorale Therapie der Borderline-Persönlichkeitsstörung. München: CIP-Medien.

Lüdeke C, Sachsse U, Faure H (2010): Sucht, Trauma und Bindung. Stuttgart: Schattauer.

Maercker A, Schützwohl M (1998): Erfassung von psychischen Belastungsfolgen: die Impact of Event Skala – revidierte Version (IES-R). Diagnostica 44, 130–141.

Maine M, Solomon J (1990): Discovery of an unsecure –disorganized/disorientated attachment pattern. In: Brazelton TB, Yogman M (eds.): Affective development in infancy. Ablex: Norwood NJ. 95–124.

Marks S (2007): Scham – die tabuisierte Emotion. Düsseldorf: Patmos.

Marvin RS, Stewart RB (1990): A family systems framework for the study of attachment. In: Greenberg MT, Cichetti D, Cummings EM (Hrsg.): Attachment in the preschool years. Chicago: University of Chicago Press. 51–86.

Meany M, Diorio J, Francis D, LaPlante P, Caldji C (1996): Early environmental regulation of forebrain glucocorticoid receptor gene expression. Dev. Neurosci. 18. 49–72.

Meany MJ, Zhang TY (2010): Epiginetics and the environmental regulation of the genome and its function. Annual Review of Psychology 61: 439–466

Meins E (1997): Security of attachment and the social development of cognition. Erlbaum: Hillsdale NJ.

Meissner WW (1984): The Borderline Spectrum. NY, London: Aronson.

Mentzos S (1997): Neurotische Konfliktverarbeitung. Frankfurt a.M.: Fischer.

Mischel W, Shoda YM, Rodriguez L (1989): Delay of gratification in children. In: Science. 244, S. 933–938.

Mischel W (2015): Der Marshmallow-Test: Willensstärke, Belohnungsaufschub und die Entwicklung der Persönlichkeit. München: Siedler Verlag.

Najavits LM (2002): Seeking Safety. A Treatment Manual für PTSD and Substance Abuse. NY: Guilford Press.

Nijenhuis E, Steele K, van der Hart O (2003): Die strukturelle Dissoziation der Persönlichkeit. In: Reddemann L, Gast U: Psychotherapie der dissoziativen Störungen. Stuttgart: Schattauer.

Nijenhuis ERS (2009): Somatoform Dissociation. NY: Norton & Company.

Nijenhuis ERS (2008): Das verfolgte Selbst. Strukturelle Dissoziation und die behandlung chronischer Traumatisierung. Paderborn: Junfermannn.

Nyberg E, Frommberger U (1998): Clicician Administered PTSD-Scale (CAPS). Abteilung für Psychiatrie und Psychotherapie der Universität Freiburg.

Odgen P, Minton K (2000): Sensorimotor Psychotherapy: One Method for Processing Traumatic Memory. Traumatology 6(3): 149–173.

Panksepp J (2005): Affective Neuroscience. The foundation of human and animal emotions. New York, Oxford: Oxford University Press.

Paris J, Zelkowitz P, Gudzer J, Joseph S, Feldman R (1999): Neuropsychological factors associated with borderline-pathology in children. J Amer Child Adolesc Psychiat 38: 770–74.

Peichl J (2006): Die inneren Traum-Landschaften. Borderline, Ego-State, Täterintrojekt. Stuttgart: Schattauer.

Peichl J (2012): Hypno-analytische Teilearbeit. Klett-Cotta: Stuttgart.

Peichl J (2017): Innere Kinder, Täter, Helfer & Co. Ego-State-Therapie des traumatisierten Selbst. 6. Auflage. Stuttgart: Klett-Cotta.

Perry BD, Pollard R (1998): Homeostasis, stress, trauma and adaption. Child Adolesc Psychiatric Clinics North America 7: 33–51.

Piaget J, Inhelder B (1972): Die Psychologie des Kindes. Frankfurt a.M.: Fischer.

Literaturverzeichnis

Pizer SA (1998): Building Bridges: the negotiation of paradox in psychoanalysis. Hillsdale NJ: The Analytic Press.

Putnam FW, Carlson EB, Ross CA et al. (1996): Patterns of dissociation in clinical and nonclinical samples. J Nerv Ment Dis 184. 673–679.

Radulovic J, Kammermeier J, Fischer A, Spiess J (2001): Lernen, Angst und Stress: Molekulare Verknüpfungen. In: Streeck-Fischer A, Sachsse U, Özkan I (Hrsg.): Körper, Seele, Traum: Biologie, Klinik und Praxis. Göttingen: Vandenhoeck & Ruprecht. 132–142.

Reddemann L (2003): Imagination als heilsame Kraft. Stuttgart: Pfeiffer.

Reddemann L (2008): Psychodynamisch imaginative Traumatherapie. Stuttgart: Klett-Cotta.

Reemtsma JP (1998): Im Keller. Frankfurt a.M.: Rowohlt.

Reuter M (2016): Spurensuche im Erbgut. Gehirn & Geist Dossier 1: Spektrum Wissenschaft. 44–47.

Rost C (2008): Ressourcenarbeit mit EMDR. Paderborn: Junfermann Verlag.

Roth G (2002): Fühlen, Denken, Handeln. Frankfurt a.M.: Suhrkamp.

Roth G (2003): Aus Sicht des Gehirns. Frankfurt a.M.: Suhrkamp.

Roth G (2014): Persönlichkeit, Entscheidung, Verhalten. Stuttgart: Klett-Cotta.

Ruggerio KJ, McLeer SV, Dixon JF (2000): Sexual abuse characteristics associated with survivor Psychopathology. Child Abuse and Neglect 24: 951–64.

Russel PL (1993): The essential invisibility and the need for repetition. Psychoanal Dial 3: 512–522.

Sachsse U (2004): Traumazentrierte Psychotheraie. Stuttgart, New York: Schattauer.

Saigh PA, Mroueh M, Bremner JD (1997): Scholastic impairments among traumatised adolescents. Behavior Res Ther 35: 429–36.

Sartre JP (1942, 1956): Das Sein und das Nichts. Berlin. Rowohlt.

Schäfer I, Krausz M (2006): Trauma und Sucht. Stuttgart: Klett-Cotta.

Schäfer I, Schnack B, Soyka M (2000): Sexueller und körperlicher Missbrauch während früher Kindheit bei späterer Drogenabhängigkeit. Psychotherapie, Psychosomatik, Medizinische Psychologie 50. 38–50.

Scheele D, Striepens N, Güntürkün O, Deutschländer S, Maier W, Kendrick KM, Hurlemann R (2012): Oxytocin function and extreme Stress. The Journal of Neuroscience, 32 (46), 16074–16079.

Schindler A, Thomasius R, Sack PM (2005): Attachment and substance use disorders: Attachment and Human Development 7 (3). 207–228.

Schlippe Av (2005): Systemische Therapie und Beratung I & II. Göttingen: Vandenhoeg & Ruprecht.

Schmidt SA (2000): Prävalenz sexuellen Kindesmissbrauchs bei Opiatabhängigen. Berlin: VWB, Verl. für Wiss. und Bildung.

Schmidt G (2006): Systemische Therapie und der Ego-State-Ansatz. Arbeitsgruppe 2. Weltkongress Ego-State-Therapie. Pretoria.

Schore AN (2001): The effects of early relational trauma on right brain development, affect regulation, and infant mental health. Infant Mental Health Journal 22. 201–269.

Schore AN (2007): Affektregulation und die Reorganisation des Selbst. Stuttgart: Klett-Cotta.

Segal Z, Williams M, Teasdale J (2002): Mindfulness-Based Cognitive Therapy for Depression. New York: Guilford Press.

Shapiro F, Vogelmann-Sine S, Sine LF (1994): Eye Movement Desensitizitation and Reprocessing: Treating Trauma and Substance Abuse. J Psychoactive Drugs. 26(4): 379–91.

Shapiro F (2001): Eye Movement Desensitizitation and Reprocessing: Basic Principles, Protocols and Procedures. NY: Guilford Press.

Shengold D (1995): Soul Murder. Frankfurt a. M.: Brandes & Apsel.

Siegel DJ (1999): The Developed Mind. New York: Guildford Press.

Simeon D, Guralnik O, Schmeidler J (2001): The role of childhood interpersonal trauma in depersonalization disorder. Am J Psychiatry 158. 1027–1033.

Simpson TL, Miller WR (2002): Concomitance between childhood sexual and physical abuse and substance use problems. Clin Psychology Review 22. 27–77.

Solomon J, George C (eds.) (1999): Attachment Disorganization. NY: The Guilford Press

Spitz RA (1969): Vom Säugling zum Kleinkind. Stuttgart: Klett-Cotta.

Streeck-Fischer A (1999): Adoleszenz und Trauma. Göttingen: Vandenhoeck & Ruprecht.

Streeck-Fischer A (2006): Trauma und Entwicklung. Stuttgart: Schattauer.

Teasdale JD, Moore RG, Hayhurst H, Pope M (2002): Metacognitive Awareness and prevention of relapse in depression. J Consult Clin Psychol 70. 275–287.

Terr LC (1991): Childhood Traumas: An outline and an overview. Am J Psychiatry 148. 10–20.

Thomasius R, Schulte-Markwort H, Küster UJ, Riedesser P (2008): Suchtstörungen im Kindes- und Jugendalter. Stuttgart, NY: Schattauer.

Towbin KE, Dykens EM, Pearson GS, Cohen DJ (1993): Conceptualising Borderline Syndrome of Childhood and Childhood Schizophrenia as a Developmental Disorder. J Amer Acad Child Adolesc psychiat 32: 775–82.

Trigo JM, Martin-Garcia E, Berrendero F (2010): The endogenous opioid system: Drug and Alcohol Dependence. 108. 3. 183–194.

Literaturverzeichnis

Tronick EZ, Beeghly M (2011): Meaning making and infant mental health. American Psychologist, 107–119.

Tronick EZ (2003): Things still to be done on the still-face effect. Infancy 4: 475–482.

Van der Hart O, Nijenhuis ERS (1997): Das verfolgte Selbst: Strukturelle Dissoziation. Paderborn: Junfermann.

Van der Kolk B (2016): Verkörperter Schrecken. Lichtenau: Probst Verlag.

Van der Kolk B (2000): Traumatic Stress. Paderborn: Junfermann.

Walter M, Sollberger D, Euler S (2016): Persönlichkeitsstörung und Sucht. Stuttgart: Kohlhammer.

Watkins JG (1971): The affect bridge: A hypnoanalytic technique. Intern J of Clinical and Exper Hypnosis 20. 95–100.

Watkins JG, Watkins H (1988): The management of malevolent ego states in multiple personality disorder. Dissociation 1. 67–72.

Watkins JG, Watkins H (2003): Ego-States Theorie und Therapie. Heidelberg: Carl-Auer-Verlag.

Wildin SR, Williamson WD, Wilson GS (1991): Children of Batterered Women: Developmental and Learning Profiles. Clinical Pediatrics 30. 299–304.

Winnicott DW (1979/1987): Vom Spiel zur Kreativität. Stuttgart: Klett-Cotta.

Wittchen HU, Zaudek M, Fydrich T (1997): SKID-DSM-IV. Strukturiertes klinisches Interview. Göttingen: Hogrefe.

Wöller W, Gast U, Reddemann L (2004): Akute und komplexe Traumafolgestörungen. In: Flatten G, Gast U, Hofmann A (Hrsg.): Posttraumatische Belastungsstörung. Stuttgart: Schattauer, S. 54–72.

Wurmser L (2007): Die Maske der Scham. Frankfurt: Dietmar Klotz.

Yalom ID (2005): Theorie und Praxis der Gruppenpsychotherapie. Frankfurt a. M.: Klett-Cotta.

Yanagihara Y (2016): Ein wenig Leben. München: Hanser Berlin im Carl Hanser Verlag.

Zeifman D, Hazan C (1997): Attachment: The bond in pair-bonds. In: Simpson JA, Kenrick DT (Hrsg.) (1997): Evolutionary social psychology. MAhwah NJ: Lawrence Erlbaum. 237–263.

Stichwortverzeichnis

A

Abbruchgedanken 138
Abhängigkeitsbeziehung 55
Abspaltung, Abwehr 38
Achtsamkeit 38, 195
ADHS 50, 53, 64
Affekt 53
Affektregulationsstörung 65
Affektvalidierung 48
Akute Posttraumatische Belastungsreaktion 62
Amnesie, dissoziative 62, 65, 70, 77
Amygdala 35
Anpassungsstörung 128
Anscheinend Normale Persönlichkeit (ANP) 71, 77, 89
Arbeitsgedächtnis 52
Ausagieren 41

B

BASK-Modell 40
Belohnungssystem 31, 67, 92, 95, 97, 102, 108, 116, 117, 125, 164
Bindung & Belohnung 95
Bindung & Konsum 116
Bindungsbasierte Therapie 176
Bindungsfigur der Droge 102
Bindungsmuster 105
Bindungsrepräsentation 109
Bindungsstörung, reaktive (F94.1) 112
Bindungsstörung mit Enthemmung (F94.2) 112
Bindungsstörung mit Suchtverhalten 115
Bindungsstörungen 110
Bindungssystem 67
Bindungstrauma 127
Bindungstraumatisierung 26, 75, 108, 118
Borderline-Persönlichkeitsstörung 65, 67, 71, 74, 80, 109, 141, 146
Bündel-Ich 78

C

Chemische Dissoziation 34, 75, 120
CIPOS-Protokoll (EMDR) 190
Copingstrategien 49, 76
Craving 46

213

D

DDNOS 70
Depersonalisation 61
Deprivation 73, 74, 99, 119
Derealisation 61
DESNOS 63, 70
Desorganisierte Bindung 118
Destruktives Verhalten 44
Dialektisch Behaviorale Therapie (DBT) 196
Dissoziation 34
Dissoziation und Sucht 67
Dissoziationskontinuum 69, 80
Dissoziationsstopp 181
Dissoziative Identitätsstörung (DIS) 70, 72, 80

E

Ego-State-Disorder 71
Ego-State-Mapping 161
Ego-State-Theorie 69, 75, 78
Ego-State-Therapie 157
EMDR 148, 184, 185
Emotionale Persönlichkeit (EP) 77
Empathie 135
Endorphine 92, 115, 117
Entzug 66, 67, 142
Epigenetik 37, 97

F

Familientherapie 177
Feinfühligkeit 94, 100
Fight- und Flight-Reaktion 33
Fragmentierte Erinnerung 36

Freezing 34, 77
Frustrationstoleranz 42

G

Gedächtnis, deklaratives 35
Gedächtnis, implizites 36
Gefühllosigkeit 39
Gegenübertragung 156, 166
Gruppentherapie 153, 179

H

Helfer-States (Innere Helfer) 88
Hippocampus 35, 37, 80
Hyperarousal 32, 64
Hypervigilanz 43
Hypoarousal 32, 64

I

Ich-Anteile 69, 159
Impulsivität 42
Innere Bühne 74, 80, 159
Innerer Betäuber 75, 80, 90, 120, 160
Inneres Kind 164
Introjekt-Bildung 48, 55, 75, 78, 151
Intrusion 60, 62

K

Kognitive Störungen 50
Kognitive Traumatherapie (Tf-KVT) 50, 167
Kohärenz 47, 52, 74, 78
Komorbidität 43, 64

Komplexe PTBS (DESNOS) 64, 70
Konstriktion 61
Kontrollverlust 52
Körper-States 59, 194
Korrigierende Bindungserfahrung 111, 175

L

Loyalitätskonflikt 51, 163
Lügen 45

M

Marshmallow-Test 95
Monotrauma (Typ-I-Trauma) 61
Motivationale Systeme 76
Multidimensionales Selbst 69

N

Narrativ 43, 75, 80, 93, 160, 169, 183
Neurofeedback 198
Notreifung 45
Numbing 77

O

Objektverlust 46
Opfer-Introjekt 86
Opfer-Täter-Dynamik 172
Oxytocin 91

P

Persönlichkeitsanteile 68, 77
Polytoxikomanie 75, 113, 117
Posttraumatische Belastungsstörung 63, 70
Priming 31, 36, 39
Psychoedukation 68
Pubertät 45, 67

R

Realitätsbezug 46
Regression 45, 141
Reinszenierung 27, 42, 133, 139, 141, 154
Resilienz 42
Retraumatisierung 64, 97, 187, 198
Risikoverhalten 65
Rückfallprävention 90

S

Scham 56, 75, 136, 169, 170
Schmerzwahrnehmung 50
Schuld 51, 54, 75, 136, 169, 172
Screentechnik 171, 185
Selbsterfahrung 146
Selbstmedikation 44, 52, 61, 120
Selbstregulation 96
Selbstverletzung 54, 65, 67, 140, 144
Sicherheit herstellen (Seeking Safety) 137, 148, 151, 198
Spiegelneuronen 93
Sprachlosigkeit 38, 41
Sprachverwirrung 54
Stabilisierung 137, 148, 179, 192

Stichwortverzeichnis

Standardprotokoll (EMDR) 187
Stationäres Phasenmodell 142, 154
Stressphysiologie 36
Strukturelle Dissoziation 73, 75
Suchtgedächtnis 31
Suchtprotokoll (EMDR) 189
Suchttherapie Jugendlicher 74
Suizidalität 64

T

Täter-Introjekt 79, 159, 166
Täter-Opfer-Dynamik 51
Transgenerationale Vererbung 37
Transgenerationale Wiederholung 98
Trauma-Gedächtnis 32
Trauma-Narrativ 51
Trauma Releasing Exercises (TRE) 194
Traumaerzählgeschichte 187
Traumalandkarte 129, 183
Traumatische Zange 33
Triggeranalyse 75, 148, 181
Triggerreize 38, 47, 156

U

Übergangsobjekte 102
Übertragung 41

V

Viktimisierung 65

W

Wiederholungszwang 48, 52, 56, 115
Window of Affective Tolerance 32

Y

Yoga 38, 197

Z

Zeitstruktur 46, 160